辽宁大学应用经济学系列丛书·学术系列

农村政策性金融制度的
社会建构研究

Study on Social Constructs of Rural
Policy-based Finance System

王 伟 著

中国财经出版传媒集团

经济科学出版社
Economic Science Press

图书在版编目（CIP）数据

农村政策性金融制度的社会建构研究/王伟著 . —北京：
经济科学出版社，2017.4
（辽宁大学应用经济学系列丛书 . 学术系列）
ISBN 978 - 7 - 5141 - 7967 - 5

Ⅰ. ①农… Ⅱ. ①王… Ⅲ. ①农村金融 - 金融制度 -
研究 - 中国 Ⅳ. ①F832. 35

中国版本图书馆 CIP 数据核字（2017）第 090822 号

责任编辑：于海汛 王 莹
责任校对：隗立娜
版式设计：齐 杰
责任印制：潘泽新

农村政策性金融制度的社会建构研究
王 伟 著

经济科学出版社出版、发行 新华书店经销
社址：北京市海淀区阜成路甲 28 号 邮编：100142
总编部电话：010 - 88191217 发行部电话：010 - 88191522
网址：www. esp. com. cn
电子邮件：esp@ esp. com. cn
天猫网店：经济科学出版社旗舰店
网址：http://jjkxcbs. tmall. com
北京汉德鼎印刷有限公司印刷
三河市华玉装订厂装订
710×1000 16 开 19.5 印张 280000 字
2017 年 7 月第 1 版 2017 年 7 月第 1 次印刷
ISBN 978 - 7 - 5141 - 7967 - 5 定价：48.00 元
（图书出现印装问题，本社负责调换。电话：010 - 88191510）
（版权所有 侵权必究 举报电话：010 - 88191586
电子邮箱：dbts@ esp. com. cn）

总　序

　　这是我主编的第三套系列丛书。前两套丛书出版后，总体看效果还可以：第一套是《国民经济学系列丛书》（2005 年至今已出版 13 部），2011 年被列入"十二五"国家重点图书出版物；第二套是《东北老工业基地全面振兴系列丛书》（共 10 部），在列入"十二五"国家重点图书出版物的同时，还被确定为 2011 年"十二五"规划 400 种精品项目（社科与人文科学 155 种），围绕这两套系列丛书还取得了一系列成果，获得了一些奖项。

　　主编系列丛书从某种意义上说是"打造概念"。比如说第一套系列丛书也是全国第一套国民经济学系列丛书，主要为辽宁大学国民经济学国家重点学科"树立形象"；第二套则是在辽宁大学连续获得国家社科基金"八五""九五""十五""十一五"重大（点）项目，围绕东北（辽宁）老工业基地调整改造和全面振兴进行系统研究和滚动研究的基础上继续进行探索，从而为促进辽宁大学区域经济学建设、服务地方经济不断做出新贡献。在这个过程中，既出成果，也带队伍、建平台、组团队，遂使辽宁大学应用经济学学科建设不断地跃上新台阶。

　　主编第三套丛书旨在使辽宁大学的应用经济学一级学科建设有一个更大的发展。辽宁大学应用经济学学科的历史说长不长、说短不短。早在 1958 年建校伊始，便设经济系、财政系、计统系等 9 个系，其中经济系由原东北财经学院的工业经济、农业经济、贸易经济三系合成，财税系和计统系即原东北财经学院的财信系、计统系。后来院系调整，将经济系留在沈阳的辽宁大学，将财政系、计统系搬到在大连组建的辽宁财经学院（即现东北财经大学前身），对工业经济、农业经济、贸易经济三个专业的学生培养到毕业为止。由此形成了辽宁大学重点发展理论经济学（主要是政治经济学）、辽宁财经学院重点发展应用经济学的大体格局。实际上，后来辽宁大学也发展应用经济学，东北财经大学也发展理论经济学，发展得都不错。1978年，辽宁大学恢复招收工业经济本科生，1980年受人民银行总行委托、经教育部批准招收国际金融本科生，1984年辽宁大学在全国第一批成立经济管理学院，增设计划统计、会计、保险、投资经济、国际贸易等本科专业。到20世纪90年代中期，已有西方经济学、世界经济、国民经济管理、国际金融、工业经济5个二级学科博士点，当时在全国同类院校似不多见。2000年，辽宁大学在理论经济学一级学科博士点评审中名列全国第一；2003年，在应用经济学一级学科博士点评审中并列全国第一；2010年，新增金融、应用统计、税务、国际商务、保险等全国首批应用经济学类专业学位硕士点；2011年，获全国第一批统计学一级学科博士点，从而成为经济学、统计学一级学科博士点"大满贯"。

在二级学科重点学科建设方面，1984年，外国经济思想史即后来的西方经济学、政治经济学被评为省级重点学科；1995年，西方经济学被评为省级重点学科，国民经济管理被确定为省级重点扶持学科；1997年，西方经济学、国民经济管理、国际经济学被评为省级重点学科和重点扶持学科；2002年、2007年国民经济学连续两届被评为国家重点学科；2007年，金融学被评为国家重点学科。

在一级学科重点学科建设方面，2008年应用经济学被评为第一批一级学科省级重点学科，2009年被确定为辽宁省"提升高等学校核心竞争力特色学科建设工程"高水平重点学科，2014年被确定为辽宁省一流特色学科第一层次学科，2016年被辽宁省人民政府确定为省一流学科。

在"211工程"建设方面，应用经济学一级学科在"九五"立项的重点学科建设项目是"国民经济学与城市发展""世界经济与金融"；"十五"立项的重点学科建设项目是"辽宁城市经济"；"211工程"三期立项的重点学科建设项目是"东北老工业基地全面振兴""金融可持续协调发展理论与政策"，基本上是围绕国家重点学科和省级重点学科而展开的。

经过多年的学科积淀与发展，辽宁大学应用经济学、理论经济学、统计学"三箭齐发"，国民经济学、金融学、世界经济三个国家重点学科"率先突破"，由长江学者特聘教授、"万人计划"第一批入选者、全国高校首届国家级教学名师领衔，中青年学术骨干梯次跟进，形成了一大批高水平的学术成果，培养出一批又一批优秀人才，多次获得国家级科研、教学奖励，在服务东北老工业基地全面振兴等方面做出了积极的贡献。

这套《辽宁大学应用经济学系列丛书》的编写，主要有三个目的：

一是促进应用经济学一级学科全面发展。以往辽宁大学主要依托国民经济学、金融学两个国家重点学科和区域经济学省级重点学科进行建设，取得了重要进展。这个"特色发展"的总体思路无疑是正确的。进入"十三五"时期，根据高校和区域特色，本学科确定了国民经济与地方政府创新、金融财政与区域发展、产业经济与技术创新、国际经贸与东北亚合作、区域经济与东北振兴等五个学术方向，主要建设目标是优先发展国家重点学科国民经济学、金融学，重点发展地方特色学科区域经济学、产业经济学、财政学和国际贸易学，协同发展重点支持学科经济统计学、数量经济学和劳动经济学，努力把本学科建设成为重点突出、地域特色鲜明、为国家经济建设和东北老工业基地全面振兴做出重大贡献、具有较大国际影响的一流学科。因此，本套丛书旨在为实现这一目标提供更大的平台支持。

二是加快培养中青年骨干教师茁壮成长。目前，本学科已建成长江学者特聘教授、"万人计划"第一批入选者、全国高校首届国家级教学名师领衔，教育部新世纪优秀人才、教育部教指委委员、省级教学名师、校级中青年骨干教师为中坚，以老带新、新老交替的学术梯队。本丛书设学术、青年学者、教材三个子系列，重点出版中青年教师的学术著作，带动他们尽快脱颖而出，力争早日担纲学科建设。与此同时，还设立了教材系列，促进教学与科研齐头并进。

三是在经济新常态、新一轮东北老工业基地全面振兴中做出更大贡献。对新形势、新任务、新考验，提供更多具有原创性的科研成果，具有较大影响的教学改革成果，具有更高决策咨询价值的"智库"成果。

这套系列丛书的出版，得到了辽宁大学校长潘一山教授和经济科学出版社党委书记、社长吕萍总编辑的支持，得到了学校发展规划处和计划财务处的帮助，受辽宁省一流特色学科和辽宁省 2011 协同创新中心建设经费共同资助。在丛书出版之际，谨向所有关心支持辽宁大学应用经济学建设和发展的各界朋友、向辛勤付出的学科团队成员表示衷心的感谢！

林木西

2016 年 12 月于蕙星楼

前　言[*]

　　金融学并非只是关注强势群体或优质客户以实现金融资源经济有效性配置和利润最大化的一种商业性金融，也包括与之对称、平行、并列和互补且只关注和服务强位弱势群体进而实现金融资源社会合理性配置的非营利性目的的政策性金融，而后者也是金融学与社会学的一种巧妙结合体和有机结合体，使往往关注弱势群体的社会学也能更多更好地体现社会显学的属性。因此，农村金融问题还需要从社会学的角度来分析农村政策性金融制度的优化，满足农村强位弱势群体的有效金融需求。综观本领域国内外相关研究文献，一般是运用社会学理论与方法分析某种金融社会问题，但未曾发现专门论及农村政策性金融与社会关系的著述。从经济社会学视阈研究农村政策性金融制度的社会建构与创新问题，在国内外相关学术领域也比较鲜见，可以作为推进和繁荣农村金融学与金融社会学理论研究的又一个崭新突破口，因而具有学科建设与发展的理论前沿性。无论是金融社会学还是社会金融学，研究的对象是金融与社会，是从金融的视角研究社会问题，用社会学的理论和方法研究金融问题。本学科的学术价值和应用前景广阔而深远，但在国内外目前还是处于创立发展时期，立题而尚未破题。本书作为教育部人文社会科学研究规划基金项目"农村政策性金融制度创新的社会学研究"（2014JXZ0635）的研究成果，无疑将会对本学科的建设和发展及理论研究起到一个重要的推进作用。

＊　根据作者 2016 年 10 月 13 日应邀为河南财经政法大学师生做的相关学术报告整理而成。

不久前，在 2016 中国银行业发展论坛暨第四届银行综合评选颁奖典礼上，作为我国唯一的农业政策性银行即中国农业发展银行荣获"最佳政策性银行"。这标志着我国政策性金融机构开始不断强化其政策性职能和政策性金融宗旨理念，但还需要向着办成真正的政策性金融机构改革目标继续努力，因为走得再远，也不能忘记为什么要出发。党的十八届三中全会通过的《中共中央关于深化改革若干重大问题决定》提出"推进政策性金融机构改革"，其出发点和落脚点也是在强调和体现政策性金融的宗旨目标。

政策性金融，简而言之，就是穷人的金融，是针对金融排斥问题的一种包容性金融；政策性金融学则是穷人的金融学，也是具有中国特色的原创性哲学社会科学。2016 年是红军长征胜利 80 周年，红军是为穷人打天下，政策性金融则是为穷人提供融资服务。尽管古今中外一直存在着政策性金融实践活动，但由中国人于 20 世纪 80 年代末率先从理论上发现、发掘这一普遍现象和经济规律，并提出政策性金融范畴及学科理论体系，也只有短暂的 20 多年。如今，政策性金融日益得到国内外学者和决策层的认同。从 2004 年至今的中央"一号文件"，每年都有对政策性金融的强调与要求。习近平总书记在 2016 年 5 月 17 日哲学社会科学工作座谈会上指出要"结合中国特色社会主义伟大实践，加快构建中国特色哲学社会科学"。中国政策性金融发展的历史悠久，可以追溯到先秦时期向贫民、小手工业者和小商贩等弱势群体进行赊贷业务的官方信用机构"泉府"。虽然我国专门的政策性金融机构组建和运营时间不长，但是成效比较显著，无论是开发性政策性金融实践，还是农业政策性金融、进出口政策性金融的实践，无不具有鲜明的中国特色，因而政策性金融学也是一门亟待加快构建的中国特色哲学社会科学。所以，不能说外国人鲜有政策性金融或政策银行这一提法，中国人就不能开创性地提出，更不能不加分析地将政策性金融片面地统称为传统政策性金融，不加区别地将政策性银行划入旧模式开发银行。对政策性金融的很多误解，也再次说明，抓紧中国特色政策性金融学研究的必要性和紧迫性。

科学而规范意义上的政策性金融，是指在一国政府的支持与鼓励下，由金融机构及其他不同融资载体，直接或间接地为强位弱势群体提供贷款、保险和担保等多种政策性融资服务的金融制度安排。由此，政策性金融的宗旨，就是为关乎国计民生的强位弱势群体提供各种形式的金融服务，促进这些特殊目标群体的经济增长与社会进步。政策性金融的性质，则体现的是一种非营利公共性和社会合理性的属性。这里的"强位"，是指服务对象关系到国计民生，符合政府特定的社会经济政策或政治意图，在经济和社会发展中具有特殊战略性的重要地位。"弱势"是指服务对象由于自身的、历史的和自然的等特殊原因，造成它在一定的经济环境条件下、在激烈的市场竞争中处于融资方面的相对劣势或特别弱势的状态；弱势也反映了政策性倾斜的目的及目标。"群体"则是一种内涵和外延都相对广泛的社会学范畴，不仅是指人群集合体，也包括具体的产业、地区、领域、项目等次级社会群体或次属群体，以及企业等正式组织群体。

政策性金融的界定标准，主要体现在政策性金融的宗旨及业务对象是否符合"强位弱势群体"这一基本特性。对强位弱势群体的融资倾斜和扶植服务，既是政策性金融"政策性"的集中体现，也是政策性金融与主要服务于强势群体（优质客户）的商业性金融的根本区别，是区分政策性（金融）业务和商业性（金融）业务的基本标准。关于弱势群体的衡量标准，经济学家、社会学家、法学家、政治学家等都从不同的视角和立场，提出了不同的多种划分方法和标准。政策性金融比较倾向的是按经济学的标准，即收入和消费水平比较低、徘徊在贫困线边缘以及竞争力不足等特殊特定的弱势群体。至于具体的哪些需要政策性金融扶持的贫困人群、落后地区和弱势的产业、企业以及境外项目等，则需要以政府在不同时期、不同阶段制定的具体相关政策规定和划定的标准为准。

政策性金融作为一种制度安排，是由机构组织体系和融资业务体系两部分所构成的一种政策性金融体系。政策性金融机构虽然是政策性金融制度的主要承载体，也是我们通常意义上所说的政策性金融或者狭义的政策性金融，时下的政策性金融改革也主要针对的是政策性金融机构改革，但严格及准确而言，政策性金融不是或不同于政策性金融机构等制度载体，两者是内容和形式的关系，是制度安排的稳定性和制度载体多元性的关系。也就是说，政策性金融业务既可以由政府专门组建的政策性金融机构专营，也可以由其他金融机构兼营。所谓政策性金融机构，是指由政府创立或控股的，专门为贯彻、配合政府有关强位弱势群体的社会经济政策或意图，在国家信用保障和专门法律规范下，在特定的业务领域内，直接地从事政策性融资活动的非营利性公共金融机构。按照现行金融监管部门的职责及统计口径，目前，我国的政策性金融机构体系包括"三行两保"，即主要由中国农业发展银行、中国进出口银行和国家开发银行三家政策性银行，以及中国出口信用保险公司、国家农业信贷担保联盟公司两家政策性非银行金融机构所构成。政策性融资包括社会责任融资以及 PPP、公益信托等一系列的资金融通。其中，社会责任融资业务作为政策性金融的范畴及本义，也是政策性银行的基本职能和职责所在，所以政策性金融机构不必像商业性金融机构那样，每年再单独发布社会责任报告，但可以在年度报告里有所体现。

如何实现政策性金融宗旨问题，也是当前政策性金融机构改革发展的问题。商业银行等非政策性金融机构开展一些政策性金融业务，无论是出于什么目的、采取什么方式都无可厚非，然而，作为政府所有或控股并享有国家信用等显性隐性的特殊背景和政策待遇的政策性金融机构，不仅机构数量要少而精、业务规模要小而专，以充分发挥市场配置金融资源的决定性作用，还应该全心全意地只做并做好单一的政策性金融业务，而不能也不该"脚踏两只船"，出于自身局部利益，既做政策性金融业务，也做诸如证券投行等营利性的商业性金融业务。因此，推进政策性金融机构改革和实现其可持续发展，应该是围绕政策性金融宗旨，依据市场决定理论，实现机构的目标（真正的政策性金融机构）、手段（市场化运作）和保障（专门立法）"三位一体"。

市场决定理论就是党的十八届三中全会提出的"使市场在资源配置中起决定性作用和更好发挥政府作用"的政府和市场关系理论。习总书记在主持政治局第十五次集体学习时进一步强调，"看不见的手"和"看得见的手"都要用好，努力形成市场作用和政府作用有机统一、相互补充、相互协调、相互促进的格局。为了充分发挥和体现市场在资源配置中的决定性作用，政府就应该只做市场做不到的事情，而不做市场能做到的事情。这种逻辑关系体现在政策性金融机构的职能上，则是政策性金融机构基于其特有的市场逆向性选择与首倡诱导性功能，只做商业性金融机构做不到的政策性金融业务，而不做商业性金融机构能做到的一般金融业务。所以，政策性金融机构是有选择地适度介入市场，并补充商业性金融市场不足即补短板，这同金融深化论中所谓政府对金融的过多干预和行政管制的金融抑制是两码事。事实上，过度的金融监管、不可持续的商业性金融及其设租寻租等，也有可能产生金融抑制和影响经济发展。从金融发展的历史来看，政策性金融机构首先产生于发达国家，而且迄今仍然大量存在于发达国家，但却没有造成金融抑制，反而进一步促进了社会经济的可持续发展。美国就是一个典型例子，对待政策性金融，美国是只做不说，在法律上将其农业政策性金融机构定位为"永久性法人机构"。所以，政策性金融与金融抑制之间并不存在必然的因果关系。

政策性金融机构改革的最终目标，应该是办成真正的政策性金融机构。真正的政策性金融机构至少符合以下基本标准：具有政府的背景和享有国家主权信用待遇并充分体现公共性的政策性金融本质属性；融资对象必须是不能或不易或无力从商业性金融机构获得资金的强位弱势群体；有专门的立法和独立的监管体制及考评指标体系；不主动与商业性金融机构展开不公平市场竞争；适度有限的市场化运作与保障财务稳定及可持续发展的非主动竞争性盈利机制；有自动而稳定的政策扶持体系与利益补偿机制。市场化运作是政策性金融机构微观业务运营的基本手段，因为政策性金融也是金融，是一种有偿的信用活动，而不是无偿的财政、慈善的民政和社会捐助。市场化运作也不是向商业银行转型的市场化改制，而是强调不能主动参与市场竞争、与民争利的适度有限的商业化运营手段。美国次贷危机前后政策性金融的异化和回归实践，也促使国内外学界、政界在不断反思政策性金融的市场化转型改革取向。加快政策性金融立法步伐，既是解决我国政策性金融机构职能缺位与越位并存和经营无规、竞争无序、监管无据等问题的重大而基本的战略决策，也是借鉴国外相关经验做法并与其同步发展的大势所趋。国外政策性金融机构大都是一个机构有一部法律，因为政策性金融机构的专业性比较强，业务领域不同，而且是先立法后建机构，或立法与组建机构同步进行。当务之急，我们需要汲取古今中外的相关经验和教训，抓紧研究制定和颁行政策性金融法。亡羊补牢犹未迟也。此外，联合国于2005年正式提出的包容性金融（Inclusive Finance）①，其出发点和落脚点或重点也是针对弱势群体的金融排斥（排除）问题而言的，这与政策性金融则是异曲同工、殊途同归，因而两者可以耦合支撑、互为载体、共同发展。政策性金融机构的改革发展也可以考虑同目前正在开展的普惠金融试验区建设有机地结合起来。

时代呼吁不断涌现"最佳政策性银行"，但更需要真正的或名副其实的政策性银行和政策性非银行金融机构。政策性金融机构无论怎么改革、如何发展，也不要偏离政策性金融的宗旨。不忘初心，方得始终。只有牢记宗旨，不辱使命，才能办成真正的政策性金融机构。

在本书的研究和创作中，我的一些博士弟子张雅博（辽宁大学研究生院，第五章）、秦伟新（广东电白农村信用合作联社副主任、经济师，第六章）、刘子赫（华晨汽车集团控股有限公司财务管理部资金管理高级专员，第八章）和硕士弟子邓肖飞（山东省莱芜市农业银行，第二章）、魏含（湖南省怀化市银监局，第四章）、王漫雪（财达期货有限公司研究员，第七章）等，也参与了本书相关章节的合作研究和撰写工作；河南财经政法大学金融学院副院长王桂堂博士、教授合作撰写了第二章，渤海大学金融系闵晓莹硕士、讲师合作撰写了第九章；我的

---

① 国内一般将体现其本义的包容性金融译为普惠金融。在国际上，更多地使用包容性增长（Inclusive Growth）、包容性发展（Inclusive Development）及相应的包容性金融（Inclusive Finance）概念。

博士研究生朱一鸣还协助审校了全部书稿并参与一些章节的修改、补充和完善工作，在此一并谨致谢忱。同时，还要特别感谢本书的责任编辑于海汛和王莹，其严谨细致、精益求精的工作作风令人钦佩。

由于水平和条件有限，书中不足之处在所难免，真诚地希望广大读者批评指正，并抛砖引玉，愿更多的学者研究金融社会学，探讨金融与社会问题。

　　"三农"问题是中国的天字第一号重大战略性问题，农村金融特别是农村政策性金融，则是破解这一重大难题的重中之重和关键之关键。农村政策性金融是农村金融体系中不可或缺的一个重要组成部分，是国家保障农村社会强位弱势群体金融发展权和金融平等权的特殊制度安排。古今中外，一直普遍持续存在着专门服务和支持农村强位弱势群体的政策性金融活动。农村地区也是政策性金融制度最能直接发挥其社会功能、最能体现其社会价值的领域和舞台之一。农村金融问题不仅是经济有效性问题，也是一个社会合理性问题，因而有必要从社会学的新视野探寻农村政策性金融制度创新的新路径，以加大政策性金融对农村强位弱势群体的支持力度。本研究将在这方面作初步尝试，并试图开辟金融与社会理论研究的又一新领域。

　　业界普遍认为，农村金融目前仍然是我国金融体系的薄弱环节，"贷款难"是农民增收的主要制约因素。而长期以来主要依靠现有商业银行和农村信用社，不可能解决有效服务"三农"发展的金融需求问题。因为这类正规金融机构与农村借款人之间的信息不对称和借款人方面存在的逆向选择和道德风险行为，以及正规金融机构方面存在的成本、风险与收益的不对称，导致其"嫌贫爱富"并日益缩减农村地区金融业务，这种外部性约束形成农村金融的恶性循环。所以，现阶段我国不能单纯依靠市场化和市场机制作用来解决农村资金外流问题，也不能仅靠商业银行履行社会责任来解决农村信贷投入不足问题。在我国农村政策性金融领域，也面临着一系列亟待解决的问题，如农村政策性金融制度功能不足及其同商业性金融的业务冲突、同合作性金融的协作缺位，"越位"与"缺位"并存，以及社会控制不足，农村社会金融不适应金融需求和金融机构多层次的要求等社会金融问题。

农村金融一直是我国金融体系中最为薄弱的环节，破解农村金融难题和困境，不仅需要充分发挥商业性金融配置金融资源的决定性作用，也不能忽视政策性金融对农村金融市场的补充完善性及首倡诱导与虹吸扩张性等特殊功能作用；不仅需要从资源配置的经济有效性方面进行经济金融学研究，也需要从资源配置的社会合理性方面进行社会学探析，因而有必要从社会学的新视野探寻农村政策性金融制度建设与创新发展的新思路。基于此，本书围绕农村政策性金融制度创新提出的社会背景与理论基础、影响农村政策性金融发展的社会条件和社会因素、农村政策性金融制度变迁的比较分析与本土特征、农村政策性金融制度创新的路径设计等核心内容，运用社会学尤其是经济社会学理论和方法，从社会网络、社会组织、社会控制和农村贫困等视角，对我国农村政策性金融制度的社会建构问题展开具体而深入的理论和实证研究。不仅有助于繁荣和推进农村金融学和金融社会学或社会金融学的学术研究，具有重要的理论价值，而且对于当前农村金融改革和中国农业发展银行"政策性职能"的强化及回归，以办成真正的农业政策性金融机构，也具有一定的现实针对性。

目　　录

第一章

引　言

第一节　研究背景与意义

　　农村政策性金融是农村金融体系中不可或缺的一个重要组成部分，是国家保障农村社会强位弱势群体金融发展权和金融平等权的特殊制度安排。古今中外，一直普遍持续存在着专门服务和支持农村强位弱势群体的政策性金融活动。农村地区也是政策性金融制度最能直接发挥其社会功能、最能体现其社会价值的领域和舞台之一。所谓农村政策性金融，是指在一国政府的支持与鼓励下，由金融机构及其他不同融资载体，直接或间接地为农村强位弱势群体提供贷款、保险和担保等多种政策性融资服务的金融制度安排。在我国，现阶段农村政策性金融组织体系主要由中国农业发展银行和国家农业信贷担保联盟有限责任公司组成。作为农村政策性金融制度主要承载体的中国农业发展银行，是直属国务院领导的我国唯一的一家农业政策性银行，于 1994 年 11 月挂牌成立。2016 年 5 月，经国务院批准，由财政部会同农业部、银监会组建的国家农业信贷担保联盟有限责任公司成立，标志着我国在建立健全全国政策性农业信贷担保体系方面迈出重要一步。

　　中国仍然处在社会主义市场经济的初级阶段，处于经济转轨和社会转型时期，生产力水平不够高，市场经济不够完善，社会金融问题突出，人口众多，区域差异大，社会经济发展不均衡。在这种基本国情之下，我国仍然存在着"三农"、中小企业、西部大开发、扶贫开发、灾后重建、支持西藏和新疆经济发展等国民经济重点领域和薄弱环节。这种国情需要持续不断的、巨额的政策性资金代表政府的意愿加以扶持和发展的行业或领域不胜枚举，其政治效益、社会效益远远大于经济效益。从这个意义上来讲，中国比世界上其他国家更加需要发达配套的、实力强大的政策性金融。因此，从2004年以来每年的中央"一号文件"来看，都提出要充分发挥农业发展银行等政策性银行的特殊功能作用，加大政策性金融支农力度。例如，2010年中央"一号文件"提出要"加大政策性金融对农村改革发展重点领域和薄弱环节支持力度"，并首次明确要求"加快发展政策性农业保险"。党的十七届三中全会通过的《关于推进农村改革发展若干重大问题的决定》，强调要"加快建立商业性金融、合作性金融、政策性金融相结合，资本充足、功能健全、服务完善、运行安全的农村金融体系"，同时要"健全政策性农业保险制度"。在2011年和2012年的中央"一号文件"中，针对加快水利改革发展和加快推进农业科技创新问题，提出在风险可控的前提下，支持农业发展银行积极开展水利建设中长期政策性贷款业务；支持农业发展银行加大对农业科技的贷款力度。2013中央"一号文件"提出要充分发挥政策性金融作用，强化农业发展银行政策性职能定位，鼓励另一家政策性银行即国家开发银行推动现代农业和新农村建设。在2014年中央"一号文件"中，提出要支持农业发展银行开展农业开发和农村基础设施建设中长期贷款业务，建立差别监管体制。2015年中央"一号文件"，提出农业发展银行要在强化政策性功能定位的同时，加大对水利、贫困地区公路等农业农村基础设施建设的贷款力度，审慎发展自营性业务。还要求国家开发银行创新服务"三农"融资模式，进一步加大对农业农村建设的中长期信贷投放。2016年中央"一号文件"，进一步强调要强化中国农业发展银行政策性职能，加大中长期"三农"信贷投放力度；同时发挥国家开发银行优势和作用，加强服务"三农"融资模式创新。

业界普遍认为，农村金融目前仍然是我国金融体系的薄弱环节，

"贷款难"是农民增收的主要制约因素。而长期以来主要依靠现有商业银行和农村信用社，不可能解决有效服务"三农"发展的金融需求问题。因为这类正规金融机构与农村借款人之间的信息不对称和借款人方面存在的逆向选择和道德风险行为，以及正规金融机构方面存在的成本、风险与收益的不对称，导致其"嫌贫爱富"并日益缩减农村地区金融业务，这种外部性约束形成农村金融的恶性循环。所以，现阶段我国不能单纯依靠市场机制作用来解决农村资金外流问题，也不能仅靠银行履行社会责任来解决农村信贷投入不足问题。在我国农村政策性金融领域，也面临着一系列亟待解决的问题，如农村政策性金融制度功能不足及其同商业性金融的业务冲突、同合作性金融的协作缺位，"越位"与"缺位"并存，以及社会控制不足，农村社会金融不适应金融需求和金融机构多层次的要求等社会金融问题。

因此，破解农村金融难题和困境，充分发挥农村政策性金融的主动性作用和诱导性功能，不仅需要从经济有效性方面进行研究，也需要挖掘其深层次的社会诱因及其社会后果。本研究成果作为金融与社会研究的一个有机结合体，从社会学新视野研究农村政策性金融制度的社会建构与创新问题，不仅能够进一步推进和繁荣经济社会学和农村金融理论研究，具有一定的学术价值和理论创新性，而且有助于充分发挥政策性金融制度的特有功能及社会职能并以此为突破口，推进现代农村金融制度建设及服务水平的改善，促进我国农村社会金融的协调发展，因而本研究成果的现实针对性较强，具有一定的社会意义和社会金融影响力。

第二节 国内外相关研究综述

一、弱势群体社会问题研究

国际上最早将社会弱势群体作为研究对象始于 20 世纪初的美国。

在 20 世纪 50 年代，弱势群体是社会学、政治学和社会政策学研究中的核心概念。在国外文献中，一般只有社会脆弱群体（Social Vulnerable Group）和社会不利群体（Social Disadvantaged Group）的概念。默达尔（1962）首次用底层阶级理论来解释弱势群体与权利贫困问题。弗里德曼（1992）从经济、社会和政治三个方面阐释了弱势群体的社会特征。弱势群体通常是指那些不能给予广泛赞同或者容易受到影响的个人，一般包括儿童、罪犯、怀孕的妇女、身体残疾或精神失常的人、经济地位低下或者缺乏教育的人（玛丽·诺夫，2004）。从某种意义上讲，社会分层本身的存在，就意味着在社会当中存在着拥有不平等财富和权力的群体（桑德森，1991）。随着市场改革的推进，社会不平等也随之加剧（尼，1996）。约翰·罗尔斯（1971 年）提出公正是社会制度的首要美德。关注弱势群体的包容性增长在林（2004）的研究中被提及，他将其初步表述为"使穷人受益的增长"。科琳娜和纳尔班迪安（1998）分析了美国政府的弱势群体保护行动计划（Affirmative Action，AA）。国际货币基金组织（IMF）总裁拉加德在 2012 国际货币基金组织（IMF）和世界银行年会正式开幕仪式上致辞称，全球经济复苏还非常疲软，经济增长很重要，但必须从不受约束的全球化增长转向包容性增长，降低经济发展中的不平等对宏观经济有利，在精力投向效率的同时，必须关注社会公平，市场要更透明、更完善，向所有人提供平等的机会。

我国政府最早正式使用"弱势群体"一词是在 2002 年朱镕基总理的《政府工作报告》中提出的，但当时并未对其做出明确的解释和划分。随着弱势群体方面研究的不断增加与深入，各类学者从不同的角度对其进行研究。王水雄（2007）认为，作为当今社会显学的金融学是关注强势群体，而社会学往往关注弱势群体。金融监管不可能会改变金融资产所带来的马太效应。需要重视这些分化背后潜藏着的重大社会秩序问题。刘德顺（2004）认为，国内社会学界对弱势群体的研究始于 20 世纪 80 年代后半期对城市贫困问题的关注。学术界对弱势群体的界定有能力脆弱论（郑杭生，2003；杨团，2001）、经济社会地位论（刘书林，2001；张敏杰，2003）、群体构成论（王思斌，2002；孔祥利，

2006)、相对弱势论（成思危，2005；李林，2001）、贫困群体论（陈成文，2000；钱再见，2002）等观点。郑杭生、李迎生（2003）认为，社会弱势群体也叫社会脆弱群体、社会弱者群体，弱势群体通常是贫困群体的代名词。晋运锋（2015）认为与其他理论相比，充足主义理论能够为认真对待弱势群体提供一种更恰当的理论基础。当前我国社会转型期出现的弱势群体边缘化现象比比皆是（李强，2011）。王思斌（2004）认为，对弱势群体进行政策支持既是保障其基本权利的需要，也有利于维持社会秩序，促进经济发展和整个社会的进步。李强（2010）将当前我国社会转型期出现的弱势群体分为市场竞争下的弱势群体和制度变革下的弱势群体。前者一般不涉及"不公正"的问题，后者很多涉及了"不公正"的问题。对此，我们更应该给予关注。解决或缓解我国转型时期出现的弱势群体问题，各级政府应该首当其冲地帮助弱势群体。弱势群体尤须得到制度性扶助。近年来国内外学界围绕着政府在弱势群体问题上应扮演何种角色众说纷纭，莫衷一是。转型社会我国弱势群体关怀中，政府是起主导作用的责任主体。通过政府主导来建构适度、普惠型的弱势群体关怀体系依然是各国政府的首选目标（梁德友，2012）。汤敏（2008）认为，包容性增长概念的核心意义在于强调社会弱势群体、低收入人口也有相对平等的发展机会，能够从经济增长中与其他阶层共享收益，强调增加劳动者收入在整个 GDP 中所占的比例，导向社会和谐发展。李宁（2015）基于社会正义视角下分析了弱势群体的保护问题。张波（2016）认为在充分尊重弱势群体主体性、能动性的基础上，赋权视角的引入有助于我们建立一种面向实践的社会支持研究范式。

二、农村社会金融问题研究

"三农"问题是中国的"天字第一号"重大战略性问题，农村金融特别是农村政策性金融，则是破解这一重大难题的重中之重和关键之关键，也是落实科学发展观的内在要求和必然结果（白钦先，2004、

2009）。农村资金严重不足是中央提出的建设社会主义新农村战略的基本背景之一（李炳坤，2005）。韩俊（2009）、李树生（2008）等认为，农村金融是目前我国整个金融体系中最薄弱的环节，现阶段主要依靠市场机制和商业银行履行社会责任不可能解决农村金融问题。汤敏（2008）认为现阶段中国农村贫困问题的一个重要方面是金融部门不能充分发挥作用，银行的利润追求与政府消除贫困追求之间存在冲突，从而必须创新金融组织和制度。曹雷（2016）认为我国前期推动的机构导向、行政主导的农村金融改革忽略了农村的金融服务需求与市场化的关系，尚未从根本上解决我国农村金融问题。杜晓山（2007）、何广文（2007）、韩俊（2009）等提出要着力打造农村地区易被传统金融体系忽视的普惠金融体系和机制，主张公平的金融服务和权益。张乐柱、曹俊勇（2016）通过 DEA 模型对我国农村资金配置效率实证分析发现，我国多数年份农村资金配置效率偏低，农村金融改革需在资金配置总额、农村金融供需、农村资金配置方向、用途与服务方式等方面进行调整与优化。胡必亮（2006）研究了村庄信任与民间金融的关系。王卓（2006）分析了农村民间金融组织的社会特征。李光（2005）认为要改变目前农村金融机构力量分散、缺乏合力、效率低下的局面，必须本着服务农业、农村和农民，提供现阶段农业发展所需的适宜的金融服务的原则对现有金融体系进行重构，形成以农业政策性金融机构为主导、农村合作金融机构和其他商业银行为基础，能广泛动员民间资金的、多元化的农村投融资体制。贾康（2009）、吴晓灵（2006）等认为应该通过建立和发展中国政策性金融体系，充分发挥农村政策性金融促进农村发展的举足轻重作用。关于目前我国农村政策性金融制度建设滞后的原因，学术界的共识是农村政策性金融功能不健全和职能定位不明（成思危，2005；刘锡良，2006）。但如何解释农村政策性金融制度功能，理论界还没有专门系统的研究；相关分析一般是从经济学角度或基于传统金融的机构观点（institutional perspective）就事论事，且缺乏大量实证数据支撑。

国外一般从市场经济缺陷角度出发并结合实证来研究农村金融问

题。一些学者认为追求社会效益的政策性金融是弥补市场经济缺陷的需要而必然产生和发展（胡夫鲍尔和罗德里格斯，2001）。斯蒂格利茨（1998）依据其不完全竞争市场理论提出了农村政策性金融有效论；而且今天被证明仍然是十分有效的（多拉尔，2006）。尤努斯（2006）认为，农民们每天辛苦劳作却依然贫穷，是因为本国的金融机构不能帮助他们扩展他们的经济基础，没有任何正式的金融机构来满足穷人的贷款需要。由于高交易成本、通信设施落后、非弹性制的程序以及标准化的产品服务等使得商业金融机构对农村贫困者缺少关注，因此可以发展普惠金融以满足多样化的需求，促进农村经济的发展和减少贫困（桑彻瓦、古塔，2014）。阿巴特、希拉德、柏兹卡等（2016）利用埃塞俄比亚金融数据实证得出农村金融机构的发展对于农业技术进步和农业产量增加具有重要作用，进而促进经济整体发展，减少贫困并相应提高农村贫困人口的生活质量。伯吉斯、潘德（2003）运用印度从 1997～1990 年在农村地区的银行部门的数据，检验了穷人直接参与金融活动对农村贫困产生的影响，发现银行机构在农村设立的数量每增加 1%，将降低农村贫困率 0.34%，并通过推动农业多样化发展而增加总产出的 0.55%。目前，对金融扶贫的研究倾向于发展微型金融来满足穷人的金融需求，如有些国家出现的非正规金融部门，但并没有就正规金融部门如何来满足穷人的金融需求提出较好的政策措施。例如，莱杰伍德（1998）、马丁、休姆、卢瑟福（1999）提出了"微型金融"思路，专门为穷人提供的贷款、储蓄和其他基本金融服务。霍诺翰（2004）认为金融发展可以促进地区经济的增长减少贫困的发生，但是金融深化程度加深会造成收入以及其他各方面分配不均等，因此其与贫困发生率呈正相关。

詹姆斯·沃勒（2004）认为一般贫困人口都是游离于金融体系之外，在欠发达地区尤为明显，因此金融发展可以为其提供多样化的金融服务以满足贫困者的需求不断改善其福利状况，并且金融发展范式的转变也会使得一国经济发展范式的不断演进并逐步向草根阶级扩展。纳赛尔和张（2016）收集了 143 个国家 1961～2011 年的金融数据，从金融方式、效率、稳定性以及自由化几个方面建立计量模型，最终得出金融深化能够有效促进地区经济的增长，减少收入分配的不平等进而减少贫困的发生率，但是金融自由化却对欠发达地区的发展造成了相反的影响，会使得地区收入分配更加的不均等进而增加贫困发生率。尤努斯（2006）认为，小额信贷是缓解贫困问题的一条重要途径。对于在扶贫减贫中微型金融与主流金融的关系，霍诺翰（2004）利用金融机构规模、资产回报、贷款规模、金融深度及贫困率等变量，将微型金融和主流金融进行比较，得出微型金融和主流金融在处理贫困问题上是相互补充、交替的关系，而不是互斥的关系，将两者结合将有利于贫困问题的解决。沃夫森（2000）认为，小额信贷项目给全世界最贫困的村庄和人们带来了市场经济的震荡。这种缓解贫困的经营方式让千百万人有尊严地通过自己的劳动走出贫困。汉默和莫斯利（1996）认为，对利润的追求将会使小额信贷公司的注意力不再集中在提高穷人和弱势群体利益这一方面，而是会使原定的社会目标发生偏移。奥特罗（1999）认为小额信贷的商业化导致过分重视对利润的追逐，忽视了扶贫和其他目标。老挝学者康未来（2011）分析了政府组建的专门为47个最贫困乡村提供小额信贷服务的老挝政策性银行。

三、金融与社会的相关性研究

国外对经济社会学研究比国内要早，并且从多角度对金融与社会问题进行了探讨。有越来越多的经济社会学者（扎利泽，1989a、2002；威尔逊，2000；伯格艾特，1994；怀特，1979）呼吁人们要更加注意不以金钱为目的的或非市场中的经济行动，要对集体主义类型的组织给予更为系统的关注和研究。斯威德伯格（1991）和蒂纳、普莱达（2005）认为，金融领域的研究长期以来被社会学家所忽视，没有受到应有的重视。社会学家应该研究货币对社会的影响和在一个抽象层次上研究货币的社会功能（帕森斯，1963；卢曼，1988；贝克，1987）。帕森斯、斯梅尔瑟（1956）认为政体权力的象征是金融机制的主要意义，信用地位也是一种权力。扎利泽（1989，1994）将人性论和文化引入金融分析，把货币分为四种类型，不同的货币在不同的环境中各有其特定的文化价值与社会价值，揭示了人们是怎样依据使用的目的给货币打上记号的。罗泽（1951、1966）和格里克（1957）开创了金融市场的社会学研究新篇章。迪骄（2002）认为，社会学家对集体行为和社会互动的研究，不应忽视凯恩斯在分析货币流通中影响人们经济行为的情感状态时所说的"野兽精神"。蒂纳、布鲁格（2004）把金融市场作为交易文化的一般理解，通过引入格兰诺维特（1985）提出的"嵌入"概念，强调全球金融市场活动嵌入在围绕信息交换的市场参与者之间持续的关系中，认为知识嵌入既是关系性的，同时对于全球金融市场来说，也是建构性的和构成性的。以金融全球化为特征的当今时代，看起来确实好像是"即将到来的全球市场霸权"（阿瑞吉、西尔弗，1999），而其本身就是一种独特的美国形式，美国银行向外扩张是基于宏观经济、公共政策和组织等原因的综合作用（米兹西、杰拉尔德，2004）。麦克林、帕吉特（2004）研究发现社会身份被用来构建银行的合伙关系。尤兹（1999，2002）、谢恩和卡弗莱（2000）等沿着"嵌入性—网络"分析的研究路径，对公司如何从资本市场上获取资本、公司和银行间的社会关系网络对于投资行为的影响等展开了研究，认为对银行与企业的嵌入性关系投资应当从互补的角度进行。贝克（1984）、卡拉瑟斯（1996）、尤兹（1999）研究了社会关系和定价的关系，力图发现社会网络关系影响着银行贷款价格和人们购买股票。珀利特、威廉姆斯（2008）对金融分析工具的不断产生和金融市场之间的关系进行了社会学考察。埃博拉法（2005）对美联储制定政策的过程进行了研究，表明了认知和理解过程在金融政策的制定、讨论和变迁中的重要性。卡拉瑟斯、奥瑞驰（2010）从社会学视角分析了货币与信用以及美国"两房"住房金融机构、中小企业融资等问题。

在国内，金融与社会问题将是我国经济社会学新的且亟待开辟和加强的研究领域之一（宋林飞，2000；汪和建，2008）。王水雄（2007）认为，作为当今社会显学的金融学是关注强势群体，而社会学往往关注弱势群体。王国伟（2011）认为，借助于新经济社会学的研究路径，经济社会学家分别从建构性和嵌入性的视角对金融行为中的社会网络、社会制度和文化意义展开了深入的研究，从而为金融社会学的建构提供了坚实的理论基础。陈氚（2011）认为当下乃至将来，社会学研究金融领域应更多具体的与整个社会现实和金融现实的改变密切相关。金融领域与社会平等问题等都可以成为社会学视野下研究金融领域的重要议题。何嗣江、史晋川（2009）认为，弱势群体的贫困问题长期得不到有效解决的原因固然是多方面的，但其在创业与发展中金融地位的不平等是其中很重要的一个方面。肖本华（2011）认为，目前金融排斥在全世界都是一个比较普遍的现象。即使在发达国家，如英国，目前有100万左右的农村居民面临严重的金融排斥。在发展中国家，包括中国，金融排斥程度则更为严重，贫困农户、城市低收入阶层、中小企业尤其是小微企业等弱势群体很难获得贷款等金融服务。郑子青（2011）认为，要真正让穷人脱贫，政府有着无可推卸的责任。曾康霖（2004）认为，现阶段我国金融制度的安排大体分为两类，即商业性金融与政策性金融。我国既要商业性金融和政策性金融，也要互助性金融和扶贫性金融。扶贫性金融作用于弱势群体融资。张双梅、邹炳权（2008）认为，扶贫性金融宗旨就是为弱势群体提供融资服务。扶贫性金融的运行载体包括农村信用合作社、政策性银行、小额信贷。从国际通行的金融制度安排上，政策性金融是扶贫金融机构的支撑。政策性金融集财政与金融于一体的性质使其成了各国扶持弱质产业、保护弱势群体的最佳选择。焦瑾璞（2010）认为，普惠金融体系是联合国在"2005 国际小额信贷年"推出的一个新的概念，基本含义是为社会所有人，特别是贫困和低收入者提供金融服务的体系。杜晓山（2008）提出，应重视对弱势群体的金融服务。近两年国际上流行的普惠金融体系是包容性的，指普遍惠及那些弱势的群体，弱势的地区，弱势的产业的金融服务的制度、组织和市场。

杨义凤（2014）认为，经过 20 多年的发展，金融社会学的研究已经初具规模。但金融本身是一个复杂的话题，对金融市场、金融组织、金融制度、金融行为等各个领域的研究，只要秉承了社会学的学科特色，在研究过程中关注制度、文化、意义和社会结构等因素，都可以说是具有学科意识和学科指向的金融社会学研究。刘长喜等（2014）提出一个不同于动机论的能力论的解释框架，并分析政府投资能力的具体变动机制。营立成（2015）研究发现，无论是实质嵌入还是关系嵌入模型在讨论居民金融投资活动时都具有一定的解释能力。王国伟（2012）认为，不同社会成员获得信贷的方式和途径存在着差别，暗含着由借方的地位、职业和声望等衍生出来的获取信贷能力的差异，由此在贷方和借方之间、借方内部形成了一种新的社会不平等。金融信贷中的社会不平等关系，强调了掌控信贷资源的贷方在经济和社会中的权力。戴景春（1989）研究了金融和社会的相互关系。周长城和殷燕敏（1999）从社会心理学角度提出了研究金融领域的视野。郑也夫（2000）研究了货币与信任的关系，认为货币中也隐含着包括资本流动中的马太效应等巨大的经济社会风险。高柏（2009）等从社会学角度分析了当前国际金融危机及其社会后果。孔荣等（2009）、张俊生等（2005）分别研究了信任与借贷、信任与金融发展的关系。在社会网络与金融活动的关系上，张其仔（1999）通过社会调查研究，发现和检验了强网在金融投资领域的力量。周长城（2003）从社会学视野分析了金融市场的集体行为，认为金融市场尤其是证券市场行为是一种社会现象，是一种集体行为或大众行为。陈氚（2011）从社会学对金融领域的研究源头和发展脉络中，探讨开展金融社会学研究的必要性和正当性。王水雄（2007）沿着齐美尔社会分化与不平等的路径，从借贷的角度分析了作为"群体承诺标志物"的金融工具的社会属性，及其所引发的信用能力的分化、人际交换结构的调整和社会不平等体系的改变。然而，国内社会学界对于金融领域的研究仍处于理论设想阶段（陈氚，2011）。

四、制度的经济社会学研究

经济社会学的制度学派有三个重要研究方向，即社会建构和认知、国家建设与非市场治理机制（高柏，2008）。一切经济制度都是社会的建构或社会网络的互动建构（格兰诺维特，1985、1992）。许多经济社会学家认为，经济社会学从某种意义上说，就是一门研究经济制度及其对经济发展所产生的影响的学科（斯威德伯格，1998）。自格兰诺维特（1985）开创了经济社会学研究的新篇章以来，秉承着嵌入性视角和经济制度的社会建构性理念，新经济社会学逐渐将关注的焦点转向了制度嵌入性研究和对经济组织的制度化过程展开分析；越来越关注非市场中或非营利性的经济行动，以及对集体主义类型组织的系统性社会建构。（扎利泽，1989、2002；威尔逊，2000；伯格艾特，1994；怀特，1979）。格兰诺维特（1992）通过对社会学和经济学中关于人类行动的过度社会化和不充分社会化的概念的揭示和批判，强调了经济行动嵌入于社会关系网络之中的观点，他认为新制度主义经济学忽视了社会关系在形塑经济行动过程中扮演的重要角色；经济生活既可以嵌入在网络里，也可以嵌入在制度里。经济制度并不是如新制度经济学所认为的只是单纯的解决经济问题的最有效率安排，而是经济活动者之间的稳定、持续社会网络互动的结果，它具有明显的路径依赖性（斯威德伯格、格兰诺维特，1992）。在现代社会学家中，美国的帕森斯与斯梅尔瑟（1956）较早地探索了经济与社会的关系，阐述了经济学与社会学的理论耦合，认为经济体制变化的主要因素不可能是经济要素，具体的经济过程通常受非经济因素的制约，这些非经济因素在社会的非经济子系统的参数特征中表现得最为明显。帕森斯（1937）综合古典社会学时期涂尔干和韦伯对于制度的研究成果，在整合制度与个人行为之间的关系中研究制度化理论，提出 AGIL 功能分析模式。斯梅尔瑟（1968）主张经济社会学要具体研究社会结构与各种制度之间的关系。默顿（1968）区分出制度的显功能与潜功能。扎利泽（1978）分析了观念和文化对制度变迁的影响。佐藤孝弘（2011）从制度经济学和制度社会学的视角分析了公司法律制度的源泉问题。

新经济社会学认为，经济行为是一种社会建构，经济行为和市场都嵌入社会关系中并受社会因素的影响和制约（宋林飞，2000）。高柏（2008）认为，经济生活不仅仅是依靠市场这一"看不见的手"，或者社会网络就可以治理的。代表着集结层面的公共利益的制度是一个重要的变量。国家在经济治理中的作用是目前经济社会学需要大力研究的重点。刘少杰（2007）认为，构建和谐社会的根本任务不是仅仅停留在现象层面去解决各种社会问题或排除各种社会矛盾，而是要开展有效的制度建设，保证社会形成稳定的秩序，使各种社会问题和社会矛盾在有序的状态下得到不断地调整或解决。柯武刚、史漫飞（2000）和汪和建（1999）研究了外在制度的国家建构和执行问题。朱国宏等（2005）认为网络结构的各种特性在很大程度上决定着经济过程及其结果。史晋川、沈国兵（2002）把西方制度变迁动因理论归纳为五种。黄小荣（2014）认为，经济转型和社会转型阶段尤其要处理好贫富差距问题，从制度社会学视角下分析农村反贫困的对策和路径，不失为一种新的思路。房敏、吴杨（2015）基于新制度社会学视角，分别从规制性、规范性和文化—认知性三个方面对新农保推行所依赖的制度基础进行应然分析，结果发现该政策在基层的认知合法性不足，反映出政策基层推行之制度基础实践中的不完善。当代社会学关于制度研究，一般是围绕组织、市场、交易行为、网络关系、社会资本和社会选择行为展开的（刘少杰，2006），这为分析农村政策性金融制度创新问题提供了理论基础。

综上所述，金融学并非只是关注强势群体或优质客户以实现金融资源经济有效性配置的一种商业性金融，也包括与之对称、平行、并列和互补且只关注和服务强位弱势群体进而实现金融资源社会合理性配置的政策性金融，而后者也是金融学与社会学的一种巧妙结合体和有机结合体，使往往关注弱势群体的社会学也能更多更好地体现社会显学的属性。农村金融问题不仅仅是经济有效性问题，也是一个社会合理性问题，因而有必要从社会学的新视野探寻农村政策性金融制度创新的新路径，以加大政策性金融对农村强位弱势群体的支持力度。本研究将在这方面作初步尝试，并试图开辟金融与社会、农村金融理论研究的又一新领域。

第三节　研究框架和基本内容

本成果研究要达到的目标主要是：第一，是在理论上厘清我国农村政策性金融制度安排的社会意义，在社会学视野下分析农村政策性金融制度的一般理论框架，从比较研究中阐释中国农村政策性金融制度应具备的本土特征和承担的社会职能，进一步扩展现有金融与社会研究对象及研究领域，推进经济社会学理论研究及学科建设。第二，充分利用实地调研数据分析农村政策性金融发展情况，以利于从具体实证中观察影响我国农村政策性金融制度供求的社会因素及影响机理，建立起农村政策性金融制度创新的实证分析框架，从方法上突破相关研究偏重定性分析的局限性。第三，在完成前述理论框架和实证分析两方面任务的基础上，围绕如何加大政策性金融对农村强位弱势群体与重点领域和薄弱环节支持力度这一主题，提出农村政策性金融制度的社会建构性理念及一系列可操作的制度创新路径与政策建议，为决策层科学制定农村改革发展相关方针政策提供理论依据；并以此为突破口，最终推进我国农村社会金融的协调与可持续发展。

围绕课题研究目标，本成果的研究框架和思路是：研究背景与国内外研究现状述评→农村政策性金融制度创新提出的社会背景与理论基础→影响农村政策性金融发展的社会条件和社会因素分析→农村政策性金融制度变迁的比较分析与本土特征→农村政策性金融制度社会建构的路径设计→结论及进一步研究的展望。如图 1-1 所示。

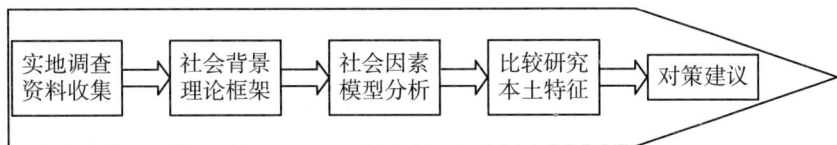

图 1-1 研究路线

按照上述研究目标和思路，本研究成果主要包括农村政策性金融制度创新提出的社会背景与理论基础、影响农村政策性金融发展的社会条件和因素分析、农村政策性金融制度变迁的比较分析与本土特征、我国农村政策性金融制度创新的路径设计等四大核心内容，具体共分为九章，全书主要包括以下研究内容：

第一章是引言。主要是提出本书的研究背景与意义、国内外相关研究综述、研究框架和基本内容、研究方法以及主要创新与不足之处。

第二章是农村政策性金融制度建设的社会背景与理论基础。首先，研究我国农村政策性金融制度功能不足及其同商业性金融的业务冲突、同合作性金融的协作缺位，以及社会控制不足和结构性失衡等农村社会金融问题的表现及成因。其次，依据社会学原理，研究农村政策性金融制度的社会特征、功能解释、价值系统、规则体系与组织系统等理论框架。

第三章是影响农村政策性金融制度建设的社会因素实证分析。首先，采用 SEM 和 LOGIT 回归建模，从社会人的理念、情感及认知失调理论角度，实证研究目前社会对于农村政策性金融制度的认知失调、行为偏差及功能失调，是否引致我国农村政策性金融发展困境。其次，以具有典型意义的农村地区为例，对构建农村金融制度体系逻辑起点的农户群体对于政策性金融制度的不同需求情况进行社会抽样调查和统计分析。并选择 Probit 模型，对影响样本群体政策性金融需求的因素进行估计和分析。最后，通过对农村中小企业融资现状及政策性融资行为的社会调查，在分析农村中小企业融资困境成因的基础上，提出农村中小企业政策性金融制度建设的社会意义及相关对策。

第四章是农村政策性金融制度建设的社会网络因素分析。运用新经济社会学有关社会网络理论和方法，将农村政策性金融的运行和发展置于其所在的社会网络背景之中，从而在社会网络的制约与影响中来进行研究。主要是从农村社会金融网络场域、社会资本需求和良性的社会互动几个方面，分别研究农村政策性金融活动的基本载体、农村政策性金融发展的间接驱动力量和农村政策性金融功能发挥的主要途径。

第五章是农村贫困与农村政策性金融制度的社会使命。首先，研究农村贫困的社会问题与金融扶贫。主要有农村贫困范畴和精准扶贫的提出，引致农村贫困的社会系统性因素，农村金融扶贫体系的构成及问题等。其次，研究农村扶贫与农村政策性金融制度的关系。包括农村政策性金融在农村扶贫中的主体性地位，农村政策性金融精准扶贫的作用机理，实现农村政策性金融精准扶贫的方式方法。

第六章是社会组织视角下农村政策性金融制度建设。从社会组织的角度，去尽量还原各类农村政策性金融组织在发展中出现相关问题的一般性组织机理，并基于社会组织系统化的视角探析背后的组织原因，进而有针对性地提出建议。为此，首先，从有限理性、制度学派、社会关系网络、科层制组织理论、信号理论、交易成本等视角，分别研究农村各类社会组织对农村政策性金融发展的影响机理。其次，研究农村社会组织协同助力农村政策性金融制度建设和改革发展的基本途径。

第七章是社会控制与农村政策性金融的依法治理。本章运用社会学原理尤其是法律社会学及经济社会学的理论和方法，对我国农村政策性金融立法的社会环境因素、社会控制的法律手段、法制体系及运作机制等进行探究。主要是基于社会学原理中的负向互动与越轨理论，研究农村政策性金融法制生成的社会基础；基于法律社会学理论，研究农村政策性金融规范运作的有效社会控制手段；从构建农村政策性金融法制体系视角，分析实现农村政策性金融法治化的前提条件。

第八章是农村政策性金融制度变迁的比较分析与本土特征。首先，在全球化及国际金融危机背景下，基于农村社区、社会功能结构等视角，比较研究国内外农村政策性金融制度变迁的一般规律和特殊性。其次，在历史、现实与未来的总体联系中，阐释中国农村政策性金融制度应具备的本土特征和承担的社会职能。

第九章是我国农村政策性金融制度社会建构的路径设计。在对农村政策性金融制度创新不同方案与社会建构路径进行比较分析的基础上，秉承着经济制度的社会建构性理念，从制度嵌入性视角，探究我国农村政策性金融制度功能及组织体系的完善、生态环境建设、农村金融组织的规范整合等具体方式方法，以推进农村社会金融公平公正地协调互动与和谐发展。

第四节 研 究 方 法

本研究成果是采用农村金融学、政策性金融学同经济社会学有机结合的跨学科交叉性综合研究，在采取描述性研究的同时，注重实证分析。本书采用的基本研究方法是：

第一，从结构功能主义的经济社会学视角，对农村政策性金融制度功能及构成要素与制度创新路径进行规范分析。阐释农村政策性金融制度的社会特征、功能解释与制度变迁的社会根源和社会意义。分析法律制度、农村文化、贫困问题等农村不同社会因素与农村政策性金融制度建设的关系及作用机理和影响方式。

第二，描述性研究与实证分析相结合。利用问卷调查和入户访谈获取第一手资料，选择 Probit 模型对影响样本群体和组织农村政策性金融需求的社会因素进行实证分析；采用 SEM 和 LOGIT 回归建模，将上述对于农村政策性金融的认知失调和行为偏差设为外源潜变量，将功能失调和发展困境设为内生潜变量，建立理论模型，选择一些外显指标间接地测量认知失调、行为偏差、功能失调和发展困境四个潜变量，提出以下理论命题并收集到足够的数据进行相关分析和假设检验：社会对于农村政策性金融的认知失调、行为偏差和组织功能失调与农村政策性金融发展困境具有正相关关系；社会的认知失调和行为偏差与农村政策性金融的功能失调也具有正相关关系。

第三，采用文献法，进行历史比较研究。在比较研究国内外农村政策性金融制度变迁的一般规律和特殊性的基础上，阐释中国农村政策性金融制度应具备的本土特征和承担的社会职能。在实证研究和借鉴国际经验教训的基础上，提出具有本土特征的我国农村政策性金融制度创新与社会建构的具体构想。基于制度的社会建构性理念，设计出农村政策性金融制度创新的有效路径和可行性建议，进而推进农村社会金融的协调发展。

第五节　主要创新与不足

金融与社会问题不仅是国外经济社会学的一个重要研究领域，更是我国经济社会学新的且亟待开辟和加强的重要研究领域之一。从社会学视阈研究农村政策性金融制度的社会建构与创新问题，在国内外相关学术领域都比较鲜见，也是推进和繁荣经济社会学理论研究的又一个崭新突破口，具有学科建设与发展的理论前沿性。具体而言，本成果主要具有如下的创新之处：

第一，扩展了已有研究对象。本成果将研究对象定位于农村政策性金融制度与社会结构的关系及其制度创新，这是对现有金融与社会研究对象及研究领域的扩展，进一步推进农村金融学和经济社会学理论研究及学科建设。因此，本研究对象的选择及研究视角与研究内容均具有一定新意。

第二，完善了传统研究方法。本研究综合运用社会学理论与方法，尤其是侧重于实证分析，如从社会认知视角实证分析农村政策性金融制度与农村社会经济发展的相关性等，这是对传统政策性金融制度研究偏重定性分析的一个突破，达到理论和实践的相互融合。因而这项工作是对已有成果的进一步完善和延伸。

第三，基本结论的切实可行。提出农村政策性金融制度的社会建构性理念及一系列可操作的制度创新路径。例如，按照结构功能观点完善农村政策性金融制度的社会功能及组织体系，以法律规范为核心建立健全农村政策性金融社会控制与治理机制，营造农村多元化金融组织协调发展的社会生态环境等。这些观点相对于以往研究，也具有一定新意。

本研究成果存在的主要问题及不足是：在我国进行金融学与社会学跨学科的交叉性综合研究，无论是金融学领域还是经济社会学尤其是金融社会学领域，都还研究得不多不足，可资借鉴的理论与方法也较少，因而在不同学科理论的相互运用和融会贯通及剖析具体问题等方面，本书还有待进一步地发掘理论深度，扩大研究视阈，使金融研究也更多地带有社会学色彩。

第二章

农村政策性金融制度建设的
社会背景与理论基础

长期以来，农村金融一直是我国金融体系中最受关注但却最薄弱的环节。虽然当前农村金融改革发展的思路和目标已基本确定，各类市场主体、各项机制及其功能渐次完善，在实践中取得了积极的成效。然而，农村社会的资金供需矛盾依然严峻，农村金融与政策性金融领域仍然面临着一系列亟待解决的问题，如农村政策性金融制度功能不足及其同商业性金融的业务冲突、同合作性金融的协作缺位，"越位"与"缺位"并存，以及社会控制不足，农村社会金融不适应金融需求和金融机构多层次的要求等。本章运用社会学相关原理和范畴对此逐一分析，并努力挖掘其深层次的社会诱因及其社会后果；同时，探讨农村政策性金融制度的社会特征、功能解释、价值系统、规则体系与组织系统等理论框架，为后续研究奠定理论基础。

第一节　农村社会金融问题的表现及成因

一、农村政策性金融制度的功能不足

目前，我国农村政策性金融制度的主要承载体和实现形式是中国农

业发展银行和国家农业信贷担保联盟公司，而政策性农业保险仍处在试点阶段。中国农业发展银行和国家农业信贷担保联盟公司的组建及政策性农业保险的开展，标志着农村政策性金融被确立为一种正式的制度安排，自此我国农村的扶贫和支农工作步入了一个新台阶。中国农业发展银行22年的运转情况充分证明，农村政策性金融不可或缺，并且是十分有效的。它在弥补市场失灵、强化优势产业、扶持"瓶颈"产业方面取得了积极的效果，有利于协调利益关系、尊重各方关切、缓解社会矛盾。但是，对比我国农村政策性金融制度设计的初衷，现行制度仍然面临一些功能不足的问题，其制度优越性并没有得到完全的体现。当前，我国农村政策性金融制度功能不足主要表现为：

第一，农村金融市场上强位弱势群体的资金需求与供给仍然严重不对等，农村政策性金融的支农效果有限。我们知道，由于农村金融市场的不完全竞争性，以及农村商业性金融的趋利本性，农村强位弱势群体普遍面临融资难题。据银监会统计，2007年以来，我国有农户约2.3亿户，有贷款需求的农户约有1.2亿户，其中获得农信社小额信用贷款和农户联保贷款的农户数7800多万户，占全国农户总数的33.2%。这两年来这一比例似乎变化不大。据调查，全国只有27%的农户能通过正规渠道获得贷款，在有金融需求的农户中，仍有40%以上不能获得正规信贷支持。[①] 为了弥补市场机制在农村市场上的缺陷，政府有必要借助农村政策性金融这一特殊手段进行干预和纠偏，这也正是农村政策性金融制度合理性的基本立足点。可是，现实情况却是，我国农村政策性金融制度的市场补缺功能及扶植功能的发挥并不尽如人意。根据辛克莱（2001）对金融排除的定义——金融排除意味着没有能力通过合适的方式获取必需的金融服务，王伟等（2011）对我国2009年的农村金融排除度进行了实证研究，结果表明，在我国31个省（区、市）中，只有9.7%的省份金融排除度较低，而54.8%的地区遭受了严重的金融排除，其余省份遭受了中等程度的金融排除。如此高的金融排除度充分

---

① 杜晓山：《当前农村金融存在四大问题》，载《人民政协报》2010年11月2日。

说明，我国农村地区资金的供需仍然存在突出的结构性矛盾，许多弱势群体无法获取正式的金融服务，它们在融资时的艰难处境并没有因为农村政策性金融而发生改变。另外，以农村中小企业为例，据河南省中小企业服务局2008年的一项调查统计，全省有55%的中小企业因流动资金不足而达不到设计的生产能力，92%的中小企业因资金不足而难以扩大生产规模或进行技术改造。由此可见，我国农村地区的中小企业在融资时依旧面临巨大的"麦克米伦缺口"（Macmillan Gap）①，"缺血"现象还是相当普遍的。在当前，针对农村地区中小企业的专门的政策性金融机构尚未成立，更不用说发挥作用了。着眼长远，站在全局的高度，积极构建以中小企业政策性银行为核心、以中小企业信用担保机构为基本手段、以中小企业发展基金为必要补充，以中小企业融资服务机构为信息保障的中小企业政策性金融体系，刻不容缓。

第二，农村政策性金融的业务范围收缩，农村贷款投放不足，农村资金外流现象严重。在1998年，随着政府对中国农业发展银行业务的调整，其仅仅承担单一的粮棉油收购、调销、储备贷款业务，变成了"粮食收购银行"或"出纳员"，而自2001年以来的农产品市场化改革的推进，中国农业发展银行的资金运用范围更加狭窄，业务量也不断萎缩。近年来，又急于"商改"，一味地模仿仍然处于争议中的开发性金融，不断扩大商业性盈利性业务，弄得自己"四不像"。中国农业发展银行在不断加快市场化改革进程的同时，撤销或合并了县域及以下行政区域的分支机构。在中国农业发展银行曾经的主战场——农村地区一度很难看到其分支行，与此同时，还将涉农贷款的审批权上收。繁杂冗余的审批程序及所谓的"风险控制要求"，使得中国农业发展银行针对农村地区的相关弱势产业、项目或群体的贷款发放变得越来越难，涉农资金逐步减少，金融资源大量抽逃出农村市场。可以想象，拥有信息和政

---

① 1931年，麦克米伦提交给英国政府一份《麦克米伦报告》，其中阐述了中小企业发展过程中存在的资金缺口。因此，金融制度中存在的对中小企业融资的壁垒现象被称为"麦克米伦缺口"。

策双重优势的农村政策性金融机构，不做服务农村的"排头兵"与"先锋队"，反而带头撤退，唯利是图的农村商业性金融机构等自然会在农村政策性金融机构的"羊群效应"的影响下，闻风而逃，收紧它们在农村地区的业务范围，退出农村市场。现实情况也正是如此。银监会的统计表明，2008 年县域银行业金融机构存贷比为 53.6%，而城市地区存贷比为 65.2%。2009 年农村信用合作社系统存贷比为 68%，农行县域网点存贷比为 39.3%，较全行平均水平低近 20 个百分点，邮储行和其他商行则更明显。① 这一行为导致的直接后果就是，农户因为资金短缺而难以提高机械化程度和自身的科技文化素质，进而影响农业产出；农村中小企业则或缺少流动资金难以周转而倒闭或资金不足而难以扩大生产规模和进行技术升级；农村地区的政府则因缺少相关贷款而影响到道路、桥梁、水利等基础设施的建设。这种职能定位方面的模糊不明，就好比一个人不知道自己是谁，"不伦不类"的。此时，该做什么不该做什么，也就不清不楚了。这样，农村政策性金融不仅没有虹吸和诱使更多的商业性信贷资金加入到扶贫、支农的行列中来，反而导致了各类资金从农村的数倍的减少，这种反向的"乘数效应"就形成了大量资金从农村地区恶性流出。

第三，设租寻租现象严重，农村地区政策性金融资源的配置效率低下。农村政策性金融一般都是由政府完全出资或控股而设立的，其每年用于"三农"领域的最低信贷额度也是有要求的，投资领域往往是商业性金融不愿涉足的、大多是微利或亏损的项目，呆坏账现象时有发生；但是，政策性亏本或坏账却常常是由政府财政"埋单"，由纳税人的钱来补足。归结到一点，农村政策性金融资金运用的盈利甚少，赔钱却不用自己负责。如此一来，其就会存在"贷给谁都是贷"的心理，积极开拓和发掘优质政策性项目的积极性就会大大降低。相反地，鉴于农村金融市场是一个卖方市场，有时候，它还会主动设租，谁给的好处多，就把款贷给谁。虽然其投资范围必须符合政府的政策意图，但是在

---

① 杜晓山：《当前农村金融存在四大问题》，载《人民政协报》2010 年 11 月 2 日。

目前这样一个"僧多粥少"的情况下,这样做还是能够满足"合理合规"的要求的。再者,农村政策性金融的官办背景使得其本身就与各地方政府存在"剪不断理还乱"的关系,独立性较差,行为方式容易受到外部势力和周围环境的干扰和影响。农村政策性金融要想按照自己的判断,完全开展"真正的"政策性涉农业务,并非易事。同时,我国是一个十分看重和依赖人情的社会,这样人们就会在自己的社交"网络"中,积极发掘和利用有利于自己争取到贷款的"社会资本",并附带赠送财物等行贿行为,借助公共权力谋取个人私利。加之农村政策性资金的可得性(贷款比较容易获得)和优惠性(较低的贷款利率或较低的担保条件)等特点,这种托关系、跑路子等寻租现象就更加严重,防不胜防。在某些情况下,寻租成本可能会占到项目收益的很大比重甚至超过收益,相应地也就加重了企业的负担。此时,农村政策性金融就失去了它的本来面目,变成了某些人骗贷或获利的工具,最需要它的或者说能带来最大社会效益的行为主体却往往得不到该有的帮助,其本该具有的功能也就逊色许多。可以说,设租和寻租行为让农村政策性金融严重"变性",本来就十分稀缺的农村金融资源更加得不到最有效率的配置。当前和今后一段时期,加大监管力度、提高利益输送的违法成本、建立切实可行的长效机制,无疑是我们工作的重中之重。

第四,农村政策性金融体系并不完善,各组成部分间的互补和协调不到位,没有达到系统性的统一。首先,政策性农业保险力量十分微弱。政策性农业保险是我国农村政策性金融制度体系的一个重要组成部分,2004年以来连续6年的中央"一号文件"和党的十七届三中全会《中共中央关于推进农村改革发展若干重大问题的决定》,都将政策性农业保险列为金融支持农业发展的重要内容。2010年的中央"一号文件"更是首次明确提出"加快发展政策性农业保险",同时强调加快建立农业巨灾风险分散机制和银保互动机制。多个省市根据中央精神也都开展了相应的试点工作。但是,必须看到,其实际运行效果与预期还有较大的差距。一方面,政策性农业保险制度建设中政府引导与市场机制自发调节的关系处理不当,立法不健全,最重要的是农业保险专营机构缺失，农业保险渗透率低、保险品种少、承保面窄等；另一方面，就算在政府的强制力干预下，政策性农业保险有所开展，其需求对象即农户对这一业务的具体情况诸如承保范围、赔付金额等并不十分清楚，这直接导致农户的参保意愿明显不足。其次，农村政策性担保业务进展缓慢。应该说，在当前农业发展银行资本金严重不足且缺乏自动的补偿机制时，农村政策性担保机构是可以大有一番作为的。其不需要太多的资本金，就能以较少的资金为农村强位弱势群体提供前期担保，通过杠杆机制，撬动大量的商业性金融资源或民间金融资源，同时从中收取一定比例的保费。自此，农村政策性担保机构的虹吸作用得以充分体现，并且这种市场化的运作机制也有利于其可持续发展和壮大。但令人遗憾的是，截至目前，我国的农村政策性担保机构尚未真正开展或有效运作。最后，农业发展银行、农业政策性保险公司和担保机构各行其是，整体的协同效应不十分理想。这三类机构组成了目前我国农村政策性金融制度体系的基本框架，分工明确，各司其职。这种分工有利于各自的监督管理和效率的提高，不过在某些时候却可能会互相推诿，造成一些业务的遗漏或"踢皮球"现象。举例来说，某个生态农业项目可能社会效益极高，但是投资周期长、风险大、市场前景不明朗，中国农业发展银行就可能会觉得放贷资金回收比较困难，认为应由政策性担保机构给予担保，吸引商行来投资；担保机构觉得"赔的份儿大"，可能也会放弃；而该项目负责人为控制预算有可能放弃参加农业政策性保险，这时它就可能因为"三不管"而处于被搁置的尴尬境地。

二、农村政策性金融同商业性金融的业务冲突

在一国完整的金融体系中，政策性金融与商业性金融是相互对称、平行、并列与互补的两大金融族类，不论是在理论界还是在具体实践中，这一点都得到了普遍认可，而且古今中外，概莫能外。二者虽然在质的规定性方面存在明显差异，但并不是只能"水火不容"。只有二者同时存在并协调发展的金融制度，才是完善的和高效率的。这在一定程

度上关系到整个国家金融体系的安全、稳定和可持续发展，关系到金融体制改革的成败，关系到市场经济改革的顺利进行乃至华夏儿女"中国梦"的如期实现，必须高度重视起来。特别是对我们这样一个发展中的大国来说，在农村领域如何扶持和发展农业生产、如何消除贫困，协调和支配好稀缺的政策性金融资源与商业性金融资源，显得尤为重要。

然而，自世界上专门的政策性金融机构诞生以来，政策性金融与商业性金融的业务摩擦和冲突就一直时隐时现。尤其是近年来，随着某些国家政策性银行市场化改革的不断推进以及国内外经济金融运行环境的深刻变化，这种摩擦与冲突的态势日益凸显。例如，在法国，某些政策性金融机构就凭借政府给予的优惠待遇，不断拓展商业性业务，破坏了市场公平竞争秩序，招致了商业性金融机构的不满和批评。这种现象不仅存在与政策性金融专门立法相对健全的国外，而且已经"传染"到了国内。我国的个别政策性银行就时常越过特定的业务"红线"，实施竞争性发展战略。当然，这种竞争性发展分为两种情况，即主动竞争性发展和非主动竞争性发展。前者是在商业银行有意有力涉足某些有盈利性潜力的政策性项目时，政策性银行主动与其竞争优质客户；后者则是在商业银行事先未知或无意无力涉足某些盈利性不确定的政策性项目时，政策性银行先期发掘并率先融资成功的潜在性优质客户。后一种情况是更能体现政策性银行政策性本质的经营行为，是政策性金融与商业性金融协调发展的完美体现。而前一种行为势必会与商业性金融的相关业务发生摩擦和冲突，二者就此将对方视为敌对者，处于反对或对立的关系，甚至会转变为压制、破坏以至消灭对方。其结果只能是政策性金融的"单赢"，而不是二者"双赢"。这种由特殊政策转化而成且商业性金融无法比拟的竞争优势，会对公平的市场秩序造成极大破坏，加剧二者之间的矛盾，同时增大了政府作为最后贷款人所承担的风险。这不仅使得政策性金融失去了其存在的意义，还是不可能长久的，是不利于可持续发展的要求的。政策性金融的这种"越规"行为，势必会使其逆向选择和虹吸诱导等功能不能充分地体现，因为这些功能的发挥首先都依赖其必须遵守的非主动竞争性盈利这一基本前提。

　　具体的政策法规方面的欠缺和资本金匮乏是导致农村政策性金融机构越轨行为的重要原因。要么是原有的相关法律法规过于模糊笼统，不好落实，可操作性差；要么是法律法规的某些条款没有及时调整完善，已经不能应对新形势下出现的新问题。总之，监管部门在对农村政策性金融的行为进行合规调查时，时常会显得捉襟见肘，力不从心。而我国农村政策性金融机构自成立以来，一直承受的资本金方面压力与保本微利的经营原则之间的巨大矛盾，是诱发其越位与商业性金融机构进行竞争的导火索。农村政策性金融机构的资本金来源渠道单一，主要是中央银行的再贷款，资金构成以短期流动负债为主，存在较大风险，而向商业银行借债又会使融资成本骤升，这与它实行的优惠贷款利率形成巨大利差。尽管现在已经成功在资本市场上募得资金，但是这种债券融资的规模和范围都是有限的，在资本金总额中占比较低，融资成本也比较高，因而难以承担支农大任。从政府层面看，政府财政对于充实中国农业发展银行资本金方面的相关支持政策乏力，缺乏自动稳定的利益补偿机制。没有稳定持续的资本金注入，其正常运转也就失去了最基本的保障。两种因素的合力，导致了农村政策性金融机构与商业性金融机构无序竞争而又得不到有效治理的混乱局面。

三、农村政策性金融同合作性金融的协作缺位

　　在农村金融市场上，除商业性金融和政策性金融外，合作性金融的地位同样不可忽视。合作性金融一般是指由社员自愿入股联合，实行民主管理，获得服务和利益的一种集体所有和个人所有相结合的资金融通形式。农村合作性金融与商业性金融和股份制金融存在明显不同，通过对世界各国农村合作性金融与政策性金融耦合机制的国际比较发现，农村合作性金融具有的非盈利的互助共济特性及其社会互助功能，使其与政策性金融具有相互配合、融合与合作共赢并形成一种特殊耦合机制的天然基础和条件。无论是在发达国家还是在发展中国家，农业政策性金融机构无不与本国的农业合作经济组织（以农村信用合作社为典型代

表）有着千丝万缕的联系。有些国家的农业政策性金融机构本身就是合作经济组织，而有些国家政策性金融与合作性金融是交织在一起的，可以把合作性金融看作是农村政策性金融的重要载体。

协作的本义是指，在目标实施过程中，部门与部门之间、个人与个人之间的协调与配合。其优点是可以充分有效地利用组织资源，创造出一种比单个战略业务单元收益简单加总更大的收益，即实现协同效应。搞好协作是一个单位完成总体目标的必要条件。二者的密切联系是由农业服务对象的分散性和业务运行成本决定的。政策性金融一般具有确定的边界和资源数量，它不可能也没有必要处处建立政策性金融机构，那样运行成本太高，白白地浪费国家政策性金融资源，无论对国家还是对农民都没有好处。相反国家仅仅建立一些宏观性的机构，而具体的农村政策性金融业务完全可以由合作性金融机构代理，农村信用合作社这一特殊的农业生产组织在某种程度上可以有效辅助政府执行某些农业政策。从其"出身"来看，它是土生土长于农村、深深植根于农村经济社会的，这种与农村强位弱势群体之间的天然的联系，使得其在与农户打交道时，可以有效降低市场不完全性及由于信息不对称所造成的道德风险。事实上，农业合作社是在农民与政府之间一种很好的桥梁和纽带。国家通过对农业合作社的支持就可以达到扶持农业生产的目的，而且这一过程可以有效地减少农村政策性金融的运行成本。

不可否认，我国农村政策性金融和合作性金融在实现推动农村地区经济发展、提高社会公平正义的目标时，具有相对一致性，这使得它们具有相互协作的基础。但是对比协作的要义可以看出，目前二者之间的协作与互动是明显不足的。从严格意义上讲，中国农村信用合作社并不是真正的合作性金融，因为不论农村信用社的经营体制还是管理体制，都不能说是符合合作社这种经济组织的基本原则。它的合作性异化取向日益明显，更多的展现出趋利的本性，而不是互助共济性，可能在有时候会从事发放种粮补贴等类似的支农业务，传达国家政策，但业务量十分小。分支机构只在县级行政区域才有的中国农业发展银行，并没有充分地借助农村信用合作社在基层数量庞大这一有利条件，委托其代理相关的政策性扶贫支农业务，并宣传政府相关产业政策和重点发展方向；同样地，农村信用合作社也没能很好地依托农村政策性金融特有的信息甄别优势，追随它，并及时地把握和投资农村地区弱势但优质的项目、产业或者领域，而是将资金移至上级联社，经过统筹再投向高盈利性的商业企业。由此可见，它们之间缺乏一种有效的协作机制，并没有相互协调与配合去充分地利用农村地区有限的金融资源，实现协同效应。这种协作缺位不仅增加了它们各自的运营成本，阻塞国家政策的传递通道，而且农村政策性金融单一的载体形式使其业务开展的渠道十分狭窄，束手束脚，不利于各项职能的有效发挥。

四、农村政策性金融的社会控制不足

作为一个重要的社会学概念，社会控制有广义和狭义之分。广义的社会控制，是指社会依靠自身的力量，运用社会规范和与之相适应的方式和手段，对社会成员（包括个人、社会群体、社会组织等）的社会行为和价值观念进行指导和约束，对各种社会关系进行调节和制约的过程。狭义的社会控制，则是指社会对偏离社会规范的越轨行为而采取的限制措施及其过程。在社会学研究中，一般来讲，是从广义上使用社会控制这一概念的。社会控制论的创始人罗斯认为，随着越轨、犯罪等社会问题的大量出现，必须用社会控制这种新的机制，来维持社会秩序。也就是说，社会控制的对象是个人或组织的越轨行为。越轨行为指的是一个人或群体违反其所应遵守的社会行为规范的行为。

我国农村政策性金融制度运行当中的社会控制不足，不可避免地造成了具体实践过程中"乱象丛生"的怪状，最突出的表现就是农村政策性金融机构频频出现的"缺位"与"越位"交错现象。按照社会成员对控制自己社会行为的意愿与否，可以将社会控制分为外在控制和内在控制。前者是利用外部力量，即各种形式的社会规范，对社会成员实施社会控制。对被控制者来讲，相对而言，外在控制是一种不自觉地、消极地接受控制的过程。社会成员在参与社会生活的过程中，随时随地都会遇到来自外界的社会权威及各方面社会规范的影响，其形式多种多样，包括行政控制、法律控制等。内在控制则是指通过社会化，个人或组织将社会规范内化为自己的观念，对自己的行为实施的自觉地、积极地控制。一般来说，社会控制总是从外在控制转化为内在控制，内在控制才是社会控制的最终目的。对于农村政策性金融机构而言，首先的就是要加强外在控制，加快立法步伐，加大宣传和教育的力度，并使之常态化，为其日常的经营、管理活动划定准线；其次要注意引导，使农村政策性金融机构增强自律意识。

法律控制是社会控制最有效、最重要的手段之一，它的社会控制作用主要体现在三个方面：教育作用、威慑作用和惩罚作用。就我国农村政策性金融制度的实施情况来看，自成立至今，一直缺乏一个完备的社会控制体系，尤其是缺少专门的法律制度对其行为进行约束和规范。目前，我国有关农村政策性金融组织的法律仍然空白，农村政策性银行设立、运行的主要规定集中在国务院作出的决定、命令以及部门规章和其他政策性文件之中。中国农业发展银行调整其日常运行和决策活动的唯一法规性文件即机构组建时颁布的《中国农业发展银行章程》，这一指导性文件对其法律地位的定位模糊不清，也没有对其资金来源、资金运用、业务范围或领域、组织机构等关键问题作出十分明确的规定，缺乏严格意义上的法律保证和规范，层次不高，法律的预防、评价、引导和强制作用都被弱化。另外，要不断丰富监管手段，并全面落实。实现党纪国法监督、司法监督、新闻监督、群众监督、内部监督等多方面的社会监督相结合，多管齐下，形成合力。

五、农村政策性金融制度的结构性失衡

1994年，中国农业发展银行等政策性银行相继建立，这是中国农村金融与政策性金融发展的一个重大制度创新，也标志着中国政策性金融体系框架的基本建立。由此，我国农村政策性金融制度进入由业务的分散兼营到机构的分立及业务专营的崭新的历史发展时期。经过20年

的运作与发展，中国农村政策性金融组织体系逐步形成，业务初具规模，在中国农村经济与社会发展、稳定方面发挥了不可替代的重要作用，对农村社会经济发展和金融体制改革及协调发展的贡献功不可没，农村政策性金融制度本身也具有不可替代的发展潜力及前景。然而，任何一种金融制度都不是十全十美的，任何一项金融改革也都不是一帆风顺的，农村政策性金融发展也概莫能外。1994 年的政策性金融改革有些过于仓促，只是简单地把国有银行的政策性金融职能独立出来，以把国有商业银行办成真正的商业银行，而没有真正认识科学政策性金融的特殊功能及运作机理，没有相应的法律法规和监督保障机制，也没有实现政策性银行与市场化运作原则的有效结合，因此在现实中也逐渐暴露出很多问题，导致农村政策性金融的体制效率低下和制度的适应性效率弱化，亟待治理整顿与发展优化。

当前，我国农村政策性金融发展中面临的主要矛盾和问题，可以概括为以下十方面的结构性失衡：

第一，立法规则的结构性失衡。在现代世界各国完整的金融立法体系中，除了中央银行法和金融监管法等最高层次的金融法外，还包括相互并存的商业性金融法与政策性金融法。在我国，只有商业银行法、保险法、证券法等相对完善的商业性金融法律体系，但农村政策性金融法律体系尚未有雏形，制度规则存在空白和结构性失衡问题。早在 1993 年 12 月 25 日发布的国务院《关于金融体制改革的决定》中，就规定对三大政策性银行要分别制定各自的条例，但迄今一直没有出台相关条例。现有的农业政策性金融法规只是十几年前政策性银行组建时国务院发布的相关决定、通知和批准的方案、章程等一系列行政规范性文件，而且一直几乎没有做任何调整和修改，原有的章程与农业政策性银行的业务发展已经严重脱节。这些一般性的行政规范性文件不仅缺乏系统性、可操作性，而且立法层次较低，权威性、严肃性较差，对农业政策性银行的行为规范及约束力微乎其微。规则的缺失是导致农业政策性银行无序运作、政府也无法依法监督的根本原因。不解决立法问题，就不可能真正解决农业政策性银行的自我约束问题。农村政策性金融业务运作也主要是参照商业性金融法律法规。例如，根据 2006 年 12 月 28 日中国银监会通过的《关于修改〈商业银行资本充足率管理办法〉的决定》规定，政策性银行资本充足率的计算和监督管理参照《商业银行资本充足率管理办法》。这并没有考虑到农业政策性银行业务的特殊性和资本金来源的特殊性。

第二，监督机制的结构性失衡。现代金融监管体制，不仅包括传统意义上的政府（主要是中央银行或其他金融监管当局）对商业性金融企业或金融市场的一般外部强制性金融监管，而且包括政府对政策性金融的特殊监督机制和结构。目前，我国农业政策性金融监督体制和监督主体结构存在不健全、不完善问题，呈现一种分工负责、多头决策、多头监管的管理体制模式，由人民银行、国家发改委、财政部、银监会等部门分别从不同的角度进行监管或指导。中国银监会主要负责监管商业银行，同时按照监管普通银行的标准和方法来监管政策性银行的业务活动；中国保监会只监管商业性保险公司，对政策性保险公司的监督缺位。针对政策性金融组织及业务的特殊性，许多国家的政策性金融机构一般不在中央银行或金融监管当局的监管之列。在我国，政策性金融机构先是由人民银行监管，2003 年后由新组建的银监会监管，但事实上，人民银行一直起着主导性和决定性监管作用。现有的政策性金融监管模式不仅理论上不合逻辑，而且不符合国际一般规则和惯例；不仅会影响政策性金融机构规范有序地开展业务活动，而且加剧相关问题上的分歧、争议与部门利益的争夺；不仅管理部门政出多门使政策性金融机构无所适从，而且有些环节又存在管理不严甚至出现管理的真空地带；不仅会增加政策协调的复杂性，加大总体成本，还会降低政策的决策效率和执行效果，损害政府部门的公信力。另外，从政策性金融监督的权力结构上来看，尚未建立健全内部治理结构。政策性银行监事会也往往是"聋子的耳朵"，没有真正尽到对银行进行合规性监督、检查和评价的职责。

第三，资本补偿机制的结构性失衡。政策性金融机构履行政策性职责，就意味着盈利能力的降低，很可能出现资金或财务缺口。所以，为了维持政策性金融机构资金的良性循环，要求财务补偿必须是可靠的和稳定的，并且是一种自动的而不是主观随意性很大的补偿机制。在国外，政府不仅为政策性银行一般全额拨付资本金并可以随时追加，而且依法免税减税，不断扩充自有资本，形成资本实力与时俱进的机制，资本充足率也高于商业银行。我国农业政策性银行成立以来，银行的负债规模逐年大幅度增加，而政府注资一直没有增加，资本充足率逐年降低，财政补贴力度不够，财务补偿机制和风险补偿机制缺失，并逐渐取消了"两税"等优惠政策待遇。目前国家在税收政策、贷款风险拨备等方面没有考虑农业政策性金融的特殊性，有些与商业银行执行一样标准，有些甚至不如商业银行，农业政策性银行风险准备金严重不足。

第四，职能定位的结构性失衡。职能定位是对不同类型金融机构的业务职责及其作用范围所进行的具体划分和界定。政策性金融机构的职能定位具有依法动态调整性的特点和要求。我国农业政策性银行成立以来，一直存在着职能定位滞后的结构性失衡问题。本来是应该按照职能定位来调整业务范围，即依据一定时期经济金融运行环境和国家政策的调整和变化。首先，相应地重新进行政策性金融机构的职能定位，其次，据此调整和开展业务。现在却是倒果为因，即政策性银行不规范地扩大业务范围后，倒逼政府按其既成事实来调整政策性银行的职能定位。职能定位不清，导致政策性金融机构业务范围不断扩大，与商业性金融竞争的态势日益明显。1998 年以来，特别是 2004 年以来，由于无法律约束和业务范围频繁调整，政策性金融机构的业务范围边界变得模糊，而且随着政策性金融机构改革的深入，越发变得模糊，即从有型变成无型，经营原则由不与商业性金融竞争变为大面积竞争，经营手段由形式上的市场化运作变为实质上的市场化改造，经营目标由保本微利变为利润最大化。1994 年，国务院以政策性银行章程的形式，分别对三家政策性银行的主要任务及业务范围作了规定。十多年来，政策性银行的业务范围不断扩大，已超出章程所规定的业务范围。这种不断扩大的业务范围，许多是在没有法律法规约束基础上的不规范行为。农村政策性金融业务朝令夕改，一会儿这样一会儿那样，灵机一动就将有关业务在银行间划来划去，变化频繁，迂回曲折，反复无常，集中表现在中国农业发展银行的业务调整滞后和经营范围单一方面。

第五，资产负债规模的结构性失衡。政策性金融机构以国家信用为基础，其负债具有准公债性质，政策性金融债是以政府为担保的具有准政府信用的债券，应根据国家宏观调控政策建立相应的负债规模约束机制，这也是避免与商业性金融机构在金融市场上过度竞争的需要。例如，根据韩国产业银行法，韩国产业银行发行的产业金融债券本金余额加上对外担保余额不得超过其资本金和公积金之和的 10 倍。日本开发银行（现已改为政策投资银行）不允许在国内资本市场发行债券，其目的是为了避免与国内的长期信贷银行竞争，但允许其由政府担保在海外市场发行债券，原则上发行外币债券等项融资的合计额不得超过资本金和准备金合计额的 10 倍。在我国，由于缺乏负债规模约束机制，政策性金融机构的资产负债规模不断扩大。3 家政策性银行章程、1993 年的《金融保险企业财务制度》和 1997 年《政策性银行财务管理规定》都只规定了政策性银行的资金来源和负债形式，没有规定政策性银行的负债规模，加上政策性银行做大的内在冲动，导致政策性银行的负债和资产规模扩张迅速。1995 年末，中国农业发展银行的资产和负债总额分别为 5425 亿元和 5306 亿元；2007 年末，其资产和负债总额分别达到 10662 亿元和 10449 亿元；在国开行转型前的 13 年里，农业政策性银行的资产和负债规模分别增长了 197% 和 197%。与中国农业发展银行章程规定的 200 亿元资本金相比，负债规模为资本金的 52 倍。资产负债规模的过高、过快扩张，导致负债规模与资本金比例极不相称。

第六，区域开发的结构性失衡。开发落后地区以体现社会公平原则，是政策性金融制度设计的一个根本目标和历史使命。中国是一个区域经济发展不平衡的大国，区域差异较其他国家更为突出，有许多贫困落后地区亟待开发和脱贫致富，这也是中国政府长期面临而亟待解决的一个重要问题。相应地，各地区的金融资源配置及其开发水平也有所不同，即呈现出区域金融非均衡性的特征。从世界各国的实践来看，政策性金融在区域资本形成中具有特殊的聚合功效，对经济结构重组具有直接的调整作用和结构动力，从而在区域经济梯度整合和开发中发挥着"第一推动力"的核心作用和直接扶持与强力推进功能。然而，目前我国农业政策性银行在落后地区的开发性功能作用没有充分发挥出来。集中表现在布局不合理，分支机构基本上是按行政区划而不是按业务量及实际需要设置。所以，针对区域政策性金融失衡问题，早在 2005 年的"两会"上，就有与会代表提出建立政策性的"西部开发银行"和"中部银行"的建议。

第七，组织体系的结构性失衡。中国仍然处在社会主义市场经济的初级阶段，在这种国情之下，我国社会经济发展中仍然存在着诸多明显而严重的结构性矛盾和失衡问题，仍然存在着"三农"、中小企业、低收入者住房、西部大开发、扶贫开发、企业"走出去"、对外援助、节能减排、科技开发、自主创新、生态环境保护、就业、助学、灾后重建、支持西藏和新疆经济发展等国民经济重点领域和薄弱环节，因而中国比发达国家、其他发展中国家和转型国家更加需要发达配套的、实力强大的政策性金融体系。从中国目前的需求来说，农业政策性金融组织体系应当包括农业政策性银行、政策性农业保险机构、政策性农业担保机构、政策性农业投资基金等农业政策性金融机构。然而，现阶段中国农业政策性金融组织体系不完整，在商业性金融资源没有或很少涉足配置的农村落后地区和领域，还没有及时建立健全农业政策性金融分支机构。

第八，业务体系的结构性失衡。中国政策性金融体系的不完善，除了机构体系的不完整外，还包括业务体系的结构性失衡问题。后者主要表现在以下几点：一是业务领域狭窄。在我国农村金融市场失灵问题一直客观存在的情况下，按理说，中国农业发展银行的业务应该覆盖与农业发展有关的金融服务，但自成立以来，中国农业发展银行的业务范围一直非常狭窄，主要是粮棉收购贷款和储备贷款。几乎成为一个单纯的"粮食收购银行"。农户小额贷款、农村扶贫开发等业务很少或没有。中国农业发展银行不能在农村资金融通中发挥引导、吸引社会资金的集聚作用。而且，中国农业发展银行分支机构的业务发展也出现不均衡现象，业务较多和业务不足的地区在分支机构和人员规模上没有体现出应有的差异，欠发达地区的政策性金融相关率（PFIR）[①] 较低。其实，我国需要农村政策性金融扶持的业务项目还很多，现有政策性金融的服务领域远远不能满足需要。二是业务结构的失衡与异化。我国政策性金融机构的业务范围逐步侧重于商业性营利项目而偏离政策性方向。在开发性金融羊群效应下，中国农业发展银行把业务项目划分为政策性业务、准政策性业务和商业性贷款业务，近年来热衷于涉足农业商业领域甚至非农领域、扩大经营商业性金融业务、过于追逐利润指标。三是农业政策性业务交叉严重。现有政策性金融机构之间"三农"业务相互交叉，既没有体现出不同政策性金融机构及其业务的专业性特征，也不符合政府相关法规对不同政策性金融机构特定的业务范围。有的政策性银行业务范围几乎无所不包，不仅越位从事商业性业务，而且越界涉足其他政策性金融机构的业务领域。

第九，绩效评价体系的结构性失衡。政策性金融资源配置的目标包括社会合理性和经济有效性两个方面，对政策性金融机构的考核也必须相应地对社会效益和经济效益分别考核，不可偏废。目前，我国农业政策性金融机构经营效果评价体系有待完善。一方面，监管部门没有针对农业政策性金融机构建立科学系统的绩效评价体系，对农业政策性金融机构的社会效益评价无标准依据，也忽视社会效益指标，以经济有效性为核心的评价体系一定程度上误导了农业政策性金融机构的发展方向；另一方面，监管部门往往比照、参照和借用商业性金融的绩效评价指标和同等的标准考评农业政策性金融机构，驴唇不对马嘴，结果常常是"上错花轿嫁错郎"，既不适用，也不合理，更不客观公正，造成了农业政策性金融绩效评价指标体系的严重结构性失衡，影响了农业政策性

---

① 政策性金融相关率（PFIR）是指一国某一时点上政策性金融机构资产规模与全部金融中介机构总资产的比率。通过揭示 PFIR 一般值的大小及其变化趋势，能够从一般定量的角度分析和控制政策性金融资产规模，协调政策性金融与商业性金融业务量的一般比例关系。（王伟：《中国政策性金融与商业性金融协调发展研究》，中国金融出版社 2006 年版，第 85 ~ 89 页）

金融的可持续发展。

第十，理论研究与学科建设的结构性失衡。古今中外，一直普遍存在着支持、扶持和服务强位弱势群体的政策性金融活动。中国学者在20世纪80年代末率先发现、发掘了这一客观规律，并提升到一般理论的高度进行抽象、概括和总结，提出了政策性金融概念，创立了政策性金融理论体系和政策性金融学学科，开设并招收政策性金融学专业硕士研究生和博士研究生；而且，依据政策性金融理论和政策建议，在《中共中央关于建立社会主义市场经济体制若干问题的决定》中，明确提出并专门建立了中国农业发展银行等三大政策性银行。然而，农业政策性金融的非营利性公益属性，以及一些理论工作者和决策者等对科学政策性金融理论的误解、错解乃至曲解，也造成农业政策性金融理论研究的相对滞后及专门人才的青黄不接，相关学术组织和研究机构空白，对农业政策性金融更缺乏系统深入和的超前性的研究，影响了农村金融学与政策性金融学学科建设。我们过去经常提"理论联系实际"，但很少想到实际也要联系理论，科学理论的价值和意义就在于对实际的先导和指导作用。由于惯性思维的作用，目前我们缺少的也正是对科学政策性金融理论的正确认识。

第二节　农村政策性金融制度的社会学诠释

我国农村金融市场结构失衡、政策性金融的功能趋于弱化等问题，进一步导致了金融资源使用效率较低，在当前，已严重阻碍了我国"三农"问题的及时解决和农村经济社会的持续健康发展。如何强化我国农村政策性金融的现实功能，体现出这一制度的优越性，成为当务之急。在本节，笔者试图把这一问题纳入社会学的视野，将社会特征、功能解释、价值系统、规则体系、组织系统等方面作为农村政策性金融制度分析的理论切入点，以期能从社会学的角度奠定完善和创新发展我国农村政策性金融制度的理论基础。当然，在后面的章节中，我们也将进一步展开对这些基本理论问题的深入阐释和系统研究。

一、农村政策性金融制度的社会学内涵及特征

社会学是从社会整体出发，从宏观与微观、静态与动态多个层面去研究社会现象，通过社会关系和社会行动来研究社会结构及其功能、社会过程及其原因和规律的社会科学。社会学以社会中人们的社会行动、相互行动、社会关系和由此构成的社会体系的结构、功能及其变化为主题进行研究（青井和夫，2002）。它将各种类型的社会如国家、各种组织或群体等看成一个整体，认为行动者的社会行动要受到有机体、人格、文化、社会环境等因素的影响。这就是"嵌入性"分析。格兰诺维特进一步将嵌入分为两类，即关系性嵌入（relational embeddedness）与结构性嵌入（structural embeddedness）。所谓"关系性嵌入"是指行动者嵌入其所在的关系网络，并受网络中其他行动者的影响；所谓"结构性嵌入"是指行动者所在的网络在更宏观的层面上又嵌入于社会结构的文化传统、价值规范等因素中并受其影响。总之，在社会学家看来，任何金融行为都发生在具体的社会场域①（field）之中，并受到蕴含在该场域之中的制度、文化和思想观念的塑造。相应地，农村政策性金融作为一种制度存在，并外在地表现为农村政策性金融机构这一主要的制度承载体，其行为方式必将受到自身特质、文化、金融生态环境等方方面面的影响，从而呈现出独特的社会属性。

秉承着"嵌入性"的理论和视角，新经济社会学的主要研究视角包括"社会网络嵌入式"和"制度嵌入式"。对于"嵌入"在经济活动中的资本，社会学研究认为除了人力资本和物质资本外，还包括社会资本。人力资本是通过改变人，向人们传授技能使其按照新的方式行动而形成的，物质资本是通过改造物质材料形成的，而社会资本的形成，则

---

① 根据法国著名社会学家布迪厄的理论，经济可以被概念化为一个场域，也就是作为实际的和潜在的关系结构。一个行业、一个公司和许多其他的经济现象都可以被看作一个场域。

依赖人与人之间的关系按照有利于行动的方式而改变。20 世纪 90 年代末，布兰·乌兹对芝加哥一家银行进行了贷款业务调查，结果发现银行更倾向于那些要降低贷款利率的长期客户而不是那些愿意接受高贷款利率的陌生客户。乌兹认为，原因在于银行与长期客户有着深厚的人情关系，有相互协作的信任感。不同于经济学理论只把市场当作价格机制，认为市场通过"无形的手"自发地产生作用，经济社会学认为，市场是一种特定的社会结构，不仅经济行动嵌入于社会关系网络之中，而且经济交易寓于其中的市场也是嵌入社会的。而且，经济社会学认为市场不仅取决于社会—政治构成，而且还取决于文化环境、社会价值、社会规范、法律原则和市场外部的社会关系。

在金融学领域，研究者一般是从与商业性金融相互对称、平行与并列、互补的角度来理解和界定政策性金融概念（白钦先，1998；曾康霖，2004；Ng KeeChoe，2002）。杨涛（2008）认为政策性金融实质上是一种实现政府金融职能的特殊形式，国家信用是其基本特征（白钦先，1998；唐旭等，2008）。而陈元（2004）、张涛（2005）认为，政策性金融是以财政性手段弥补市场失灵的非金融性行为。结合主流社会学的最新理论研究成果及国内外政策性金融实践的发展变化，笔者认为，对农村政策性金融范畴的界定，应该主要基于政策性金融的业务对象是否"强位弱势群体"这一基本特性上。亦即凡是既处于"强位"又属于"弱势"范畴而需要金融特别支持的产业、地区、领域、项目或群体等，都应该属于农村政策性金融服务的对象和制度安排的范畴。根据社会学原理，"群体"不仅是指处于社会关系中具有共同目标和期待的人群的集合体，而且也包括为了实现一定社会目的、依照特定的规范和正式的规章制度而组成的正式组织（次级社会群体或次属群体），如企业等。所以，农村政策性金融所针对的强位弱势群体，无论是内涵还是外延也都相对广泛，是具体的农户及农村企业、产业、地区、领域、项目等的社会集合体。因此，从经济社会学角度来说，所谓农村政策性金融，是指在一国政府的支持与鼓励下，以金融资源配置的社会合理性为最大目标，在国家政策的指导下和相关法律规范的框架内，由金融机构及其他不同融资载体，直接或间接地为农村强位弱势群体提供贷款、保险和担保等多种政策性融资服务的金融制度安排。

相较于农村商业性金融，农村政策性金融具有以下典型的社会特征：

第一，以农村金融资源配置的社会合理性为终极取向。社会合理性，简而言之，就是指社会的公平与公正。农村政策性金融的宗旨，就是为关乎国计民生的强位弱势群体提供各种形式的金融服务，促进这些特殊目标群体的经济增长与社会进步。农村政策性金融的性质，则体现的是一种非营利公共性和社会合理性的属性。农村政策性金融作为国家意志力在农村金融领域的体现，它不像商业性金融那样，一味地追求最高的资本回报率，而是以保本微利为经营原则，济弱、扶贫是其主要职责。这是其基本的使命。如果没有农村政策性金融的帮扶，"三农"领域极易引发强者更强、弱者更弱的"马太效应"，两极分化将愈发严重。

第二，有其特定的服务对象与融资原则。农村政策性金融作为市场法则与政府干预的巧妙结合体，以农村强位弱势群体为服务对象。这里的"强位"，是指服务对象关系到国计民生，符合政府特定的农村社会经济政策或政治意图，在农村经济和社会发展中具有特殊战略性的重要地位。"弱势"是指服务对象由于自身的、历史的和自然的等特殊原因，造成它在一定的经济环境条件下、在激烈的市场竞争中处于融资方面的相对劣势或特别弱势的状态；弱势也反映了政策性倾斜的目的及目标。"群体"则是一种内涵和外延都相对广泛的社会学范畴，不仅是指人群集合体，也包括具体的产业、地区、领域、项目等次级社会群体或次属群体，以及企业、政府等正式组织群体。特定的融资原则，是说强位弱势群体只有在从商业性金融机构贷不到或不易贷到资金时，才可以向农村政策性金融机构求助。这时，农村政策性金融机构在审查合格后，便可以以较低的担保条件、较低的利息率等优惠条件向其直接发放贷款，或是可以为其提供融资担保，增强其从商业性金融机构融资时的可得性。当然，在当代市场化融资的趋势下，政策性银行更多地体现为提供融资的可得性上，而不是大量的提供低息贷款，或者说，不能仅仅以利率的高低作为农村政策性金融的主要特征或衡量标准。

第三，制度载体或实现形式的多元性。我国农村政策性金融机构所处的金融场域及自身的状况，决定了其在实践中的形式上的灵活性和多样性，具体业务可以由不同部门、不同类型的金融机构来承担。既包括专门组建的农村政策性金融机构（农业政策性银行、农业政策性保险及担保机构等），还包括代理或兼营农村政策性金融业务的机构，像我国的农信社、农行、邮政储蓄所以及新型农村金融机构等。

第四，以专门的法律制度安排为保障。这是增强农村政策性金融社会控制、净化农村金融生态环境的必要手段。制定专门的政策性金融机构法律，一行一法，这是世界各国政策性金融发展的成功经验总结。法律先行，不仅使得各农村政策性金融机构的职能定位更加明确，各司其职，权责分明，一旦出了问题便于及时纠偏；而且能够对其活动范围、活动方式施以有效的约束，减少与商业性金融机构的摩擦和冲突，规范和稳定金融市场上的公平竞争秩序。

二、农村政策性金融制度的功能解释

功能是经济社会学的结构功能主义在分析社会结构时常用的基本概念。农村政策性金融的功能应该定义为从农村政策性金融制度总体或基础而言的一般功效、效用、效应、效能或作用。结构功能理论认为，社会是一个有机体系，它的各个组成部分相互依存、相互联系。斯宾塞的社会演化理论强调不同的社会组织满足不同的社会需求之现象正如不同的人体器官满足不同的生理机能一样。因此，从功能主义的视角来看，社会是由在功能上满足整体需要从而维持社会稳定的各部分所构成的一个复杂的系统，任何一个部分的存在对整体的存在和运行都将产生影响。随后，默顿（1968）对帕森斯的功能主义理论进行了改进，提出了均衡功能理论，他认为并不是所有的社会单位都对体系的整合有正功能，某些单位可能对系统内的一部分有正功能，当社会结构中的某一单位阻止了整个社会或其组成部分的需求满足时，它则是反功能（dys-functional）的。

这一理论同样适用于对我国农村政策性金融制度的功能解释。农村政策性金融与其他性质的金融机构一道，共同组成了我国农村地区的相对完善的金融网络。其对维持整个金融网络的有效性来说，不可或缺。它们之间相互依存、相互作用，通过社会互动对对方的发展和完善、对金融网络的健康有序运行产生影响。如果运行合理，农村政策性金融无疑将对我国农村经济的健康发展起到"助推器"的作用，但是若运行失当，则不仅不会促进我国农村经济的发展，反而会对其正常发展起到抑制和阻碍作用。

（一）农村政策性金融的正功能

农村政策性金融的正功能，即农村政策性金融对整个金融体系、其他类型的金融机构及服务对象的发展所产生的积极影响。农村政策性金融的特殊功能或其正功能主要包括：（1）农业政策性导向功能（密切配合、服从和服务于政府在每个时期确定的一系列农业农村发展政策和目标）；（2）农业生产扶植功能（通过发放政策性贷款、提供农业生产保险及相应的专业性辅助和服务，改善农业生产条件，降低农业生产成本，分散和化解农业巨灾风险，提高农业的综合竞争力）；（3）农业基础建设开发功能（为农田水利建设、乡村道路交通建设等基础设施项目提供政策性融资）；（4）农产品价格支持功能（平衡农产品市场供求，稳定市场价格，防止"谷贱伤农"）；（5）农村扶贫开发功能（专注农村贫穷落后地区，贫困人口的政策性金融扶贫）；（6）农村专业性服务与协调功能（农业政策性金融充分利用自身特有的专业性强的有利条件，提供诸如农民技能培训、农业投资咨询、农村企业经营情况诊断、农村市场信息等非金融服务）；（7）农业政策性保险（担保）功能（发挥保障农业基础产业安全、有利于农村社会生活稳定的政策性保险社会功效）；（8）农村金融市场补缺性功能（通过适当而有效的市场介入和逆向选择，对农村金融市场进行补充完善，而非完全替代、包揽一切农村金融活动和业务）；（9）首倡诱导与虹吸扩张性功能（以小博大引致更多的商业性金融从事符合政府"三农"政策意图的融资活动）；（10）有限金融性功能（不能片面追逐盈利、不能主动竞争抢客户而有损于商业性金融利益的非主动竞争性自然盈利）。[①]

政策性金融制度作为一种特殊的制度安排，它的发展和变迁是与金融发展理论中的金融约束论密不可分并以此为理论依据之一的。金融约束理论是由赫尔曼、凯文、斯蒂格利茨等经济学家提出，主张政府适当的介入金融市场，来补救市场的失效部分。对我国而言，农村政策性金融制度安排不是一种暂时的权宜之计，而是适应社会主义初级阶段基本国情和建设社会主义和谐农村社会的客观需要。农村政策性金融制度是政策性金融制度在解决"三农"问题的实践中的针对性运用。我国的农村政策性金融从无到有，使我国建立起相对完整的农村金融服务体系，使农村金融体系的主体更加多元化，有效填补了原有的农村商业性金融机构"嫌贫爱富"所造成的某些领域的金融空白，成为农村金融体制的直接参与者和积极推动者，农村地区的金融结构得以优化。一方面，农村政策性金融机构通过合理利用自身金融资源，并与其他性质的金融机构通力合作，大大提高了农村金融资源的利用效率，激活了农村经济；另一方面，农村政策性金融机构的加入，增强了农村其他金融机构之间的竞争性，迫使其他性质的金融机构提高经营管理水平，提升市场竞争力。同时，农村政策性金融机构自身对农业基础设施、基础产业和支柱产业的引导性投资，不仅提高了农村经济的可持续发展能力，带动农民增收，加快新农村建设的进程，而且可以通过其特有的首倡、诱导功能，间接地吸引商业性资金投入需要扶持的领域和项目，进一步缓解农村地区的融资困难。

（二）农村政策性金融的反功能

在社会系统中并非部分对整体的运行总是发挥积极作用，某一部分

---

① 王伟：《农村政策性金融支持现代农业发展研究》，载《农业经济研究》2009 年第 4 期。

行动的后果降低了整体（系统）的适应力和活力的现象为反功能或负功能，即指它的消极作用。农村政策性金融的反功能或负功能，是指农村政策性金融对金融体系的正常运行、其他性质的金融机构的良性发展及农村经济的持续改善所起到的抑制或阻碍作用。在社会系统中并非部分对整体的运行总是发挥积极作用，某一部分行动的后果降低了整体（系统）的适应力和活力也是经常发生的事情。农村政策性金融机构在使农村地区金融体系的主体更加多元化、不同性质金融机构更具竞争活力的同时，时不时的越轨行为也不可避免地给农村金融网络的正常运行带来了一定程度的影响。农村政策性金融机构与农村商业性金融机构的业务冲突和越位竞争，在造成后者利益损失的同时，也直接损害了农村金融市场公平的竞争的生态环境，扰乱了农村金融市场秩序。农村政策性金融机构作为融政府调控与市场手段于一身的社会组织，必须做到不该自己管的事情坚决不管，该自己管的事情不折不扣的管好。当然，如果对农村政策性金融资源使用不当，如行政干预过度、设租寻租、滥用信用权力等，还会造成农村政策性金融资源的不合理配置，进而降低其功能作用的正确有效的发挥和可持续发展。

中国现存的农村政策性金融制度是在政府的强制作用下逐渐发展起来的，是自上而下的政府主导的结果，具有比较浓厚的行政色彩。所以，在这种情况下所建立起来的农村政策性金融服务的供给制度，一定要通过专门立法加强社会控制，防止和消除农村政策性金融在一定情况下出现的反功能或负功能等负面行为，有效规范地满足农村金融需求，真正从根本上改善农村经济发展落后的状况。

三、农村政策性金融制度的价值系统

价值系统是指社会制度存在的意义系统，即某一社会制度的理由和价值。任何社会规范体系、社会制度都有其存在的理由，即都是为了实现某种社会目标而存在的。在我国，农村、农业、农民和农村中小企业等强位弱势地位及现有农村商业性融资体系不发达的现状，决定了农村政策性金融与商业性金融的共生共存，不仅是一个自然历史规律，而且是一个必然的经济金融规律。

（一）理论价值

农村政策性金融制度作为微观性与宏观性、财政性与金融性、市场性与公共性巧妙的结合体与统一体，其存在和发展有着坚实的理论基础和深刻的经济、社会根源。当市场不完备、信息不完全、竞争不充分时，社会经济运行往往偏离帕累托最优状态。因此，我们一般是从市场机制并非万能、市场的选择有时不完全合理、不完全及时、不完全有效的角度，从资源配置的宏观目标与微观目标、资源配置宏观主体与微观主体的内外均衡的角度来认识与研究农村政策性金融的功能问题。在"三农"领域，由于农业生产经营和自身发展的长期性、风险性、波动性等特点，一般金融机构普遍认为经营农业贷款及保险风险大、成本高、不确定性强，往往会忽视这些弱势群体的需求。不仅落后的地区、部门或产业得不到或不易得到发展所需的资金，相反还会出现资金倒流的现象，进而影响一国经济与社会发展的全局。因此，需要政府运用政策性金融，积极干预，弥补与纠正市场失灵。这样，政策性金融在这一领域就具有了大规模存在的内在合理性。

农村政策性金融有其存在和发展的坚实的理论基础，如农村弱势群体理论、农村市场不完全竞争理论、农村市场失灵理论、金融约束理论以及农村金融资源配置理论、农村准公共产品理论等。弱势群体问题广泛存在于世界各国。诺贝尔经济学奖获得者、美国经济学家舒尔茨曾经说过，世界上大多数人是贫穷的，所以如果我们懂得了穷人的经济学，也就懂得许多真正重要的经济学原理。在西方经济学理论中，有个经典的不完全竞争市场理论和市场失灵理论。诺贝尔经济学奖得主、经济学家斯蒂格利茨针对市场的不完善和市场失灵问题，提出：在不损害银行最基本利润的范围内，政策性金融（面向特定部门的低利政策）是有效的。也就是说，政策性金融既不能损害商业性金融的利益，不能同商业性金融竞争、争利，也要至少保障政策性金融自身的基本利润，也就是至少是保本微利。当然，在当代市场化融资的趋势下，政策性银行更多地体现为提供融资的可得性上，而不是大量的提供低息贷款，或者说，不能仅仅以利率的高低作为政策性金融的主要特征或衡量标准。

在西方金融发展理论中，有个著名的金融约束理论。金融约束理论是由赫尔曼、凯文、斯蒂格利茨等经济学家提出的，也是主张政府适当的介入金融市场，来补救市场的失效部分。2016 年，国内、国外经济学界出现了两个"罕见"。国际上的一个罕见是，5 月，IMF 三位经济学家发布论文，罕见地反思自身机构所主张的新自由主义政策所带来的危害。新自由主义是 20 世纪 70 年代以来一种经济自由主义的复苏形式，强调自由市场的机制，支持私有化、市场化，反对国家对于国内经济的干预。新自由主义形成了后来的即 20 世纪 80 年代主张经济自由化、金融自由化的华盛顿共识。华盛顿共识是 IMF 等提出的，现在，IMF 三位经济学家反思新自由主义政策，也就是在反思 IMF 等自己提出的政策失误。他们说，新自由主义政策并没有让拉美、东欧、欧洲个别国家的经济走出困境，反而促使经济陷入停滞；不但加剧了全球不平等，而且带来了金融市场的不稳定。其实，1998 年，斯蒂格利茨等就提出了不同于华盛顿共识的后华盛顿共识，不赞同绝对的市场化、自由化，认为："问题的关键不是政府在每个领域中做得太多，而是它在某些领域中做得太少。市场本身不能解决所有问题，政府和市场必须相互补充。"① 这个也是金融约束理论的基本思想。与此同时，国内出现的一个"罕见"是，6 月，林毅夫、张军、余永定、朱天、姚洋等九位经济学家，集体对中国当下经济的发言，也是在反思新自由主义政策。国内与国外遥相呼应。

有人说，政策性金融会产生金融抑制，或有可能导致金融抑制。什么是金融抑制？麦金农和肖在金融深化论中所说的金融压抑、金融抑制，指的是政府对金融的过多干预和行政管制，如利率管制、汇率管

① 约瑟夫·斯蒂格利茨：《市场机制与政府干预的平衡》，载《中国金融》2004 年第 8 期。

制。这与政策性金融有选择地适度介入市场、补充商业性金融的市场不足是两码事。而且，过度的金融监管、不可持续的商业性金融、设租寻租等，也有可能产生金融抑制和影响经济发展。从金融发展的历史来看，事实上，政策性金融机构首先产生于发达国家，而且迄今仍然大量存在于发达国家，但却没有造成金融抑制，反而进一步促进了社会经济的可持续发展。美国就是一个典型例子，对待政策性金融，美国是只做不说，美国在法律上将美国农业政策性金融机构定位为永久性存在的法人机构。保险学家庹国柱说，国外也一直都有政策性农业保险等政策性金融组织，但没有听说办得有多么糟糕，办好办不好政策性金融机构，不应该是名字是不是有"政策性"的缘故吧。

（二）现实价值

农村政策性金融体系的建立旨在为农村强位弱势群体提供优惠的、可得的融资服务和金融咨询。其拥有实实在在的实际价值：第一，对"三农"领域的政策性扶植作用。这是农村政策性金融最基本的，也是最能体现其本质的功能。农村政策性金融可以根据政府在特定时期的一系列农村经济产业政策和意图，"逆向选择"出农村地区的强位弱势群体，对其实施政策性的信用倾斜和扶植，发挥主动性、主导性和主体性的作用。我们可以通过加大其对处于融资弱势的农业综合开发项目、农业产业化项目和农副产品加工项目等的先行支持，保证"瓶颈"产业发展和相关领域良好的资源配置，促进经济持续健康发展。可以说，农村政策性金融是连接政府与"三农"群体的桥梁，是产业政策、金融政策和财政政策的一种有效结合形式。其凭借特有的功能，作为政府供给的利益均衡制度，可以有效协调利益关系，缓解社会矛盾，增进社会和谐。第二，农村政策性金融可以有效支持农业基础建设。农村经济的持续发展依赖于完善、配套的基础设施建设，如水利灌溉设施、中小型水电站建设、粮食储备基础设施建设、农村公路建设等。一般来说，这些项目虽然具有极高的社会效益，但是却因资金需求大、投资周期长、资金回报率低，使得农村商业性金融和民间资金"望而却步"，往往不愿首先介入。在这种情况下，就需要农村政策性金融在前期主动介入，给予强大的、持续的金融支持，确保项目的顺利实施。第三，农村政策性金融有利于对农村地区的强力扶贫和开发，缩小不同区域之间、农村与城市之间经济发展的差距。"三农"问题，是从根本上制约与影响中国现在和未来经济与社会发展稳定、现代化进程的核心点，是中国相当长时期内的弱点、痛点、热点与敏感点之所在。农业不现代化，中国无现代化；农民不富，中国不富；农村不稳，中国不稳。农村贫困问题的解决，不仅要靠政府财政无偿的转移支付，而且要靠农村政策性金融的有偿的市场化的开发式扶持。通过在贫困地区开展农业扶助脱贫、城镇化建设、稳定农产品价格、抗灾救灾及贫困助学等金融业务，提高农民生活水平和自身素质，增强其自力更生的能力。这样，就可以使有限的政府金融资源尽量达到最大化的利用，减少贫困，并控制返贫。

要构建"功能完善、分工合理、产权明晰、监管有力"的农村金融服务体系，不断加大支农力度，不断提高支农质量，不断完善支农功能，实现支农效果不断显现，就必须要充分发挥商业金融、农村合作金融以及农业政策性金融机构的综合力量。值得注意的是，农村政策性金融以提高社会合理性为终极目标，追求的是"社会效益"，而社会效益的核心问题，讲的是社会公平与公正问题。联合国在"2005 国际小额信贷年"的宣传推广时提出了包容性金融（Inclusive Finance）的概念，我国将其译为普惠金融。其实，国外提出包容性金融或普惠金融的出发点和落脚点或重点也就是针对弱势群体的金融排斥（排除）问题而言的，而非注重和强调强势群体或富人阶层的普惠性，这与政策性金融是异曲同工、殊途同归。联合国于 2006 年出版的《建设普惠金融体系》蓝皮书中指出，每一个发展中国家都应该不断健全法律、政策和监管框架，构建完善的普惠金融组织体系，共同为弱势群体提供其需要的金融产品和服务。世界银行扶贫协商小组（CGAP）在其出版的《服务于所有人——建设普惠金融体系》（Access for All：Building Inclusive Financial Systems）一书中提出，普惠金融就是要让所有需要金融服务的人，特别是贫困人口、妇女、小微企业等弱势群体同样享有平等地获得金融服务的权利。因而，农村政策性金融与普惠金融可以耦合、相互支撑、互为载体，农业政策性金融机构的改革发展也可以考虑同普惠金融的试验区建设有机地结合起来。高效的、稳定的、健全的农村政策性金融制度有利于构建普惠的农村金融体系，有利于我国社会和谐稳定的大局，有利于社会经济的整体性、协调性和可持续发展。

四、农村政策性金融制度的规则体系

在现代社会生活中，各个领域都有大量约束和指导社会人的法令、规定，它们告诉人们应该怎样做和不能怎样做。行为规范是一定社会中指导人们行为的准则，它们是人们在长期的共同生活中选择、积累起来的经验，是人们在共同生活中认为是合理的、合适的东西。从人类社会发展的过程看，法律在社会生活中的作用在加强。现代国家，越来越多的将社会生活纳入法律的制约范围，这是加强对消极的越轨行为的社会控制的必然要求。

农村政策性金融的规则体系主要体现在，国家为保障其有效运行，应该建立健全一套特殊而独立的法律法规和规章制度体系。通过对世界各国政策性金融法制建设的横向比较研究发现，金融法制建设在经济和金融事业发展中的作用是重大的。这些国家一般都是法制制定实施适度超前，使法律在经济和金融发展中充分发挥它特有的诱导、规范、约束、强制和保护作用，而不是滞后于它，简单地承认既成的事实或现状。作为农业政策性金融机构，既具有金融企业的一般属性，又具有特殊性，我国现行金融法律、法规都不能概括和解决中国政策性金融机构的性质和定位问题。身为农村政策性金融机构的主要代表的中国农业发展银行成立至今，一直游离于专门立法之外，法律建设至今还只是停留在规章制度的层次上，唯一的法律性文件就是它的章程，缺乏严格意义上的法律保证和规范，层次不高，不能正确概括和解决中国农业政策性金融机构的性质和定位问题，进而保障与约束力则不强。相关法规对我国农业政策性银行的经营范围、运行规则、违规处罚等都没有明确的规定，无论是内部经营管理，还是外部关系的协调，都处于一种进退失据的状态。如此一来，随意干预、变更农业政策性银行经营活动的事情时有发生，政策性银行自身的"寻租"、逐利等异化行为也屡见不鲜。总之，社会控制方面的不足，不仅隐藏着极大的金融风险，而且制约了农业政策性金融机构的职能发挥和自身发展，负效应正在逐步显现。如何促使农村政策性金融机构在"越位"的地方主动"退位"，在"缺位"的地方及时"补位"，必须引起我们的足够重视，要加大力度，加快进度，取得更多实质性进展。尽早规定农业政策性金融机构可以做什么，不能做什么，这样进展顺利、反复很少、矛盾较少、摩擦小、总体效益高，避免了事到临头的草率应付、临时抱佛脚以及许多不必要的损失和延误，也使经济金融秩序得到稳定和优化。

五、农村政策性金融制度的组织系统

组织系统是指实施社会制度的社会成员、群体和组织机构。任何行为规范都有其行为主体，即行为规范的实践者。正是依靠他们对规范的实践，规范才会发挥作用，社会制度才真正发挥了其应有的职能。在具体的社会活动领域，成员们是以不同的方式相互联系在一起的，他们之间形成相互支持、相互制约的权利、责任和义务关系。这些群体和正式组织接受、认可制度规范的程度，他们实践这些规范的能力直接影响着社会制度的实施和发挥作用的情况。

我国农村政策性金融的组织系统呈现出多元化与多样性的特点，既包括专门组建的农村政策性金融机构体系，也包括其他自愿承担农村政策性金融业务的组织或机构体系等。目前，前者主要包括中国农业发展银行和国家农业信贷担保联盟有限责任公司。后者即自愿承担农村政策性金融业务的组织或机构体系，是指为承担一定的社会责任或在灾后重建等紧要关头，农村商业性银行可能会适度放宽担保条件或是以较低的贷款利率为"三农"群体提供资金；而扎根于农村社会的农村信用合作社或者邮政储蓄银行在某些情况下也会代理政府发放种粮补贴、农机补贴或是家电下乡补贴，同时宣传国家的惠农、支农的各项政策。中国农业银行和农村信用社目前也从事了一些服务农村强位弱势群体的政策性金融业务，但力度和范围有待进一步提高。

中国农业发展银行是直属国务院领导的我国唯一的一家农业政策性银行，1994 年 11 月挂牌成立。主要职责是按照国家的法律法规和方针政策，以国家信用为基础筹集资金，承担农业政策性金融业务，代理财政支农资金的拨付，为农业和农村经济发展服务。2014 年国务院第 63 次常务会议审议通过中国农业发展银行改革实施总体方案，中国农业发展银行进入了重要发展机遇期。新形势新阶段新任务对中国农业发展银行有效履行政策性职能提出了新的更高的要求，必须紧密围绕政策性金融的宗旨属性，认真贯彻落实党中央、国务院的大政方针及重大决策部署，始终坚持政策属性、坚持服务"三农"、坚持按银行规律办事，全力服务国家粮食安全、服务农业现代化、服务城乡发展一体化、服务国家区域发展战略、服务扶贫攻坚，努力把中国农业发展银行办成名副其实的政策性银行，更好地在农村金融体系中发挥主体和骨干作用，为促进国民经济平稳健康发展和全面建成小康社会做出更大贡献。

国家农业信贷担保联盟有限责任公司是经国务院批准，由财政部会同农业部、银监会于 2016 年 5 月组建，标志着我国在建立健全全国政策性农业信贷担保体系方面迈出重要一步。结合我国农村地区特点和金融发展现状，成立专门的农业政策性担保机构是一项非常正确的战略决策。给予农村强位弱势群体足够的融资担保，不仅可以扭转其在融资时的被动局面，缓解农村金融市场上资金的买方和卖方地位上的不对称，而且可以诱使农村商业性金融机构在放贷时更加大胆、更加积极主动。国家农业信贷担保联盟有限责任公司的职责和任务主要包括七个方面：一是落实国家农业支持政策，制定再担保业务标准，为省级机构提供业务指导和规范指引；二是为所有省级机构提供再担保服务，根据各省级机构的信用评级和风险控制水平，制定合理的代偿风险分担比例和再担保费率；三是研究开发农业信贷担保产品和服务，扩大信贷支持农业的覆盖面；四是与银行等金融机构开展总对总的战略合作，建立适用于公司和省级机构的银担风险共担机制；五是建立风险补偿和风险救助机制；六是研发建立统一规划、统一标准的全国农业信贷担保业务数据信息系统，实行线上申报和管理，实现项目评审和风险控制等工作的信息化；七是组织全国农业信贷担保专业人才培养和人员培训，指导省级机构建立一支扎根农村、熟悉农业、懂金融、会管理的基层担保员队伍。因此，建立由财政支持的农业信贷担保体系，既是引导推动金融资本投入农业，解决农业融资难、融资贵问题的重要手段，也是"新常态"下创新财政支农方式，放大财政支农政策效应，提高财政支农资金使用效益的重要举措，不仅有利于加快转变农业发展方式，促进现代农业发展，而且对于稳增长、促改革、调结构、惠民生也具有积极意义。

还有一些以分散农业生产中的自然灾害、疫情蔓延等巨灾风险为己任的农业政策性保险机构。农业保险作为扶持农业发展的一项有效地政策性工具，是保护农业生产和提高农民收入不可或缺的手段，是解决中国"三农"问题的一项重要措施。在当前经济全球化的背景下，发展农业保险不仅可以分散中国农业生产的自然风险，对农业生产实施产前产后的经济补偿，稳定农民收入，还可以改善农业经营主体的信用水平，促进农村金融体系稳定，提高农业生产经营水平和国际竞争力。目前我国的全国性政策性农业保险体系尚未建立健全[①]，从农业政策性保险的实施情况来看，效果并不十分理想，参保意愿低是一方面，瞒报、谎报等现象也非常普遍，需要不断从体制机制上创新发展。现今存在的农业性保险大多是商业性保险，而政策性农业保险和商业性保险在举办主体、经营目标和承保机制等方面是截然不同的。政策性农业保险所针对的一般都是农业生产和生活中风险大、利薄甚至亏本的，但又关系到国计民生和社会安定的项目，应由政府专门成立专业性保险公司进行承保；农业政策性保险公司应当是遵循非营利目标的，虽然也进行经济核算，但是必须注重社会的宏观经济效益，在亏损项目上

---

① 上海成立了第一家政策性农业保险公司——华安农业保险公司，各省市也纷纷成立政策性农业保险公司，仅仅作为政策性保险公司的试点，未形成全国性的政策性农业保险体系。

由财政给予适度支持或兜底。另外，设立农业发展基金对农村经济发展也是必不可少的。当然，必须明确农业发展基金的服务领域，即为农业科技创新型企业或能够大量转移农村剩余劳动力的企业给予扶持；对种粮大户或养殖大户给予一定的奖励；遭受巨灾的农户或企业，经申请，可以予以适当的补贴等。

第三章

影响农村政策性金融制度建设的
社会因素实证分析

从社会学发展的思想脉络来看，行动一直是社会学所关注的中心议题，也是经济社会学研究的出发点。农村政策性金融领域中的行为也是一种社会现象，参与者的行动在很大程度上受到其情感、个性、倾向性、主观认识对经济环境的评价以及其他参与者在市场中的言行影响。本章依据行为金融学及结构方程模型理论与方法，实证分析农村政策性金融的认知偏差、行为偏差和功能失调，对农村政策性金融发展的影响；利用问卷调查和 probit 模型，分析农户年龄、文化程度和年收入以及农户经济活动类型对农村政策性融资需求的影响；通过对农村中小企业融资现状、融资困境成因及政策性融资行为的社会调查与研究，提出一系列相关的政策建议和对策。

第一节　功能失调、认知和行为偏差与
农村政策性金融制度困境

一、问题的提出

农村金融一直是我国整个金融体系中最薄弱的环节之一。党的十七

届三中全会通过的《中共中央关于推进农村改革发展若干重大问题的决定》强调，要加快建立政策性金融、商业性金融与合作性金融相结合，功能健全的现代农村金融制度。商业性金融机构涉足农村地区金融业务所存在的成本、风险与收益的不对称性，导致其本能地"嫌贫爱富"；当前我国农信社改革的合作性异化取向和村镇银行的趋利性也日益明显。所以现阶段主要依靠市场机制和商业银行履行社会责任不可能解决农村金融需求问题。积极主动地破解农村金融难题、缓解农村金融供求矛盾的历史重任，则义不容辞地落在农村政策性金融的肩上。

由于农村金融需求主体（农户和农村企业）经济活动的内容和规模不同，其金融需求就应该表现出多层次性的特征，即不同的需求应该需要不同的金融组织和不同形式的金融供给来满足。刘锡良等（2006）提出了农村金融需求的顺序假说，为满足农村多层次的金融需求，相应需要农村金融（包括政策性金融）在供给上做出系统的安排。段玉华（2007）认为，由于对政策性金融的认识不到位，政府支持力度不够等原因，造成我国农业政策性金融的诸多问题：国家对政策性与商业性金融的区分模糊，农业政策性金融、商业性金融、合作金融尚未形成合力；农业政策性金融体系缺位，中国农业发展银行业务范围受限；经营机制不完善，融资机制、利益补偿机制不健全，内部管理水平和金融服务能力有待提高等，从而影响了政策性金融支农功能的发挥。关于我国农村政策性金融为什么会出现这种发展困境，以往的研究大多认为，主要是由于中国农业发展银行的职能定位不清不明及功能不健全。周廷煜等（2006）在对我国农村金融供求状况进行分析的基础上，提出建立一个需求追随型的垂直合作的农村政策性金融体系，是发展和完善农村政策性金融服务体系的一个现实和必要选择。

综观学术界目前对于农村政策性金融的研究，笔者发现大部分是从宏观层次上定性分析的多，缺乏多层次、多角度的定性与定量分析相结合、理论与实证分析相结合的深入研究，缺乏功能观视角、更缺乏在功能与机构相结合的视角下对农村金融组织体系的全面、系统研究。而本节正是沿着这一视角出发，依据行为金融学及结构方程模型（Structural

Equation Modeling，SEM）等现代金融前沿理论与方法，力图从社会人的理念、情感及认知失调的理论角度，实证研究目前社会对于农村政策性金融制度的认知失调、行为偏差及功能失调，是否引致我国农村政策性金融发展困境。

2002 年度诺贝尔经济学奖授予美国普林斯顿大学的行为金融学家丹尼尔·卡内曼（Daniel Kahneman）和乔治—梅森大学的实验经济学家费农·L·史密斯（Vernon L. Smith），使得行为金融理论开始在中国兴起热潮。目前，中国的行为金融理论研究仍然处于引进、学习和介绍阶段，国内的文献仍以文献综述性质的文章为主，相关研究的广度和深度均有待扩展。根据行为金融理论，结合本书研究对象，我们首先对认知偏差、行为偏差和功能失调的概念进行理论界定和阐释。认知偏差（cognitive bias）指的是生理心理状态均正常的人，由于知识水平的匮乏或者受认知主体与认知客体及环境因素的制约，而对未来缺乏明确的预期和把握时，往往会出现判断失误或判断本身与判断对象的真实情况不相符合即认识上的种种偏误，这种偏差已经在行为经济学和行为金融学的研究中被证实，如确定性心理、损失厌恶心理、后见之明、过度自信、政策依赖性心理、赌博心理、从众心理、代表性偏差、可得性偏差、情感依托、锚定心理、保守性偏差和框架效应等多种认知偏差。行为偏差（behavior bias）是指人们在判断和决策过程中会不由自主地受到认知过程、情绪过程、意志过程各种心理因素的影响，以致陷入认知陷阱，出现与理性的行为不一致的行为。本书中行为偏差的主体既包括不同层次的农村金融需求者，也包括政策制定者和政策性银行的决策者；而认知偏差的主体不仅包括上述行为偏差的主体，还包括一些对政策性金融有不同认识的相关学者（亦即后文理论假设中提出的特定社会群体的集合）。功能失调（functional dissonance）是指在认知失调及行为偏差的影响下，因制度不健全或制度的结构混乱而不能充分发挥功能，即功能不足。

本节的研究框架是，通过对相关文献的回顾和经验描述，提出影响我国农村政策性金融发展困境的研究假设和理论模型，然后通过对农村地区和其他相关部门的专项调查数据分析，运用结构方程模型对研究假设做以验证，得出结论并提出相关的政策建议。

二、我国农村政策性金融发展困境的 SEM 模型分析

（一）理论基础及模型构造

近些年，我国经济理论界对政策性金融可谓是褒贬不一，众说纷纭，在对农村政策性金融的认知及行为方面也出现了一些偏差，并引致农村政策性金融功能的不断弱化。下面，我们对引致农村政策性金融困境的认知偏差、行为偏差、功能失调等影响因素的不同表现进行一般描述，在此基础上提出几点理论假设。

有些人把农村政策性金融等同于政府财政、"第二财政"，误以为农业财政的延伸或仅仅依靠财政融资，认为政策性银行不讲经济核算、不求财务效益。还有人认为国外鲜有政策性金融、政策性银行这一提法，所以中国也不应该有；由于对西方市场化的易记性、易得性认知偏差与自我控制，以及对国内开发性金融理论与实践的代表性偏差及反应过度、"羊群行为"与锚定和调整法则，而主张政策性金融的市场化或政策性银行的商业化转型。农村金融需求方也把政策性贷款当成"免费的午餐"，使用中也没有成本效益观念，将其理想化为改革开放前的只贷不还或动辄豁免的"超政策性金融业务"等。其实，早在 20 世纪 80 年代末科学政策性金融理论产生以来，就反复强调政策性金融既不同于商业性金融，也不同于金融政策，更不同于无偿拨款的政府财政，否则何谓政策性"金融"？政策性金融机构是中国金融体系中的一项重大制度创新，也是现代金融制度上的一项重大创新。一般来说，亚行、世行也是一种国际性的政策性银行；西方国家金融中介体系中也包括政策性银行。

自 1994 年我国三大政策性银行组建以来，政策性金融的专门立法及监督考评机制就一直缺失，财政部门也一直缺乏必要的财政融资支

持，政策性金融机构为了生存和发展，不得不越位主动参与市场竞争，出现了偏离政策性金融制度宗旨的行为偏差。2007 年的全国金融工作会议正式确立了政策性银行改革的原则和思路，强调要"全面推行商业化运作"，这是对政策性银行固有经营方式和手段的肯定或归位，但有的政策性银行却把商业化运作的手段与商业化转型的目标混为一谈，改制为商业银行了，有人还力图把中国农业发展银行等其他政策性金融机构也同样转型为"综合性开发金融机构"。在政策性业务的调整上也普遍存在着人治的现象，业务朝令夕改，随意将有关业务在不同性质的银行间划来划去，变化频繁，其中在中国农业发展银行身上表现为业务调整的反复和经营范围的单一。近年来，中国农业发展银行不断扩大经营商业性业务，商业化运作倾向明显。2006 年底政策性贷款余额为6726.8 亿元，占 76.06%，商业性贷款余额 2117.2 亿元，占 23.94%；2007 年全行贷款余额达 10224.39 亿元，比年初增加 1380.43 亿元，其中商业性贷款增加 1245 亿元，促使商业性贷款占比进一步加大，商业性业务已日益发展成为中国农业发展银行新的利润增长点。此外，一些农村中小企业在使用中国农业发展银行贷款的过程中比较随意和滥用等行为偏差，也造成了政策性贷款的违约率高、还款情况不理想等问题现象。

韩国产业银行东北亚研究中心主任朴起松（Park KiSoon）认为政策性银行改革是一个长期的问题，并不仅是商业化问题。世界银行中国首席代表杜大伟（David Dollar）博士认为政策性银行今天被证明仍然是十分有效的，不能因为政策性银行有些困难就取消它，这是不现实的。中国农业发展银行才成立和运作十余年，还未最终成型，又谈何"转型"？所以，农业政策性银行当前并不存在转型的问题，而只有异化后的回归与定位定型问题。据《中国经济报告》权威报道，在国家开发银行挂牌为股份制商业银行后不久，辽宁省市两级党政领导和企业界、经济界人士召开金融工作座谈会，紧急呼吁国家宏观调控部门继续重视政策性金融在我国经济发展特别是东北等老工业基地振兴和中西部欠发达地区发展中的积极作用。关于政策性金融立法工作受阻、迟迟不能出台的原因，有人认为是由于个别政策性银行有追逐利润的动机和向商业银行转化的倾向，因而不愿意在法规上体现政策性金融的宗旨，不愿在业务范围上受太多限制。中国农业发展银行的商业化运作也应该适度有限，必须依赖于、服从于、服务于国家法律或者法规对农村政策性金融自身基本性质、宗旨、职能定位与定性这一最高原则。

在上述认知失调及行为偏差的影响下，我国农村政策性金融的特有功能和作用也未能得到充分发挥。对照农村政策性金融的十大功能要素，即农业政策性导向功能、农业生产扶植功能、农业基础建设开发功能、农产品价格支持功能、农村扶贫开发功能、农村专业性服务与协调功能、农业政策性保险（担保）功能、农村金融市场补缺性功能、首倡诱导与虹吸扩张性功能、有限金融性功能等特殊功能，中国农业发展银行的业务领域狭窄，需要做的事还有很多，许多本该由农村政策性金融承担的业务，却一直得不到广泛开展和主动介入。众所周知，农村地区一直是扶贫攻坚的重要战场，据《中国统计年鉴》数据显示，2006～2009年，农村居民家庭人均可支配收入一直低于城镇居民家庭人均可支配收入的1/3。加强农村地区包括金融服务在内的各项基础设施建设和社会服务，是提高贫困人口生活质量，拓宽其收入来源的重要前提。然而，近年来，农村扶贫开发业务在一些省中国农业发展银行几乎无人问津，缺位问题突出。我国目前的农村政策性金融主要局限于农业政策性信贷，即便如此，也仅仅局限于粮食收购贷款，而政策性农业保险、农村公益信托、投资、贴息贴现、农产品出口信用保险、担保等业务尚未开展或有效运作，政府各个部门管理的各种政策性支农资金使用分散，且资金配置效率不容乐观。因此，无论从机构上还是从业务上来看，中国农村政策性金融制度体系都是残缺不全的，不能很好地发挥农村政策性金融对农村市场的补充完善性功能和作用。

综上所述，针对我国农村政策性金融制度功能的不全不强，以及在改革发展中所出现的种种困惑、困境等问题，提出以下命题假设：

社会（这里被视为有关政策性金融问题的研究学者、相关领域公务人员和农村不同金融需求群体的集合）在政策性金融问题上的认知偏差是否对农村政策性金融的发展困境存在影响。

社会对于政策性金融及农村政策性金融制度、政策性贷款与政策性农业保险是否存在种种认知上的偏差，这种偏差是否在一定程度上影响了农村政策性金融发展困境，认知偏差的程度越大，是否诱致农村政策性金融发展的困境就越大，并提出相应的假设1：

H$_1$：社会对于政策性金融的认知偏差对农村政策性金融发展困境具有正向影响。

社会对于政策性金融的行为偏差对农村政策性金融发展困境的影响。研究决策层在政策性金融机构（包括中国农业发展银行）的业务规范、立法保障和改革与发展政策的制定方面是否存在一些行为偏差；农村金融需求主体在使用政策性贷款与政策性农业保险过程中是否也存在种种行为偏差，这种偏差是否造成其安排使用政策性贷款（保险）的随意性，更加重了农村政策性金融发展困境，社会的行为偏差的程度越大，是否引致的农村政策性金融发展困境也就越大，并提出相应的假设2：

H$_2$：社会对于政策性金融的行为偏差对农村政策性金融发展困境具有正向影响。

农村政策性金融功能弱化对农村政策性金融发展困境的影响。研究农村政策性金融功能的弱化或缺位是否对农村政策性金融发展有一定的负效应，其作用程度具体有多大；农村政策性金融功能及其实现机制越不完善，是否对农村政策性金融发展困境的影响就越大，并提出相应的假设3：

H$_3$：农村政策性金融功能弱化对农村政策性金融发展困境具有正向影响。

社会的认知偏差和行为偏差对农村政策性金融的功能弱化的作用。研究信息不对称以及成本、风险与收益的不对称是否制约了中国农业发展银行发放政策性贷款，社会的认知偏差和行为偏差是否增强了功能弱化的"信号传递"机理，造成政策性金融供给的外部性约束的效应也就日渐显现。社会的认知偏差和行为偏差的程度越大，是否会导致农村政策性金融的功能弱化效应就越大，并提出相应的假设 4 和假设 5：

H_4：社会的认知偏差对农村政策性金融的功能弱化具有正向影响。

H_5：社会的行为偏差对农村政策性金融的功能弱化也具有正向影响。

根据结构方程原理，将上述的认知偏差和行为偏差设为外源潜变量，将功能弱化和发展困境设为内生潜变量，也可以建立如图 3 - 1 所示的理论模型。另外，从图 3 - 1 可以直观地看出认知偏差与行为偏差不仅对农村政策性金融发展困境有直接的影响，而且还可以通过农村政策性金融的功能弱化间接影响到发展困境；认知偏差与行为偏差之间有相关关系。

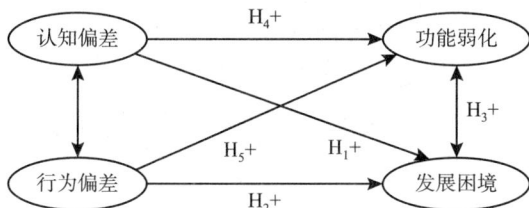

图 3 - 1　模型结构

（二）数据来源、结构模型与测量指标体系

1. 数据来源

为了对我国农村政策性金融相关问题进行定量描述和分析，全面了解当前农村政策性金融所处的状况，我们联合国内一些省份的政策性银行及分支机构，于 2011 年 5～6 月进行了一次针对农村地区和其他相关部门的专项调查。此次被调查的对象涵盖辽宁、河南、广西、新疆和重庆五个省、自治区和直辖市的 9 个县 17 个乡。在样本范围的选取上，我们本着地域均匀分布的原则，样本里东部、中部、西部、南方、北方都给予了考虑，涵盖了我国的各大区；从粮食产量来讲，五省（区、市）中既有净输出的省份河南和新疆，又有净输入的广西和重庆，还有

粮食产量接近均衡并有所盈余的辽宁；从五省份的农民人均纯收入来讲，既有相对靠前的辽宁，也有处在中游的河南和重庆，还有相对靠后的新疆和广西。因而相对而言，基本代表了我国农业的总体状况，所得结论有着比较广泛的意义①。本节研究的内容许多都涉及了样本群体对农村政策性金融制度及相关政策性金融机构的认知与服务感受等问题，这些问题采用了问卷调查的方式进行数据采集。本次问卷被调查对象选取了具有代表性的社会群体，包括农户、农村企业等不同农村金融需求主体，以及对政策性金融有不同认识的相关学者、从事有关农村政策性金融实际工作的公务人员等社会群体。

此次调查共收回问卷 802 份，其中有效问卷 778 份，有效回收率达92%。通过对部分未填写问卷与填写问卷的农户及相关对象的对比分析，数据中存在所使用变量上的缺失值。通过对有缺失值的样本的详细观察发现，在几个主要变量上，删除有缺失值样本后的分布和总样本的分布很相似。因此，可以认为样本的缺失值是随机出现的。有研究认为，当缺失数据是随机缺失时，多数处理方法得到的结果差别不大。

2. 结构方程模型的结构

结构方程模型（SEM）是当今称得上前沿的一种综合性统计分析技术和模型方法，也给行为金融学的研究提供了非常合适的研究工具，SEM 必将在行为金融理论未来的研究中得到非常重要得到作用。结构方程模型由三个矩阵方程式所表示：

$$\eta = B\eta + \Gamma\xi + \zeta \tag{1}$$
$$y = \Lambda_y\eta + \varepsilon \tag{2}$$
$$x = \Lambda_x\xi + \delta \tag{3}$$

对模型参数做如下规定：

$$\eta = (\eta_i)_{n \times 1}$$
$$\xi = (\xi_i)_{n \times 1}$$

---

① 由于时间条件的局限，本节没有将地域差异的因素考虑在内，对于区域特殊性的进一步探讨也是本书下步的研究计划和今后深入研究的方向。

$$\Lambda_y = (\lambda_{yij})_{m \times n}$$
$$\Lambda_x = (\lambda_{xij})_{m \times n}$$
$$B = (\beta_{ij})_{m \times n}$$
$$\Gamma = (\gamma_{ij})_{m \times n}$$

其中：η_i 为内生潜变量，本书中取 η_1 代表功能弱化、η_2 代表发展困境；ξ_1 为外源潜变量，在书中代表认知偏差；ξ_2 为外源潜变量，文中代表行为偏差；ζ 为结构方程的残差项，反映了 η 在方程中未能被解释的部分；y 为决定 η_i 的观测变量矩阵；x 为决定 ξ 的观测变量矩阵；λ_{yij} 为内生潜变量 η_j 对观测变量 y 中的第 i 个因素的权系数，是一荷载参数；λ_{xij} 为外源潜变量 ξ_j 对观测变量 x 中的第 i 个因素的权系数，是荷载参数；β_{ij} 为 η_j 对 η_i 的权系数，代表路径参数；γ_{ij} 为 ξ_i 对 η_i 的权系数，代表路径参数。

式（1）中的 η 为结构模型的内生潜变量，ξ 为结构模型的外源潜变量，模型通过 η 将内生潜变量和外源潜变量联系起来。其中，Γ 代表外源潜变量 ξ 对内生潜变量 η 的影响，B 代表不同内生潜变量 η 之间的相互影响。式（2）和式（3）被称作测量模型，表示潜变量与观测变量之间的关系。我们一般可以通过测量模型中的观测变量来定义潜变量。观测变量 y 和 x 按两套线性方程与相应的潜在变量 η 和 ξ 相连接，并有相应的系数 λ_y 和 λ_x，以及测量残差项 ε 和 δ。矩阵 Λ_y 和 Λ_x 中包含了 y 和 x 对 η 和 ξ 的回归权数。ε 和 δ 是与观测变量相关的测量误差。其中，假定 ε 和 δ 的均值都为零，并且它们与内生潜变量 η、外源潜变量 ξ 及结构方程的残差项 ζ 之间不相关。

针对本书内容所建立的方程为：

$$\eta_1 = \gamma_{11}\xi_1 + \gamma_{12}\xi_2 + \xi_1 \qquad (4)$$
$$\eta_2 = \beta_{21}\eta_1 + \gamma_{21}\xi_1 + \gamma_{22}\xi_2 + \xi_2 \qquad (5)$$

3. 模型测评指标体系

目前，国内对于农村政策性金融的研究多侧重于定性研究，对于定量指标评价体系研究相对较少。表 3-1 便是根据农村政策性金融困境模型，结合我们所了解的当前在政策性金融领域所存在的具体问题及问

卷数据的可获取性，并征求统计专家的意见，将测评指标体系分为如表
3-1所示的潜在变量和观测指标。问卷采用Likert5点量表形式，从非
常不同意到非常同意。本书使用SPSS18和LISREL8.70进行数据的分析
和计算。

表3-1 农村政策性金融困境模型的指标体系

外源潜变量	观测指标	内在潜变量	观测指标
认知偏差 （ξ_1）	对于农村政策性金融机构及业务的了解程度（X_1）	功能弱化 （η_1）	从相关政策性银行借款的满足程度（Y_1）
	对于有关农村政策性金融改革发展政策的看法（X_2）		金融需求主体对于农村金融服务的实际需求（Y_2）
	农村金融需求主体对于政策性金融信息的获得渠道（X_3）		
行为偏差 （ξ_2）	对于农业政策性银行商业化转型的认可度（X_4）	发展困境 （η_2）	对相关政策性金融机构服务的满意度（Y_3）
	不同农村金融需求主体的实际资金来源途径（X_5）		是否得到过政策性金融机构的服务（Y_4）
	农村金融需求者在农业发展银行办理业务的情况（X_6）		

4. 描述性统计分析

根据本次回收有效问卷的规模，实际在上述样本中抽取330个样本
进行研究，其基本描述性统计特征（见表3-2）。

表3-2 调查指标的描述统计（n=330）

观测指标	均值	标准差	偏度		峰度	
			统计量	标准误	统计量	标准误
X_1	2.3939	0.8638	0.968	0.409	1.599	0.798
X_2	2.8788	0.7809	-0.199	0.409	2.059	0.798
X_3	2.7273	0.8394	0.232	0.409	0.893	0.798
X_4	2.9394	0.7882	0.110	0.409	0.991	0.798
X_5	2.8182	0.8461	0.368	0.409	0.249	0.798
X_6	2.6970	0.8095	0.250	0.409	1.349	0.798

续表

观测指标	均值	标准差	偏度		峰度	
			统计量	标准误	统计量	标准误
Y_1	2.4545	1.0335	0.581	0.409	0.601	0.798
Y_2	2.6061	0.9334	0.162	0.409	0.298	0.798
Y_3	2.7879	0.9604	-0.222	0.409	0.152	0.798
Y_4	2.4848	0.7954	0.846	0.409	2.049	0.798

从表 3-2 可以看出，所有变量的偏度都在（-2，2），峰度也都处在（-3，3），基本未发现系统性偏差，因此可以认为所采样本基本上是服从正态分布的，适合做进一步地分析。另外，本书采用 Cronbach's Alpha 系数来进行信度检验，其 Cronbach α 值为 0.779，大于可接受的信度水平 0.7，说明样本数据具有较好的信度。所以，基于表 3-1 的观测指标的设定，便得到更加具体的农村政策性金融困境模型的结构方程模型（见图 3-2）。

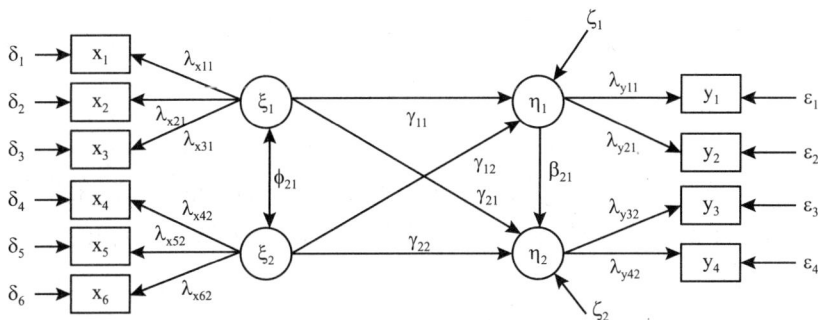

图 3-2　农村政策性金融困境模型示意图

三、实证结果与分析

经过在 LISREL 下运行的初步运算结果，从修正指数（MI）看，最大的修正指数是 δ_3 和 ε_3 的协方差，为 17.78。然而误差相关与模型的前提假设不符，故不予调整。另外，在对模型参数所做的显著性检验中发现个别路径系数或相关关系不显著，我们删除了理论上可能不相关或相关程度弱的，保留了那些在理论上可能确实有关系的。故而通过对指标变量的显著性检验，删除了不显著的 x_2 和 x_4，进而得到最终模型。从表 3 – 3 中拟合指数的前后对比可以看出，各项指标都有不同程度的改善，说明对模型所进行的调整是比较合理的。

表 3 – 3　　　　　　　　　　初始模型与最终模型的拟合指数比较

拟合指数[①]	df	χ^2	P	RMSEA[②]	NNFI	CFI
初步模型	29	125.68	0.0000	0.1054	0.6668	0.7852
最终模型	14	34.93	0.00151	0.0730	0.9348	0.9674

注：①拟合指数是反映再生协方差矩阵和样本协方差矩阵整体差异的一个综合数字。χ^2、P-value 都是基于拟合函数的最小值的指数。χ^2 与 df 有关，χ^2/df 越小越好。NNFI、CFI 越接近 1 表示拟合程度越好。
②RMSEA 取值为 0.05 或以下，而且 RMSEA 的 90% 置信区间上限在 0.08 及以下，表示较好的模型拟合。斯泰格（Steiger）认为，RMSEA 低于 0.1 表示好的拟合；低于 0.05 表示非常好的拟合。

从参数的显著性看（见表 3 – 4），有一个参数的 Z 值小于 1.96。在最终模型中保留这个不显著参数的原因是，它们的作用在理论上确实存在。造成这种数据和理论不完全吻合的原因可能是由于我们用于分析的样本量偏少或指标选取上还有待完善，这一点需要后续研究来证实。又因为这些参数都为正值，因此，这些参数所描述的变量之间存在关系且正相关。此外，农村政策性金融功能弱化的 R^2 和发展困境的 R^2 分别为 0.5123 和 0.6773，在经济学研究中这样的解释力度是可以接受的。综合以上评价，我们认为可以接受最终模型为研究用的模型。

表 3 – 4　　　　　　　　　　模型估算的主要参数

参数	估算值	标准误	Z 值
λ_{x11}	1		
λ_{x21}	0.80	0.1292	6.1920
λ_{x52}	0.56	0.1707	3.2806

续表

参数	估算值	标准误	Z 值
λ_{x62}	1		
λ_{y11}	0.97	0.1248	7.7724
λ_{y22}	1		
λ_{y33}	1		
λ_{y42}	0.24	0.0439	5.4670
γ_{11}	0.46	0.1656	2.7779
γ_{12}	0.36	0.1107	3.2520
γ_{21}	0.49	0.1944	2.5206
γ_{22}	0.75	0.2920	2.5684
β_{21}	0.45	0.3069	1.4663
功能弱化的 $R^2=0.5123$		发展困境的 $R^2=0.6773$	

根据以上对结构方程模型的验证与分析，之前提出的 5 个假设基本正确：

（1）假设 H_1 的验证。

从模型验证结果可知，认知偏差对农村政策性金融发展困境有正向影响，且显著（$Z=2.52>1.96$）。认知偏差与农村政策性金融发展困境两者之间的路径系数为 0.49，表明确有正向影响。

（2）假设 H_2 的验证。

行为偏差是造成农村政策性金融发展困境的重要影响因素，行为偏差对农村政策性金融发展的困境有显著的正向影响，两者之间的路径系数高达 $0.75(Z=2.57>1.96)$。

（3）假设 H_3 的验证。

金融功能的弱化对于农村政策性金融的发展困境有正向的影响，但并不显著（$Z=1.47<1.96$）。这可能是由于农村金融长期处于弱势状态，基础极其薄弱加之相关金融机构业务领域狭窄所造成的。

（4）假设 H_4 与 H_5 的验证。

认知偏差与行为偏差对于农村政策性金融功能弱化有显著的正相关关系，其 Z 值分别为 2.7779 和 3.2520，都大于 1.96。

另外，分析权重的依据是总路径系数，它等于直接路径系数与间接路径系数的和。直接路径系数可直接由结构方程模型求出（即表3－4中的结构参数），间接路径系数等于各分段直接路径系数的乘积。表3－5为各指标之间总路径系数值。

表3－5　　　　　　　　　总路径系数计算结果

路径	路径系数		
	直接	间接	总和
$\xi_1 \rightarrow \eta_1$	0.46	无	0.46
$\xi_1 \rightarrow \eta_2$	0.49	0.21	0.70
$\xi_2 \rightarrow \eta_1$	0.36	无	0.36
$\xi_2 \rightarrow \eta_2$	0.75	0.16	0.91

由表3－5的总路径系数可知：不仅认知偏差、行为偏差和功能失调对农村政策性金融发展困境具有正向影响，而且认知偏差和行为偏差对农村政策性金融功能的弱化也均有着正向影响，即认知偏差和行为偏差的程度越大则引发农村金融功能弱化的程度越大，而相比较两变量对于金融功能弱化的影响，认知偏差要大一些。另外，对于农村政策性金融发展困境的影响，各变量所起的作用是不同的，其中行为偏差的作用要大于认知偏差。同时，认知偏差与行为偏差还会进一步加剧农村政策性金融功能的弱化，使得本就体弱多病的农村金融更加羸弱无力。而且由于认知偏差和行为偏差彼此相关，所以要想解决我国农村政策性金融发展困境的问题，还须从纠正认知偏差和行为偏差两方面入手，进而强化农村政策性金融功能，多管齐下、出组合拳方能起到较为明显的效果。因此，结合本节实证分析，提出如下政策建议：

一是高度重视农村政策性金融改革发展中的认知偏差和行为偏差。本节的研究已经证明，有关政策性金融的一些学者、公务人员和农村金融需求群体自身存在的认知偏差和行为偏差，在很大程度上导致农村政策性金融功能弱化的加大，进而最终导致了农村政策性金融改革与发展的困境。从缓解农村金融市场失灵和维持农村政策性金融可持续发展的要求来看，正确认识农村政策性金融制度和有效使用农村政策性金融资源是当务之急。这不仅需要重视和加强农村政策性金融理论研究，普及农村政策性金融专业知识，广泛宣介中国农业发展银行业务知识，而且还要进行心理学、行为学等方面的普及教育，使那些对农村政策性金融存有误解、错解和曲解的社会不同群体提高分析思辨能力，纠正其认知偏差与行为偏差。

二是加快农村政策性金融立法是规范农村政策性金融机构业务行为和农村金融需求主体信用行为、纠正其行为偏差的有效手段和制度保障。从上述实证研究中可以看出，行为偏差对农村政策性金融困境的影响是最大的，而要规范、约束这种行为偏差及其有限理性行为，采取行为控制策略，建立社会控制机制，即出台实施专门的法律法规，是一项基础性、保障性的关键工作，也是一种切实有效的国际经验。所谓"没有规矩，不成方圆"，只有通过专门立法的手段有效地约束和纠正行为偏差，才能逐渐走出农村政策性金融目前的困局。农村政策性金融在法律法规上不仅要明确其基本性质、宗旨、职能定位、监督机制与权力结构，还要明确对农村政策性金融机构实行长期稳定的财政补偿机制、利益补偿机制等，从根本上规范和保障农村政策性金融与商业性金融的协调发展和有序运转。在专门立法的同时，还要配套性地建立健全以财政部、银监会为主体的农村政策性金融外部监督体系，形成依法监督的机制；并从财务稳健度和政策实现度两方面，建立有别于商业银行的绩效评价体系，正确评价农村政策性金融机构的运行效果，规范其业务行为。

三是尽快矫正认知偏差、全面科学地认识农村政策性金融制度是缓解困境的基本前提。在实证结果中，认知偏差虽没有行为偏差对发展困境所起的影响大，但无疑也起着不可忽视的作用，自身认知上的偏差在一定程度上会对行为偏差产生直接影响，并间接地导致目前农村政策性金融发展的困境。纠正社会不同群体对农村政策性金融制度认知上的失调、失误与偏差，一方面要从战略高度充分认识农村政策性金融制度安排的重要性和必要性。农村政策性金融是农村金融体系中不可或缺的一个重要组成部分，古今中外一直持续存在着，不可或缺、不可替代。另一方面，要从知识层面上全面理解农村政策性金融基本原理和运行机制的特殊要求。农村政策性金融也是一种信用活动，也要遵循融资有偿性的信用规则。这要求农村金融需求主体既要合理有效地使用政策性贷款，又要如期地还本付息。农村政策性金融虽然不以营利为目的，但也要讲究经济核算，以保证财务的稳定性与可持续发展。

四是以首倡诱导与虹吸扩张性功能为核心，全方位地强化农村政策性金融特有功能体系。通过实证分析可以看出金融功能的弱化对于农村政策性金融发展困境也有正的影响，所以我们还应该依据农村政策性金融制度的特有功能完善其功能体系。在农村政策性金融的功能结构体系中，首倡诱导与虹吸扩张性功能是基础性核心功能，在当前政策性银行趋利性意识和商业性行为日益凸显的情况下，强调农村政策性金融的诱导性功能尤为重要和迫切。农村金融改革发展是一个系统性工程，需要构建包括农村政策性金融、商业性金融、合作性金融等多元化的农村金融体系，多管齐下、分工协作、统筹兼顾，全方位入手有的放矢地开展工作。所以，针对我国"三农"实际和农村金融发展现状，现阶段通过充分发挥农村政策性金融的首倡诱导与虹吸扩张性功能，先期主动介入那些商业性金融不愿或无力涉足的农村金融业务。这既体现了农村政策性金融制度安排的精髓，促进农村政策性金融的可持续发展，也能有效地实现农村政策性金融与商业性金融的互利共赢，避免二者的不公平市场竞争，保障农村金融体系的和谐与健康发展。

五是把中国农业发展银行办成真正的政策性银行是农村政策性金融改革发展的最终目标。作为中国农村政策性金融制度体系主要承载体的中国农业发展银行，在纠正相关种种认知偏差、行为偏差和功能失调的系统工程中，不仅要率先垂范，更要充分发挥其主体和主动引导性作用。为此，应该基于功能观点完善农村政策性金融业务体系和明确职能定位，矫正普遍存在的过度市场化运作、过于追求利润指标等认知偏差，避免不公平市场竞争行为偏差，在农村政策性业务的定义域内实现多元化经营和非主动竞争性盈利①；从业务职能上补充商业银行的业务空缺，即做商业银行不能做的政策性业务，而一般不做商业银行能做的商业性业务；通过不断开发、创新政策性金融产品，尽力满足农村强位弱势群体不同层次、不同类型的金融需求。

第二节　农户政策性融资行为及其影响因素的社会分析

农村金融制度体系构建的逻辑起点是农户的金融需求，那么，农户对农村政策性金融的需求及融资行为如何，影响农户政策性融资需求的主要因素是什么，如何基于农户政策性融资需求的视角，进一步完善我国农村政策性金融制度建设，这是本节所要研究的主要内容。

一、农户对农村政策性融资需求的社会调查

我们主要采用问卷调查的社会调查方式，了解农户对农村政策性融资的需求情况。本次问卷调查是以农户对农村政策性金融的认知与需求为主题，组织在校大学生于暑假期间集中开展了实地调查。调查地点为河南省商丘市辖的民权县、永城市、宁陵县、虞城县、夏邑县等县（市）。本次调查共向农户发放问卷 220 份，收回有效问卷 203 份，有效回收率为 92.3%，在调研对象的选取上，采用了抽样调查与入户访谈

---

① 比如说，某一农业政策性融资项目有一定的盈利空间和潜力，但由于商业性金融机构或者事先没有发掘到这一项目，或者发现了但囿于风险大、成本高、投资大、期限长等原因而不愿或无力率先涉足其中，这时农村政策性金融机构就有盈利的可能性，而且这种盈利也可能不仅是保本微利，在特殊情况下也可以获取较大的额外利润或超额利润。如国开行对三峡工程建设初期的主动信贷支持及项目成功后的高额盈利。当然，如果商业性金融机构紧随其后参与融资，农村政策性金融机构就要在适当时机主动地退出这一领域，而不能进而不退获取垄断利润。所以，"非主动竞争性盈利"也是世界各国相关法律法规中对政策性金融业务行为的基本原则性要求。

相结合的方法，其中抽样调查主要运用抽样技术中的多阶段抽样、不等概率抽样与整体抽样相结合的方法。

（一）农户生产和生活中面临的主要问题

农户生产和生活中面临的主要问题依次是：技术力量不足（38%）、价格不稳定（29%）、资金缺乏（18%）、自然灾害严重（8%）、农业基础设施薄弱（5%）、信息获得困难（2%）。通过对这些主要问题的研究分析发现，由于农村金融市场的失灵，单纯依靠商业性金融无法满足农村资金的需求，这就需要政府资金支持或政策性金融的先导性介入与扶持。

（二）农户的信用意识与融资需求

（1）信用意识。调查结果显示，农户很看重信用，其中认为信用很重要的占到74.1%，比较重要的占到22.4%，认为不重要的只占到3.5%。（2）融资渠道。通过分析本次调查的农户的主要融资渠道，排名前三位的分别是农村信用社、民间借款、中国农业银行，除此之外还有一部分通过其他金融机构获得贷款。总体来看，正规金融对农户的资金供给比例较小，政策性金融机构的资金供给更是少之又少，这说明农村政策性金融还没有开展直接或是间接面向农民的授信服务，金融供给滞后，政策性扶持功能发挥不足。（3）贷款需求。样本农户在回答"您的日常生产过程中需要贷款吗？"这个问题的时候，有110名农户表示需要，只有60名农户表示不需要。由此可以看出，农户对贷款的需求还是很大的。（4）对正规金融机构贷款的需求情况。根据调查数据分析得出，相对于从民间获得贷款，样本农户更希望能够从正规金融机构获得贷款，对正规金融机构的青睐比例达到92.9%。

（三）农户对农村政策性金融服务的需求

农户对农村金融服务的需要主要集中在以下几个方面：存款服务和贷款服务占到农户样本的41%，其他依次为农业保险22%、担保服务

16%、非营利性的政策性金融服务15%、金融咨询服务5%、资金汇兑1%、出口信用保险0%。数据说明，农户是需要非营利性的政策性金融服务的，对金融的咨询服务需求也占有一定比例。

（四）对农村政策性金融的认知程度

调查中发现，在回答问卷问题"您对有关政策性金融和政策性金融机构的了解是通过什么渠道得到的？"时，有效问卷中回答通过电视、广播、报纸的占比达到80%；只有极少数选择了互联网、书籍、相关专业人士；而通过宣传资料和手册获得相关信息的占比为0。在对政策性农业保险和信用保险（担保）的认知上，调查对象在回答问卷问题"您对农业保险和信用保险（担保）的了解程度？"时，80%以上的调查对象认为很有必要，但农村还没有这种机构；13%的调查对象认为现有的农业保险费率太高，无力投保；7%的调查对象认为现有担保机构门槛太高，无法担保。该数据表明，调查对象对于农村政策性金融和政策性农业保险存在认知不足或认知偏差。

二、影响农户政策性融资需求的 probit 模型分析

（一）影响农户政策性融资需求意愿的交叉列联表分析

1. 农户年龄与政策性融资需求的关系（见表 3 - 6）

表 3 - 6　　　　　年龄与政策性贷款需求的关系

年龄	需要贷款与否		比例（%）
	不需要贷款	需要贷款	
25 岁以下	6	2	25
25 ~ 34 岁	10	22	68.8
35 ~ 54 岁	34	82	70.7
54 岁以上	10	4	28.6
总计	60	110	64.7

农户年龄与政策性贷款需求的关系呈现出明显的相关性。如表 3 - 6 所示，25 岁以下的农户和 54 岁以上的农户贷款需求较弱，需求比例只占到同龄人的 25%；贷款需求大部分集中在 25 ~ 54 岁的农户中，占同龄人的比例高达 70%。笔者认为该结果与农户的生命周期和普遍心理预期有着较为直接的联系。

2. 文化程度与政策性贷款需求的关系（见表 3 - 7）

表 3 - 7　　　　　　　　文化程度与政策性贷款需求的关系

文化程度	需要贷款与否		比例（%）
	不需要贷款	需要贷款	
初中及以下	40	40	50
高中/中专/技校	12	52	81.3
大学专科	6	12	66.7
大学本科及以上	2	6	75
总计	60	110	64.7

从表 3 - 7 可以看出，农户的文化程度越高，政策性贷款需求就越强烈。当农户学历为初中及以下时，需要贷款的比例仅占到一半；高中、中专学历的农户，对贷款的需求比例最高，达到 81.3%；大学专科的农户，贷款需求占比为 66.7%；大学本科及以上的农户，贷款需求占比为 75%。因为农户中达到大学及以上的学历的比例相当少，农户基本是高中学历及以下，故这个结果和农村的基本情况还是比较符合的。当然，并不排除有大学毕业生支援"三农"，或是在家乡自主创业的情况。以上数据表明，农户的政策性融资意愿和文化程度呈现出很强的相关性。

3. 农户年收入与政策性贷款需求的关系（见表3-8）

表3-8 农户年收入与政策性贷款需求的关系

年收入水平	需要贷款与否		比例（%）
	不需要贷款	需要贷款	
15000 元以下	12	42	77.8
15000 ~ 30000 元	26	46	63.9
30000 元以上	22	22	50
总计	60	110	64.7

样本农户年收入低于 15000 元的占 31.8%，年收入在 15000 ~ 30000 元的占 42.4%，收入高于 30000 元以上的占 25.9%。其年收入分布基本上符合正态分布。被调查农户的家庭收入在全国农户收入总体中处于中等水平，这一结果表明：本次调查的样本分布符合统计学中的正态分布规律。

4. 经济活动类型与政策性贷款需求的关系（见表3-9）

表3-9 经济活动与政策性贷款需求的关系

经济活动	需要贷款与否		比例（%）
	不需要贷款	需要贷款	
农业生产	18	46	71.9
农业兼非农业生产	32	40	55.6
非农业生产	10	24	70.6
总计	60	110	64.7

农户的经济活动不同，对政策性贷款的需求程度也不同。数据表明农业生产和非农业生产对政策性贷款的需求比较接近，从表3-9中可以看出，从事农业生产和非农业生产的农户，贷款的需求比例分别为 71.9% 和 70.6%，基本一致。而从事兼业生产（农业兼非农业生产）的农户，贷款的需求比例为 55.6%，相对较低。笔者认为，出现这种

结果是因为从事纯农业生产的农户收入来源有限，且收入受限于天气、洪水、病害等非人可控因素的影响，造成农业的投入需求较大且不稳定；从事非农业生产的农户由于一次性投入资金较多，因此对政策性贷款的需求表现相对强烈。

（二）probit 模型分析过程及结论

以上仅对影响农户政策性融资的意愿需求进行了初步分析。数据表明，农户年龄、农户文化程度、农户年收入、农户经济活动类型对于农户的政策性融资意愿都有一定程度的影响。但是这几个因素的影响效果有多大却无法得知，下面采用 probit 模型对其影响效果进行实证分析。

1. 模型选择及相关说明

本书选择二项分布的 probit 模型对影响样本农户政策性融资需求的因素进行估计，模型的基本表达式如下：

$$P(Y=1) = \beta_0 + \beta_1 X_1 + \beta_2 X_2 + \beta_3 X_3 + \beta_4 X_4$$

上式中，因变量 Y 是一个虚拟变量，表示农户是否需要贷款，当 $Y=1$ 时，代表农户需要贷款；$Y=0$ 时，代表农户不需要贷款。β_0 是用 0 和 1 虚拟变量矩阵表示的常数项。自变量 βX 服从逻辑分布，X_1 代表农户年龄，X_2 代表农户文化程度，X_3 代表农户年收入，X_4 代表农户经济活动类型。

模型中变量的选择与定义见表 3 – 10。

表 3 – 10 变量定义说明

因变量	定义
Y	是否需要贷款：需要 =1，不需要 =0
解释变量	
AGE（X1）	农户年龄：25 岁以下 =0，25～34 岁 =1，35～54 岁 =2，54 岁以上 =3
EDU（X2）	农户文化程度：初中及以下 =0，高中/中专/技校 =1，大学专科 =2，大学本科及以上 =3
INC（X3）	农户年收入：15000 元以下 =0，15000～30000 元 =1，30000 元以上 =2
ECO（X4）	农户经济活动类型：农业生产 =0，兼生产 =1，非农业生产 =2

2. 计量结果

根据调查数据，运用 Eviews 6.0 软件进行回归。得到以下结论：

表 3 - 11　　　　　　　　　　**影响因素 probit 模型分析结果**

虚拟变量：Y

方法：二元离散 probit 模型

样本：1170

模型样本含量：170

经过 3 次迭代计算模型结果达到收敛

用二阶导数计算协方差矩阵

因素变量	系数	标准误差	z - 统计量	概率
年龄	0.115406	0.084658	1.363209	0.1728
年收入	- 0.111229	0.149983	0.741612	0.4583
文化程度	0.338986	0.117080	1.895343	0.0038
经济活动类型	0.200414	0.147990	- 1.354244	0.1757
因变量均值	0.649123	因变量标准差		0.478646
回归标准误差	0.471259	Akaike 信息准则		1.298086
残差平方和	37.08821	Schwarz 准则		1.371575
对数似然函数值	- 106.9864	Hannan-Quinn 准则		1.327905
平均对数似然函数值	- 0.625651			
样本值 = 0	60	样本总量		170
样本值 = 1	110			

3. 结果分析与基本结论

分布函数采用正态分布函数，得出下列结论：

$$P(Y=1) = 0.456423 + 0.115406X_1 + 0.338986X_2 + 0.200414X_3$$
$$\qquad\qquad (1.363209) \qquad (1.895343) \qquad (1.354244)$$
$$+ -0.111229X_4$$
$$(-0.741612)$$

公式下括号中为 Z 统计量。

给定显著性水平 $\alpha = 0.05$，查正态分布表，得 $Z_{\alpha/2} = 1.99$，因此，以上所分析的农户的年龄、农户文化程度、农户年收入、农户经济活动类型这几个因素，对农户的实际政策性融资需求都有显著性影响。其中，农户年龄、文化程度和年收入对农户的实际政策性融资需求有显著性正向影响，农户经济活动类型对农户的实际政策性融资需求有显著性负向影响。而且，对农户的实际政策性融资需求的影响系数最大的是教育程度和收入，其次是年龄，最弱的是经济活动类型。

出现上述分析结果是由多方面导致的。具体而言，首先，由于本次所调查对象中，年龄分布集中于中年，而处于中年的农户生活与生产负担较重，对资金的需求较为强烈，使得统计分析数据显示出对政策性融资需求的显著性影响。其次，农户文化程度的显著性正向影响说明，农户文化程度越高，所表现出来的政策性融资需求就越大。这样的结果是由一定的社会因素决定的，农户的文化程度越高，对正规金融机构的金融政策和服务项目的了解和认知能力就越强，从而对政策性资金的需求就越强烈。最后，笔者认为农户年收入的提高，使农户内心生产和生活水平更上一层楼的希望就越大，这就会直接导致对政策性资金需求的加大。另外，在收入提高的情况下，农户才会考虑也才有能力去购买政策性农业保险。只要政策性农业保险的边际效用大于购买其他物品的效用，农户就有动力去购买。

三、思考与建议

基于以上对农户政策性融资行为及其影响因素的社会调查与实证分析，对于如何进一步完善我国农村政策性金融制度建设，笔者提出以下基本的操作路径和政策建议：

第一，完善以农户为基础的农村社会信用体系，为向广大农村地区投入政策性资金营造良好环境。推动农村发展的重要方面之一就是营造一个良好的稳定的社会信用环境。在社会主义市场经济环境下，农村地区金融生态环境下的资金流动实际上是以农村信用体系为依托的，是由信用环境和投资回报来决定的。社会经济单位的投资环境好，社会信用条件优秀，就会有资金流入。鉴于农村贫困地区是农村政策性金融服务的主要区域和业务领域，笔者建议，下一步，人民银行应重点积极推进农村贫困地区农户征信体系的建设，抓好信用社区建设试点工作，完善贷款担保体系，营造有利于农村贫困地区经济社会和谐发展的金融生态环境。

第二，逐步建立多层次、多主体的农村政策性金融服务体系。中国农业发展银行应逐渐成长为适合农村特点的名副其实的政策性金融服务机构。不仅要对农村企业和其他社会组织授信，还要逐步转向对农户群体的政策性金融服务，还要针对农户认知水平差异对农户借贷的影响，建立和完善以农户金融需求为导向的农村金融体系。应根据不同的农村金融需求主体，提供相应的金融服务：增加农村政策性贷款，积极开展小额信贷业务，满足农户生活和生产性借贷；灵活调整信贷规模和期限，适应农户对借贷资金的不同要求；加快农村金融产品创新步伐，开发农村非农信贷业务，实现农户生产的非农化和规模化、产业化；探索和创新发展政策性农业保险，改善农村金融服务，提高农民抵御自然和市场风险的能力。

第三，要加大宣传力度，提高农户对政策性金融信贷政策的认知程度。中国农业发展银行应加大对信贷政策的宣传力度，通过多种渠道宣传农业贷款的发放条件及相关政策，突出政策性金融服务的优势条件，提高农户对正规政策性金融机构信贷政策和金融服务的认知程度。

第四，逐渐建立农业发展银行的县域以下基层机构体系，根据不同地区的具体情况来对中国农业发展银行业务进行调整。主要依托农村信用社和邮政储蓄银行的基层网点，开展农村政策性金融的委托代理业务，完善政策性金融服务的组织体系。充分发挥网络优势，代理国家财政支农资金拨付、结算以及由财政部门承担的外国政府和国际组织对我国农村的转贷款业务。但是，不同地区的农业发展情况不同，经济发展阶段不同，对政策性资金和政策性金融服务的需求不同。政策性金融制度的构建应遵循"对症下药"的原则，在贯彻国家"三农"建设的大政策下，有所针对的对不同特点的区域提供不同的政策性服务，以达到社会与经济效益的"双赢"。

第五，加快农村专业合作组织及社会网络建设，构建政策性融资的社会平台。长期研究"三农"问题的农业经济专家、国务院发展研究中副主任韩俊（2009）提出，加快培育新的农村金融组织和农民专业合作经济组织是建设新农村的两个重大课题。笔者认为，我国农村政策性金融组织的建立和发展，也需要依托农民专业合作经济组织及其相应的社会关系网络建设，进而构建良好的社会融资平台。这既可缓解农户融资难问题，也能降低农村政策性金融机构的信贷风险。因此，建议以农村信用体系为基础，利用农村居民之间的社会关系网络和社会关系强度，试行村民之间的相互担保贷款。例如：以个人自愿为前提，实行联保贷款和抵押制度。积极探索运用多种担保方式，切实解决农户贷款担保难问题。

第六，推进农村政策性金融立法进程。法律是社会经济活动的准绳，中国农村政策性金融机构的运作理应受到专门法律的约束和规范。中国农业发展银行自成立起有《中国农业发展银行章程》作为其行政法规，但是，随着其业务的不断调整，章程规定已不能覆盖或符合其现有的业务情况。目前，在农村政策性金融方面应尽快出台《中国农业发展银行法》，明确中国农业发展银行的业务定位、服务领域、经营宗旨、经营原则、风险补偿机制和有关部门对中国农业发展银行的监管职责等；还要尽快颁布《农业保险法》，将一些关系国计民生、易受灾害的农作物品种、农业生产项目和行业确定为政策性险种，由政府对其提供保费补贴和免税支持。

第三节　农村中小企业融资行为调查及政策性金融制度建设

一、调查的社会背景

众所周知，中小企业创造了约60%的国民财富，提供了近80%的就业岗位，对促进经济持续增长、调整产业结构、推动自主创新、构建和谐社会等方面起到了至关重要的作用，特别是在金融危机的大背景下，中小企业对提高社会经济福利的贡献尤为突出。但是它们与大企业相比，却一直很难顺利获得发展所需的资金。中小企业尤其是农村小微企业融资难、融资贵、担保难已成为制约中小企业发展的基本"瓶颈"，当然也是迄今世界性的一个攻坚课题。农村中小企业这种"强位弱势"的巨大反差，已越来越引起决策层和专家学者的高度关注。

据河南省中小企业服务局 2008 年的一项调查统计，全省有 55% 的中小企业因流动资金不足而达不到设计生产能力，92% 的中小企业因资金不足而难以扩大生产规模或进行技术改造，84.3% 的中小企业资金来源主要依靠民间金融和自有资金，获得商业性金融机构信贷的中小企业仅占全省中小企业和个体工商户总数的 0.26%。[①] 在利润最大化的驱使下，商业银行一般是"嫌贫爱富"而不愿向风险较大、成本较高的中小企业放贷。商业银行贷款审批权限的上收和高度集中及一些放贷"硬件"，也把中小企业挡在了门外。事实上有 95% 以上的中小企业难以达到商业银行的信贷条件和要求。因而，建立健全包括支持中小企业在内的政策性金融体系迫在眉睫（贾康，2009）。罗建梅（2009）借鉴国际经验，探讨了构建我国中小企业政策性金融支持体系的理论基础和具体对策。白钦先、薛誉华（2001）在对世界主要经济体的中小企业政策性金融体系比较研究的基础上，提出建立和完善我国中小企业政策性融资体系是一个长期的系统工程，不可能一蹴而就；认为中小企业政策性金融是指那些由政府出资、参股或保证的，不以盈利为目的，专门为贯彻执行政府有关经济政策，专门为中小企业发展、提高中小企业运行效率和提升中小企业在国民经济中地位，直接或间接提供融资或信用保证的政策性金融活动。它是国家保障强位弱势群体金融发展权和金融平等

---

① 河南省中小企业服务局：《河南省中小企业服务局调查报告》（2008），引自曲三省《中小企业融资难问题分析及破解路径研究——以河南省为例》，载《商丘师范学院学报》2012 年第 2 期。

权的特殊制度安排（白钦先、王伟，2010），是以中小企业为特定服务对象，以微利经营为目标，以提高中小企业信用能力为基本手段。

本节基于农村中小企业政策性金融制度安排的视角，采取描述性研究与实证分析相结合的方法，以河南省为例，通过问卷调查的形式对县域农村中小企业融资现状及政策性融资行为进行考察，并从微观和宏观角度对其成因进行分析；在此基础上，从新的思路提出进一步完善或重构我国农村中小企业政策性融资体制的政策路径和建议，为政府部门制定相关政策措施提供决策参考依据。

二、农村中小企业融资困境及政策性融资经验分析

（一）农村中小企业融资状况的调查

1. 企业基本情况

本次调查的企业依《中华人民共和国中小企业促进法》对中小企业范畴的界定，共发放调查问卷 140 份，回收有效问卷 125 份，回收率为 89.29%，涉及私营企业、合伙制企业等各类中小企业，调查结果真实有效。其中 51.11% 为生产制造业，31.11% 为农业及其深加工企业，15.56% 为零售业。样本企业中，53.33% 成立 5 年以下，31.11% 存续了 5~10 年，成立时间都不算很长，说明它们大多都处于成长期或急需扩大规模以实现生产扩大化的关键时期。

2. 企业资金供需状况

在被调查的企业中，53.92% 的资产负债率为 30% 以下，45.07% 的资产负债率高达 30%~50%，个别企业甚至更高。72.22% 的中小企业在去年有过 1~3 次的融资行为，3~5 次的占 14.42%，95.62% 表示近期有融资愿望，这说明广大中小企业经常处于资金饥渴状态。他们所需资金的主要用途中，处于第一位的是用作流动资金，其次用于扩大生产，然后是更新技术。可见，资金短缺已经影响到广大中小企业的基本生存和发展，更不用说投入资金进行自主创新了。

目前农村中小企业的融资渠道主要包括内源融资和外源融资。前者主要包括企业主个人财产、利润留存和民间借贷等；后者又分以资本市场融资为主的直接融资和通过银行等金融机构进行的间接融资。数据显示，当这些中小企业遇到资金困难时，68.8%的选择民间借贷等方法自筹，通过农村信用社获得贷款的占19.7%，从商业银行贷款的有9.6%，1.3%通过投资担保公司获得，而通过政策性金融机构获得贷款的为0.6%（见表3-12）。可以看出，在当前中小企业面临巨大资金缺口的情况下，商业性金融的授信规模偏小，而已设立的政策性金融机构的功能并没有得到充分的发挥。

表3-12 样本中小企业融资渠道

项目	自筹	农村信用社	商业银行	担保公司	政策性金融机构
有效百分比（%）	68.8	19.7	9.6	1.3	0.6

3. 企业的政策性融资状况

对这些企业的进一步调查发现，有51.11%的企业只是听说过政策性金融机构，但从未有过业务往来；有27.11%的企业表示对政策性金融机构有一定的了解，但申请授信的成功率很低，仍有21.78%的企业对政策性金融机构及其基本制度一无所知（见图3-3）。以上可以说明，中小企业政策性金融的宣传不到位，业务范围狭小，各方面建设严重滞后，迫切需要改进和完善。

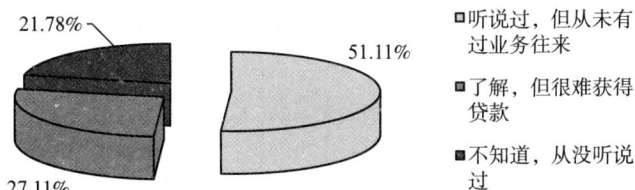

21.78%   51.11%   ■听说过，但从未有过业务往来

■了解，但很难获得贷款

27.11%   ■不知道，从没听说过

图3-3 农村中小企业对政策性金融机构的认知程度

（二）农村中小企业融资困境的成因分析

由以上调查，我们发现，广大农村中小企业普遍存在巨大的融资缺口。这种融资困境是由多方面的原因共同导致的。笔者认为，众多的制约因素可以概括为农村中小企业自身特点而造成的"先天缺陷"，以及目前金融生态环境的外部制约这两个方面。

1. 农村中小企业自身缺陷及由此造成的信息不对称

我国农村中小企业大多存续时间短暂、规模小、管理水平不高、经营管理随意性大、缺少合乎要求的抵押品、财务制度不健全等问题突出，加之信息披露不规范，导致银行与中小企业之间严重的信息不对称，引发委托代理问题，提高了农村中小企业的融资成本，大大降低其融资效率，无疑会造成融资难。

融资成本是指企业使用资金的代价。企业作为委托人本身就比银行拥有更多的信息优势，在这种成本、收益及风险明显不对称的情况下，银行在向中小企业发放贷款之前，必须要先搜集企业相关信息，再层层审批，繁杂的手续不但增加了交易成本，而且有的企业不免弄虚作假、寻租等，逆向选择时有发生，使得银行的放贷风险加大。这样，银行出于资金安全考虑，必然为其信息劣势寻求高额的风险补偿，或者调高贷款利率，或者增加担保金额等，致使企业的融资成本大大增加。另外，农村中小企业不像大企业那样定期进行严格、翔实的信息披露，而且自身经营也不确定、倒闭率高，很容易引发道德风险。所以，银行必须对其资金使用状况进行监督，相应的监督成本最终仍然是由中小企业来承担。农村中小企业无力融资的现象由此产生。

融资效率衡量的是在一定的空间、时间范围内融资成本与产出的比率。从农村中小企业对资金的需求特点来看，通常是贷款规模小且需求频繁，项目本身风险大，短期综合回报率低。这样，有时候即使企业获得了资金，却贻误了需求的最佳时机，致使资金得不到合理有效地利用。从银行放贷的成本收益来看，中小企业与大企业相比，资信差、担保差、预期收益差，因此，银行放贷的成本收益明显不对称，必然加大企业的融资成本来补偿风险。融资成本的提高及资金利用率的降低等，使得农村中小企业的融资效率大打折扣，严重挫伤其融资积极性。

调查发现，农村中小企业在选取融资渠道时，主要的依据依次是融资额度（52.3%）、融资成本（25.6%）、融资效率（22.1%）等，如图3－4所示。这与我们的分析不谋而合，融资成本和融资效率是影响农村中小企业融资的关键因素。农村中小企业融资时首先关注融资额度，主要是因为目前它们向各大商业性金融机构贷款都存在着不同程度的难度，特别是数额较大、期限较长时更是困难，这恰恰说明了农村中小企业金融市场长期处于供不应求的状态，必须对农村中小企业的融资模式及时创新，提高中小企业贷款的满足率和覆盖率。

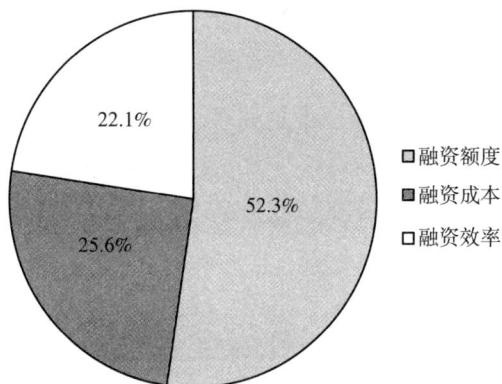

图3－4　融资渠道选取的主要影响因子

2. 金融体系服务不足，金融生态环境较差

当前我国农村中小企业融资难，除其自身原因外，金融体系对农村中小企业的服务相对滞后，金融生态环境较差，也是很重要的一个原因。当前，我国证券市场不发达，农村中小企业债券融资规模有限，并且受到严格管制；上市融资的条件更是苛刻。因此，农村中小企业融资渠道十分有限，不得不求助于银行等金融机构间接融资。数据显示，农村中小企业之所以不能及时有效地得到所需资金，42.5%是因为缺少满

足金融机构要求的抵押品，40.9%是因为没有信用担保机构的担保，还有14%的企业认为金融体制不畅是主要原因。当商业性金融机构冒着风险向农村中小企业发放贷款后，缺乏专门性的担保机构与保险机构为这些商业性金融机构提供再担保或再保险，以分散风险。

三、农村中小企业政策性金融制度建设的社会意义及途径

农村中小企业是引领农业经济发展、保障农村社会和谐稳定的重要而基本的骨干力量和支柱，也是当今世界各国或地区社会经济发展中典型的"强位弱势"群体。所谓"强位"，是指农村中小企业在经济和社会发展中具有特殊战略性的重要地位。所谓"弱势"，是指农村中小企业由于企业规模小、产品市场占有率低、技术装备水平低、劳动生产率总体水平偏低等原因，造成在与大企业的激烈竞争中处于劣势，始终是一个特别弱势的群体。农村中小企业"强位弱势"的巨大反差，要求各国或地区政府从战略高度对农村中小企业制定多角度、全方位、系统性的扶持政策，其中最基本的立足点都在于缓解农村中小企业融资缺口。从20世纪30年代英国人麦克米伦提出中小企业融资缺口——"麦克米伦缺口"开始，许多国家就将建立政策性金融体系作为扶持中小企业政策的核心。通过建立农村中小企业政策性金融体系并充分发挥其虹吸诱导性功能，既可以对农村中小企业融资缺口进行弥补，又能较好地体现政府对市场经济的适当干预。这也是我们通过上述对农村中小企业融资现状调查研究后，所得出的一个基本结论。现阶段，我们既要建立健全服务农村中小企业的多元化融资体系和融资渠道，又要充分发挥政策性金融的特殊功能和先导性、主动性作用。

农村中小企业政策性金融制度建设，首先应该从组建机构的组织体系建设入手。农村中小企业政策性金融机构通过其特别拥有的信息优势、政策优势等有利条件，可以筛选出符合政府政策导向的优秀项目，并首先以较少的政策性资金作倡导性投资，有效减少了中小企业与金融机构之间的信息不对称，通过"羊群效应"间接地虹吸和引发更多的

商业性金融机构免费乘车跟随投资。一旦商业性金融对某一产业和项目的投资热情高涨起来，政策性金融机构再转移投资方向，并开始新的另一轮循环。可见，我国的农村中小企业政策性金融机构具有其存在的内在合理性，建立和完善这些专门为农村中小企业服务的政策性金融体系是解决农村中小企业与金融机构之间博弈困境的现实选择。

参照其他国家或地区建立中小企业政策性金融体系的经验，并结合我国的实际情况，笔者认为，我国农村中小企业政策性金融体系的构建，应该是以农村中小企业政策性银行为核心，以农村中小企业信用担保机构为基本手段，以农村中小企业发展基金为必要补充，以农村中小企业融资服务机构来提供信息保障。这几个方面既要分工明确，又要相互协调，形成一个不可分割的完整系统。如图 3 - 5 所示。

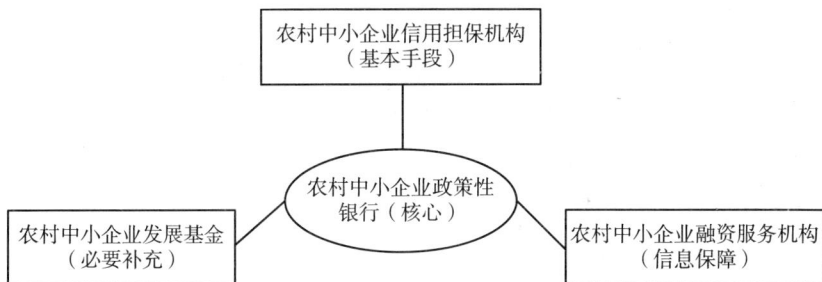

图 3 - 5　农村中小企业政策性金融体系

为此，第一，要尽快组建农村中小企业政策性银行。我国不具备雄厚的市场经济基础，也没有高度发达的商业金融体系，单纯依靠政策性担保机构不可能满足农村中小企业存在着的巨大的融资需求，必须要有能够提供较大规模信贷的农村中小企业政策性银行的存在和有效运行。我国地域广阔，经济社会发展的不平衡性，决定了我国农村中小企业政策性银行宜采用总分结构模式，有针对性、有选择性自下而上地建立分支机构。一是这个来自最基层的政策性银行对当地中小企业经营状况的了解程度较高，信息半径较短，能够以较低的成本解决银行与中小企业之间信息不对称问题；二是可以更好适应农村中小企业分布广而分散的特点。

第二，进一步完善农村中小企业信用担保与再担保机制。不仅各级中小企业管理部门要采取中央财政、地方财政出资与社会资本联合组建等形式，重点推进省级中小企业信用再担保机构（再担保基金）设立与发展，而且还要在地市建立完善的中小企业信用担保机构，形成多层次的担保体系。在中西部经济发展相对落后的地区，应主要依靠中小企业政策性银行，为中小企业直接提供大量的贷款，以此促进经济的跨越式发展；而在东南沿海地区，中小企业分布密度大，金融市场相对发达，中小企业信用担保机构应发挥主导地位，充分利用其诱导商业性金融的放大效应，为中小企业提供资金支持。

第三，明确农村中小企业发展基金的特定服务领域。主要包括：（1）处于创业初期的创新型或科技型企业，在科技攻关或者有重大科研发现时，可以申请该基金来协助其增强自主创新能力，开拓市场；（2）遭受自然灾害等不可抗力因素的中小企业，可以依靠该基金来迅速恢复生产；（3）处于经济危机等重大经济环境变故时期，该基金应该为广大农村中小企业提供援助，增强市场信心。

第四，建立由政府出资、市场化运作的农村中小企业融资中介服务机构。服务项目包括信息咨询、资信评估、项目评估、资产评估、财务顾问等内容。通过给企业提供诸如经营方式、财务管理等方面的非盈利性的培训和指导服务，授之以渔，增强企业自我发展的能力。还可以向金融机构提供有偿的信息服务，为金融机构提高自身的经营效率和减轻坏账压力提供有力支持。

此外，还要建立健全农村中小企业政策性金融运作保障机制，并采取多种方式广泛宣传和介绍农村中小企业政策性金融制度，让广大中小企业了解政策性金融机构及其业务范围和业务流程等知识。农村中小企业政策性金融机构在成立之初，其资本金应主要依靠政府资金，由中央和地方各级财政在财政预算中按一定出资比例拨付。随着经济社会的发展，在保证政府控股的前提下，应充分吸收社会资本，建立一种由财政

参与、并以财政为后盾的资金筹措及保障体系。从长期来看，需要建立
自动、稳定而合理的农村中小企业政策性金融风险补偿与利益补偿机
制。总而言之，当务之急是要采取先立法、后组建机构的制度安排模
式，逐步建立健全我国农村中小企业政策性金融体系。用法律和法规来
规范政策性金融机构的性质、职能定位及业务分工，依法严格监督其经
营行为，在保障农村中小企业政策性金融可持续发展的前提下，为农村
中小企业提供及时有效的金融服务。

第四章

农村政策性金融制度建设的
社会网络因素分析

纵观理论界对农村政策性金融发展的研究，大多是从金融制度或机构本身的经济学角度来展开，鲜有文献从学科交叉的经济社会学尤其是社会网络的新视阈对农村政策性金融进行深入系统的研究。本章采取跨学科交叉性研究方法，运用新经济社会学相关理论和方法，将农村政策性金融的运行和发展置于其所在的社会网络背景之中，从而在社会网络的制约与影响中来进行研究。本章先从宏观方面论述了农村社会金融网络场域为农村政策性金融发展提供的基本载体功能，农村政策性金融也应该以农村强位弱势群体为服务对象；接着从微观层面分析了嵌入于社会网络中的社会资本的需求对农村政策性金融发展的间接驱动作用，以及社会互动对农村政策性金融功能发挥的影响机理，并提出了构建良性的社会互动以充分发挥农村政策性金融功能的主要途径和建议。

第一节　农村政策性金融的社会网络场域

一、社会网络理论

社会网络理论（network theories）和社会网络分析（social network

analysis)一直是社会学中的一个重要的研究取向。齐美尔（1950）关于形象互动论、交换理论的进一步探讨，发现了三角关系不同于二元关系的特殊之处，这是社会网络研究的开端。人类学家巴恩斯（1954）首次使用了社会网络的概念，随后，社会网络理论发展迅猛，涉及新发明的传播（罗杰斯，1971）、新医疗方法的推广（科尔曼，1966）与社会支持（韦尔曼，1979）等各个领域。尤其是怀特在1970年有关职位链（Vacancy Chain）的研究，使得这一理论与经济社会学紧密相连。他认为，组织中的人们形成了一个社会网，其中一个职位的空缺或变动，将会不可避免地通过连锁反应同时引起一连串的人事调整。之后，劳动力市场便成为了社会网络研究的热点和主阵地。格兰诺维特通过对波士顿郊区几百名职业工人和技术工作者的就业经历的深入调查，在1974年发表的著名研究《求职》（Getting a Job）中，将社会关系分为强关系和弱关系，并提出了具有重大影响的"弱关系强度"理论，认为弱关系因其异质性较之于强关系具有更好的信息传播效果。自此，社会网络对经济学研究的影响也日益显著。

米歇尔于1997年提出了社会网络分析的四个维度和构成要素：结构要素，指行为主体之间的关系形式与关系强度；资源要素，指网络中流动的事物，包括能力、知识、财产、性别、宗教、个性等，行为主体的资源既包括自身所占有的资源，也包括能够接触到的资源；规则要素，指影响行为主体的各种规则；动态要素，指影响到网络形成与变化的各种机会与限制。这为相关的理论研究提供了一个基本的框架。网络分析的单位可以是自然人、位置、法人或集体行动者，或者任何能与另一个实体发生联系的实体。它抓住了社会结构的重要本质——社会单位间的关系模式，让我们对实体和关系的性质以及内在于这些关系的特性与驱动力认真地进行概念化。

一般认为，"网络"这个概念起源于结构主义的学术传统，它是由行动者之间的关系所构成的社会结构。社会是一个各种不同性质的社会关系所结成的网络，每一个社会成员都处于这个网络的某一个网结之上。建立在资源维持或保护以及资源扩展或获得基础上的理性，便导致了社会结构的生成。社会网络（Social network）指的是社会行动者及他们之间关系的集合，是一种正式性较弱的社会结构。图4-1形象地表示了一个非常简单的网络，图中的每一个字母代表网络中的一个结点，而每个结点又对应着社会网络中的某一个特定的行动者。在网络研究领域，这些行动者可以是任何一个社会单位或社会实体。字母之间的连线代表着相应的行动者之间的联系或关系（ties）。在图4-1中，行动者A与行动者B、行动者C及行动者D存在联系，行动者E与行动者B、行动者D有关系。当然，这些关系是彼此有联系的双方共同拥有的，但信息或资源流动的方向却可能是单向的也可能是双向的，即对称的或非对称的关系。一般来说，我们不仅要知道网络中的行动者之间有关系，而且要探讨它们之间有什么样的关系或关系的具体内容以及彼此保持联系的驱动力。

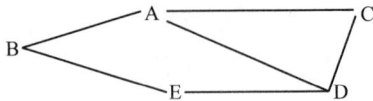

图4-1　简单的网络

也就是说，社会网络中的每个行动者都与其他行动者有或多或少的关系。一方面，行动者具有一定的主观能动性，但在行动时必须考虑他人的在场和行为，不得不受到社会网络的约束和激励；另一方面，社会关系则是各成员之间因为某些共同的目标、利益与期望而保持一定的互动与交流所积累起来的。社会网络是作为一个无形的东西，在本质上就是复杂的多重社会关系在个体上的呈现。个体可能拥有多重社会角色，这就决定了他所处的社会网络也不只一个，他很可能同时处于几个不同的社会网络之中。这些社会网络并不是固定不变的，它们会随着不同时期的利益的转变而动态地调整。一个特定的网络既可以是自然地形成的，如亲戚网络、同事网络、校友网络等，也可以是人们出于对一个特定的共同关注的焦点或关于一种资源（如环境保护）利益的社会性而有意构建的。需要注意的是，目前社会网络的概念已经超越了个人间关系的范畴，被运用到更大的范围中，主要是网络中行动主体的概念不断被泛化。实际上，使用"行动者"这个词并不意味着该社会实体一定要"行动"或者具有意志力。从这个意义上讲，我们也可以将整个经济定义为通过社会互动和社会结构把经济利益及其他利益以不同方式联结起来而形成的巨网。

作为一门崭新的学科，新经济社会学认为经济活动不是存在于"真空"中的，而是"嵌入"社会结构之中。经济社会学家总是在具体社会结构或社会网络的制约与影响中研究人类的"理性行动"。朱国宏等（2005）研究认为，网络结构的各种特性在很大程度上决定着经济过程及其结果。一般认为，社会网络理论的研究对象可以是自然人、法人或集体行动者，或者任何能与另一个实体发生联系的实体（特纳，2006）。农村政策性金融作为一种社会建构，是嵌入在农村社会金融网络之中的。在这一网络内，农村政策性金融机构通过与其他行动者之间的"社会互动"（social interaction），不断优化融资者的"社会资本"（social capital），进而改善其融资状况，同时推动自身持续向好的方向发展。可以说，社会资本充当了农村政策性金融发展的一个重要的驱动因素，社会互动则是其发挥作用的主要途径。社会资本孕育于社会网络之中，"是一种镶嵌在社会结构之中并且可以通过有目的的行动来获得或流动的资源"①，社会网络是社会资本的载体；社会互动形成社会网络，是网络中的人与人、群体与群体之间通过接近、接触或手势、语言等信息的传播而发生的相互依赖性行为的过程，社会网络则影响或制约着社会互动。因此，在有关社会网络的研究中，这三者经常是一并讨论的。我们很难想象，抛开社会资本和社会互动去考察社会网络，可以得出令人信服的结论。正是基于这一思路，我们汲取了新经济社会学及经济金融学相关原理和范畴，将农村政策性金融的运行和发展置于其所在

---

① ［美］林南：《社会资本：关于社会结构与行动的理论》，上海人民出版社2004年版，第24页。

社会网络的背景中，试图探究其与所嵌入的社会网络及该网络中的其他行动者之间的相互关系和内在于这些关系的驱动力。

二、农村社会金融网络场域是农村政策性金融活动的基本载体

社会网络理论告诉我们，任何一个个体或组织都是具有社会性的，是被社会化了的实体。它们并不是孤立存在的，而是无时无刻不处在社会网络当中。所谓场域（field），"可以被定义为在各种位置之间存在的客观关系的一个网络（network），或一个构型（configuration）。"① 通俗地讲，场域是以各种社会关系连接起来的、表现形式多样的社会场合或社会领域，虽然场域中有社会行动者、团体机构、制度和规则等因素存在，但是场域的本质是这些社会构成要素之间的关系，即社会关系网络。据此定义，我国农村地区的金融网络就相当于一个主要由农户、农村企业、农村商业性金融机构（商业银行、商业性担保公司等）、农村政策性金融机构（中国农业发展银行、国家农业信贷担保联盟有限责任公司、政策性保险公司等）、法律法规等构成的特定的场域（见图4-2）。

在这一场域之内，各行动者因其地位不同，占据的金融资源或权力也有很大差别。根据爱默森（Richard Emerson）的观点，网络中的行动者所具有的权力严格取决于其他行动者对其资源的依赖程度。所以，行动者 A 对 B 的权力，取决于 B 对 A 所拥有资源的依赖，反之亦然。而这种依赖程度又取决于两个因素：对方所掌握的资源的价值大小和相关替代资源的数量及为获得这些资源所必须付出的成本大小。如果 B 认为 A 的资源很有价值，并且没有可替代的资源，那么 B 对 A 的依赖程度就高。此时，行动者 B 从 A 那里获取所需资源时要么很难或根本得不到，要么必须付出很高的成本。相反，如果 B 认为 A 的资源很有价

---

① ［法］皮埃尔·布迪厄：《实践与反思——反思社会学导引》，中央编译出版社1998年版，第133~134页。

值，但是可以从 C 那里获取相应的替代资源，那么 B 的选择范围相对
扩大，对 A 的依赖程度就会降低，B 从 A 那里获取资源会容易许多，
并且所付出的成本也会减少。如图 4 - 3 所示，在某一社会网络中，
行动者 A 是行动者 B_1、B_2、B_3 的有价值的资源的唯一的来源，行动
者 B_1、B_2、B_3 向 A 支付报酬，但不拥有 A 所需的资源。这种情况就
是单边垄断。

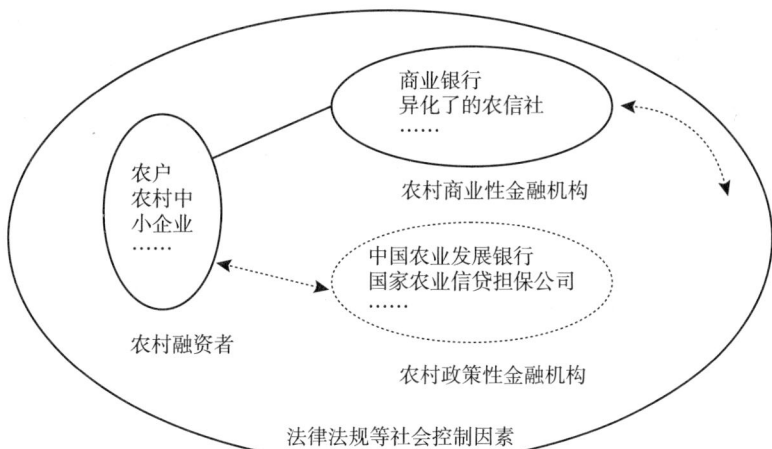

图 4 - 2　农村社会金融网络场域

注：实线部分表示原有农村社会金融场域中的各构成主体，虚线部分表示农村政策性金融
机构对原有农村融资网络的优化效果。箭头表示农村政策性金融机构同场域中其他行动者间的
社会互动（下文将作详细说明）。

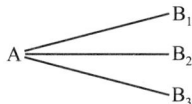

图 4 - 3　单边垄断的网络

农户、农村企业等是资金的需求方，各金融机构则是资金的供给
方。由于农村金融资源的稀缺性，农村金融市场本质上是一个需求明显
大于供给的卖方市场。这就导致了农户、农村企业等资金需求者在融资

时面临一系列的尴尬与困难。尤其是在农村政策性金融制度设立以前，由于农村合作性金融早已名不副实，异化成了事实上的村镇商业性金融；民间金融还不够正规，风险较高加之资金规模远不及需求，农村融资市场上便形成了商业性金融独大的单边垄断局面。图 4 - 3 中的 A 可以看作农村商业性金融机构，B_1 是农户，B_2 可以看作农村中小企业……此时，农户及农村中小企业等群体想要融资时，因为很难从其他渠道获得资金，就只能求助于农村的商业性金融机构。可以说，他们能不能顺利取得所需资金几乎完全取决于农村商业性金融机构一方的行为。这样，出现"信贷配给"或"资金饥渴"等现象就不足为怪了。农村商业性金融机构不是提高担保或抵押门槛、不肯放款，就是以风险较高为由借机抬高利率，致使农户或农村中小企业等面临严峻的融资难题。单边垄断的一个重要特征是非均衡性。它会造成资源的利用率低下，远离帕累托最优状态。爱默森认为，随着时间的推移，非均衡结构都会趋于变化，最终达到平衡。1994 年农村政策性银行设立以后，农村金融网络的状况得到极大的优化，具体情形可以由图 4 - 3 向图 4 - 4 的转变来说明。网络中的 A_1 为农村商业性金融机构，A_2 是农村政策性金融机构，B_1、B_2、B_3 依然是农户、农村中小企业等强位弱势的融资群体……很明显，农村商业性金融原本的单边垄断局面被打破了。农户 B_1、农村中小企业 B_2 等群体在融资时，不再仅仅依靠农村商业性金融机构 A_1，而是多了一个替代选择——向农村政策性金融机构 A_2 申请贷款。这无疑降低了融资者对农村商业性金融的过度依赖，大大提高了他们融资的成功率。当然，场域中各行动者的行为均要受法律法规等规则要素所施加的约束和激励，它们是农村金融场域健康运行的外部保障。由此来看，农村政策性金融这种制度安排的现实意义主要体现在两个方面：一是可以提高农户、农村中小企业等所需资金的可得性，或是被要求提供的担保条件降低了，或是以前根本得不到贷款的现在能得到了；二是在农村商业性金融垄断力量被削弱的情况下，融资者的融资成本自然会有所下降。特别是一些强位弱势的群体、行业或领域，可以以较低的利息率获取政策性资金的强力扶持。换句话说，农村政策性金融的设立是金融场域结构优化的内在要求和均衡发展的必然结果，必须坚持和完善农村政策性金融制度不动摇。

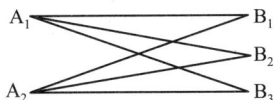

图 4 - 4　农村地区目前主要的金融网络

社会网络理论告诉我们，任何一个个体或组织都具有社会性，是被社会化了的实体。它们并不是孤立存在的，而是无时无刻不处在社会网络当中。既然农村社会金融网络场域为农村政策性金融发展提供了基本的载体功能，那么，农村政策性金融就应该以农村强位弱势群体为服务对象，而不能越位针对强势群体（所谓的优质客户）从事盈利性的商业性金融业务。网络结构会影响或制约个体行动，同样地，行动者的实际行动也会反作用于这个网络。农村政策性金融机构作为目前我国农村金融场域的一个有机组成部分，也不例外。金融场域为农村政策性金融机构的活动提供了一个载体，一个平台，同时也为其行动圈定了一个范围。农村政策性金融机构拥有的金融资源在供需双方间的有效流动以健康稳定的农村金融网络为前提和基础，它所有的金融活动都毫无疑问地要依托于这一金融网络，才能顺利开展；而政策性金融机构的所作所为都必须以这一场域为界限，受场域中的法律法规等社会控制因素的引导和规范，而不是随心所欲，越轨行事。以中国农业发展银行为例，它是专门服务于"三农"的一个农村政策性金融机构，如果脱离农村社会金融网络场域，与"三农"脱节，也就失去了政策性金融制度存在的根基。农村社会金融网络只有在包括农村政策性金融机构在内的所有行动者的共同努力、共同支持之下，才能持续地存在和发展。与此同时，农村政策性金融机构的行动也将通过自身与网络中其他行动者间的社会互动对整个金融场域产生反馈，一方面反作用于融资者及其他性质的金融机构的社会行动；另一方面会对整个金融网络的生态平衡及活力产生影响。毫无疑问，这一切都是以和谐、稳定、高效的金融场域为前提。通常，该过程具有一定的隐蔽性，是随着时间的推移而潜移默化地进行的。农村政策性金融机构与农户、农村中小企业及其他类型的金融机构等"利益攸关者"紧紧相连，相互依赖，相互制约，他们之间的良性互动，对缓解融资困难、提高整个金融系统的资源分配效率无疑具有重要意义。

第二节　农村政策性金融的社会资本需求

农村政策性金融发展的好坏，不仅取决于自身的供给层面，而且受融资者对其需求的影响，社会资本需求是农村政策性金融发展的间接驱动力量。正是需求和供给两方面的合力，决定了它能否持续向好发展并成为扶贫支农的利器。在农村政策性金融供给外生的情况下，融资者对它的需求便基本可以左右其发展的未来趋势。通常，个体在融资时不仅依赖自身的能力，而且能动地调用自己所处社会网络中的资源——社会资本，使之朝着有利于自己获得资金的方向流动。而农村政策性金融恰恰可以利用自身的优势，帮助融资者改善社会资本结构，提高其融资的可得性。这样，融资者对社会资本的需求（进而对农村政策性金融服务的需求）便构成了农村政策性金融发展的不竭动力。充分认识并合理利用这一点，对农村政策性金融的长远发展至关重要。

一、农村融资者的社会资本与融资的可得性问题

在社会网络理论的发展中，"社会资本"无疑是最具影响力的一个理论概念。这一概念最早其实是出现于经济学中，自从法国社会学家布迪厄（1977）真正将其引入社会学领域之后，便大放异彩，它表现出的强大解释力已经得到越来越多研究者的青睐，成了许多学科关注的热门概念和分析的重要起点。根据林南（1982）的社会资源理论，社会

资源可以被定义为那些嵌入在个人社会网络中，不为个人所直接占有，而是通过个人直接或间接的社会关系而获致的资源的总和。他发现，对于大部分个体行动者而言，其自身的资源是十分有限的，比较普遍的情况是，个人在从事有目的的行动时，常常从自己的社会网络中获得对自己有利的资源。社会网络提供了将资源转化为资本的一种途径。在此基础上，他认为，"社会资本是一种镶嵌在社会结构之中并且可以通过有目的的行动来获得或流动的资源"①。这种将社会资本和社会资源联系起来的观点，使我们能更加清晰地认识关系在社会网络中的作用。可以认为，社会资本是从网络中动员了的社会资源，包含结构和行动相互交叉的三个组成部分：结构（嵌入性）、机会（通过社会网络的可获取性）和行动（使用）。社会资本既受制于社会网络的制约，又可以在个体的能动性之下朝着有利于自己的方向流动。社会资本经常激活多个行动者的链条，为了某种资源（如招工信息等），可以去找那些并不拥有这些信息但却知道谁有的人。这时候，社会资本就不再只是通过直接联系或简单的二人关系，而是通过他人的直接或间接的关系，尽可能地扩展自己的社会网络，从而获取更丰富的资源。

为了更好地理解社会网络的概念，并便于下面的分析和说明，下面我们将结合图形对相关的重要名词一一解释。（1）强关系、弱关系。根据网络中一组行动者之间社会联系的强弱程度，可以将社会成员间的关系分为强关系（Strong ties）和弱关系（Weak ties）。测量关系强度的变量通常包括关系的时间量（频度和持续时间）、情感紧密性、熟识程度（相互信任）以及互惠服务等。如果人们在关系上投入的时间越多、情感越紧密，并且彼此更为亲密也更为频繁地提供互惠性的服务，这种关系就是强关系，反之是弱关系。通常情况下，行动者所拥有的弱关系要多于强关系。强关系和弱关系对行动者而言，意义和作用是大不相同的。强关系一般比较可靠，但是却包含这大量重复冗余的信息；弱关系

---

① Nan Lin：Social Capital：A Theory of Social Structure and Action，Cambridge，Cambridge University Press，2001，pp. 19 – 29.

则可以带来一些异质性、非重复的信息，特定情况下会发挥出更大的作用。（2）桥、结构洞。"桥"（bridge）这个概念是由格兰诺维特提出来的。当从一个网络组织传讯息到另一个网络组织时，有时仅仅依赖于两个网络中各有一名成员相互认识，而形成唯一的一条通路，这条讯息唯一的通路就被称为"桥"。图4－5中，行动者C和D之间的关系就是联通左右两个次级网络或社会群聚的"桥"，它有效地促进了信息和资源在整个网络中的流动。博特（Burt，1992）的"结构洞"（Structural holes）理论认为，当社会网络中某个或某些个体与有些个体之间没有直接关系或关系间断时，从网络整体来看，好像出现了空洞，即所谓的"结构洞"。如图4－5所示，在左侧的次级网络ABC中，A和C之间有关系，B和C之间有关系，而A和B之间没有关系，此时AB对于C来说就是一个结构洞。A、B要想联系就必须通过C，这样占据结构洞的C就拥有了保持信息和控制信息两大优势。结构洞的不同层次所形成的社会网络高度不同。社会等级越高，所接触的结构洞和结构桥梁水平就越高，"洞效应"就越强，通过这样的途径就能够获得更好的社会资源。

图4－5　网络中的"桥"和"结构洞"

诚如费孝通（1948）所言，中国是一个差序格局的社会，因为关系亲疏远近的不同而形成由内到外的一层一层关系网络。在差序格局社会中，每一个人都以自己为出发点，向外辐射形成一个由各种关系而联结成的自我中心社会网，但网中的其他成员也会以同样的方式形成自己的中心网络，网网相连，构成了整个社会。在中国人所有的社会关系中，最为重视、最为可靠的就属血缘关系（包括父系、母系姻缘三种）与地缘关系（邻居、老乡等）了，其他的如业缘关系、校友关系等也相对重要。中国人一般是关系导向的，每个人都以自己为出发点，向外辐射形成一个由各种关系而联结成的自我中心社会网，建立自己的"人脉"，不断地维持和调整，在人脉中进行社会交换，通过人际资源达到个人目的。社会资本正是在社会关系中获得的，是从社会网络中动员了的社会资源。因此，从微观层面来看，社会关系的构成和性质决定了社会资本的状况。在格兰诺维特的分类中，将关系分为强连带、弱连带和无连带。强连带对应的是"朋友"，而弱连带常指"认识的人"。结合国情，李培林等（2008）以交换的原则为依据，将我国的人际关系四分为家人、熟人、弱连带与无连带。

　　要想找到社会资本对农村各融资群体的融资状况的实质性影响，首先必须制定一个对社会资本进行度量的合适标准，进而可以从各个维度将他们拥有的及经常调动的社会资本的实际存量分别作一个对比分析。社会资本作为一个从理论中构建出来的概念，无法直接从社会中观察到，只能采用定性与定量相结合的方法，根据社会资本与交易目标之间的关系，做适当的量化。与社会资本的分类相对应，对社会资本的测量也有微观和宏观之分。

　　对微观即个体的社会资本的度量，在经验研究中几乎都集中于对个人（农户或农村中小企业等的主要领导）社会网络中蕴藏的资源的测量。目前，研究者采用的主要度量指标有：（1）受访者的网络规模，具体指网络成员的总量。在以受访者为中心的网络中，当受访者认识或有联系的人较多，其网络规模越大；反之，越小。（2）网络构成，包括亲属和朋友等强关系在网络中所占的比重，并可以相应地计算出弱关系所占比重；自己或亲戚在政府中任职的人数、亲戚朋友中在金融机构工作的人数等。在所有认识的人当中，亲戚朋友等彼此联系密切、信任度较高的人越多，在整个网络中强关系所占的比重越大，自己本身在当地政府任职或亲戚朋友中在政府任职的人数越多、在金融机构工作的人数越多，受访者的网络构成越复杂；反之，就比较单调。（3）网络成员的内在异质性，如年龄、性别、教育和信仰等的差异；网络成员的户口与受访者户口的一致程度等。网络成员中年龄、性别、文化程度、信仰等区别越明显、自己的户口性质与其他成员的户口差异越大，受访者的网络资源的异质性就越强；反之，异质性较差。（4）参加的正式和非正式组织的个数。受访者参加的正式和非正式组织数量越多，结成的社会网络就会更加多样化，网络中潜藏的可供利用的资源便越丰富。综上，受访者的网络规模越大，网络构成越复杂，网络中成员的异质性较明显，参与的社会组织越多，其拥有的社会资本越多；反之，越少。

测量宏观社会资本时，我们将注意力放在全社会的信用体系方面。它是一种社会机制，具体作用于一国的市场规范，与国家的信用管理机构和信用法律体系的建设状况密切相关。如果企业和个人的信用意识强烈，都很注重维护信用，有着明确的信用市场需求，整个社会的信用状况才会好。相比个人层面而言，对它的具体度量更加困难。在此，我们主要以信用市场是否发达、金融机构放款时所要求的平均担保或抵押条件的高低作为评价社会信用状况好坏的标准。从目前我国实际情况来看，市场上专业的信用评级机构屈指可数，居民征信工作还没有全面的开展，征信体系建设还不够完善，可以说，信用市场并不发达；而商业性金融机构在向农村的弱势群体发放贷款时常常设置很高的门槛，要求他们提供很高的担保或抵押条件，以降低违约风险，说明可供他们利用以取得资金的信用资本是十分稀少的。对此，笔者认为，我国农村弱势群体的宏观社会资本明显不足。

在边燕杰（2004）等提出的"春节拜年网"的启发下，基于上述行为能够充分激活以融资者为中心的个人网络，进而反映出他们的社会资本的投资状况和实际存量这一设想，我们着重对融资者在不能顺利从银行获得贷款时的解决方式进行了跟踪调查。2012年7~8月，我们以"农户、农村中小企业的融资状况及政策性融资行为"为主题，以随机抽取的河南省某地区的农户和农村中小企业等弱势融资群体为调查对象，通过问卷调查与个别访谈等形式，共发放问卷150份，收回有效问卷124份，回收率为82.67%。其中，针对农户发放100份，收回有效问卷78份，回收率为78%；农村中小企业50份，46份有效，回收率为92%。经认真分析，调查结果真实可信。调查结果表明，农户的微观社会资本具体包括：农户自己在当地担任干部的情况、农户的亲戚中担任机关干部的情况、农户在银行及农村信用社等金融机构内是否有熟人、农户与其他较富裕的农户是否熟悉、农户与其他在政府有熟人的农户之间的关系是否过硬、农户是否参与了正式和非正式组织等。类似地，农村中小企业拥有的微观社会资本有：企业的主要领导是否在政府部门任职（如是否担任政府顾问、人大代表等）、企业领导与政府官员的关系是否相熟、企业领导与金融机构的主要工作人员关系是否亲密、该企业与上下游企业的关系（合作状况、信任程度等）、企业参加正式和非正式组织（如行业协会、企业互助联保小组等）的状况等。而融资者的宏观层次的社会资本主要外化为具体的经济金融政策和规范、社会道德、整个社会的信用环境等，这些因素同样不可忽视，它们会左右到金融机构的放款行为，也会不自觉强加在农村融资群体身上，进而影响到其融资状况。但这些对个体来讲并无差异，故本书不作重点考察。

有关"社会关系（社会资本）在融资过程中的作用"的调查数据显示，受访者在回答问卷题目"一般情况下，您选择到农业发展银行进行贷款的初衷是因为什么"时，回答有国家政策扶持，造福"三农"的占比为30.6%，选择由亲人、朋友推荐的占比为38.8%，选择贷款比较便捷选项的占比为17.7%，其他的占比为12.9%。在回答"通过人际关系对获得贷款的作用"，认为"作用很明显"的占为36.3%，"多少有点用"的占比为46.1%，认为"没什么用"的只占到17.6%（见图4-6）。在回答"若有类似人际关系，是否会选择通过人际关系进行贷款"问题时，选择"一定会"和"偶尔会"的占比为78%，选择"不会"的只有22%。在回答问题"若通过人际关系进行贷款，与该人的熟悉程度如何"时，选择"亲人、朋友、熟人"和"较为熟悉"的占到样本总数的70%。通过对以上数据分析，笔者发现大多数受访者在融资时会首先利用或依赖于自己的强关系①，并认为强关系相当有用；受访者的社会资源拥有状况越好，越容易从正规金融机构获得贷

---

① 如果人们在关系上投入的时间越多、情感越紧密，并且彼此更为亲密也更为频繁地提供互惠性的服务，这种关系就是强关系，反之是弱关系。

款；与亲戚朋友间的关系越亲密（意味着社会资本越多），发生民间借贷行为的可能性越大。不管是向自己较富有的亲戚朋友借款还是求助于在政府或金融机构任职的熟人，都是例证。因此，受访者的社会资本会对其借贷需求及满足情况产生正向影响。一般而言，受访者都有自己的"小圈子"（Clique）。这些小圈子就是一种强关系，往往是由社会特征具有很强同质性的人们类聚在一起，来往频繁、亲密感强、彼此之间高度信任。因而，受访者在融资时喜欢找强关系帮忙，认为这样获得资金的可能性比较大。博特认为，竞争优势更多的取决于关系优势。结构洞多的竞争者，其关系优势就大，获得稀缺资源的机会就高。如果受访者自己或亲戚朋友在政府或金融机构任职，他们和其他想贷款的群体相比，处于较高的地位或位置，所形成的社会网络高度就不同。这样，其所占有的结构洞就多，结构桥梁水平就高。同时，较高的社会地位也为他们贷款人提供了一个隐性的信用证明。相比之下，他们就更容易或能以更低的条件获得金融资源。

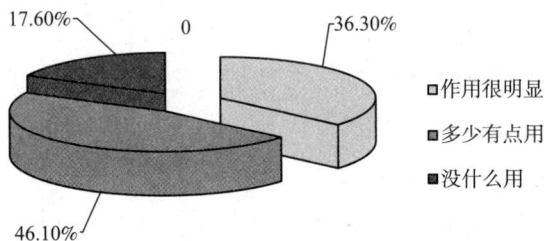

图 4 - 6 　融资者的社会资本与融资的可得性

　　林南（2004）曾认真分析了社会资本的作用机理，第一，它促进了信息的流动。第二，这些社会关系可以对代理人（如组织的招聘者或管理者）——他们在涉及行动者的决定（如雇佣或晋升）中扮演着关键角色——施加影响。第三，社会关系可以被组织或代理人确定为个人的社会信用的证明，部分社会信用反映了个人通过社会网络与社会关系——他的社会资本，获取资源的能力。第四，社会关系可以强化身份和认同感。以上可以概括为信息流动、决策影响、信用证明和身份认同等四个方面，而这些因素正是事关农村弱势群体能否顺利融资的重要资源。如果融资者拥有较丰富的社会资本，就相当于有了一个隐性的信用证明。这样，贷款人就会自觉或不自觉地对其产生一定程度的身份认同，进而正向地影响到金融决策。相比之下，他们能更容易或以更低的条件获得所需资金。但是，受"二元"经济结构的长期制约，我国农村地区目前面临的情况是，农户、农村中小企业等群体的社会地位较低，社会资本受到约束。农村社会资本正不断流失，并且所拥有的强关系也十分有限，而且相对稳定；可供参加的经济和社会组织也寥寥无几，社会资本长时间内得不到扩展和丰富，这种状况对本来就处于弱势地位的农村融资者非常不利。就宏观层面而言，征信体系建设还不够完善；有关的金融政策正在逐渐地向农村弱势群体和领域倾斜，但是具体落实起来还有一定的难度。在这种情况下，融资者在动员他们可以利用的最好资源方面处于明显的劣势。归结到一点，农村商业性金融机构在放款时是以社会资本为重要依据的，而融资者的社会资本却先天性不足，这种不可调和的矛盾导致他们通常无法顺利地获得商业贷款。

二、社会资本需求对农村政策性金融发展的驱动机制

与商业性金融机构相比，农村政策性金融机构在开展业务时并不以贷款对象的社会资本的优劣来决定贷与不贷。换句话，并不是说谁有"关系"或有"路子"（这里指可以调用的强关系），农村政策性金融机构就贷款给谁。它恰恰是以农村地区的强位弱势群体为特定的服务对象。这些群体大多社会地位较低，社会资本不足，尤其是可以帮助自己融资的强关系极其有限。当他们从商业性金融机构得不到或不易得到所需资金的时候，便可以向农村政策性金融机构申请贷款。只要他们是关乎国计民生、在整个经济社会发展中具有特殊战略性地位的弱质产业、弱势领域或群体，农村政策性金融机构在保本微利的经营原则之下，便可以为他们提供资金支持。这主要体现在优惠性（贷款期限长，利率低）和可得性（较低的担保或抵押条件）两个方面。可以看出，贷款

者的社会资本状况并没有影响到其从农村政策性金融机构的正常融资。相反，正是农村政策性金融机构的存在，在一定程度上弥补了农村强位弱势群体由于社会资本方面的劣势而在融资时的被动局面。

更为重要的一点是，农村政策性金融机构，尤其是农村政策性担保机构，应该帮助农村融资者走出对血缘、亲缘、地缘关系的单纯依赖，不断增量和优化他们的社会资本，改善其在融资时和商业性金融机构博弈的地位。农村弱势群体融资难的一个普遍原因是其信用度不明确，商业性金融机构在此情况下不可能"贸然行事"。而农村政策性金融机构给融资者发放前期贷款或提供担保的举动，从侧面传递出这样一个信号：这些项目、行业或领域是政府支持或将要重点发展的。这样，商业性金融机构就会认为这些项目、行业或领域的信用较好，风险是相对较低的，可以考虑为其发放贷款。在这一过程中，融资者的社会网络得以明显扩大，增加了农村政策性金融机构这个关键的行动者，它充当了众多的融资者和大量的其他性质的金融机构之间的唯一的"桥"①（bridge）。通过牵线搭"桥"，农村政策性金融机构为融资者注入了新的社会资本，这就是隐性的信用证明。也就是说，农村政策性金融机构通过优化融资者的社会资本结构，间接地提高了他们在融资时和商业性金融机构讨价还价的能力。

反过来看，因为借力于农村政策性金融机构，融资者可以更顺利地获得商业金融机构的贷款。所以，理性的融资者为了尽可能地改善自己的社会资本状况，提高自己融资的成功率，一定会增加对农村政策性金融的需求。这样，受社会资本的需求拉动，农村政策性金融机构只有不断地创新服务产品、提高服务质量，改变过去政府主导的"自上而下"的发展方式，"自下而上"地按"需"发展，才能满足融资者日益增长的农村政策性金融需求，同时促进自身持续向好发展。

---

① "桥"这个概念是由格兰诺维特（1973）提出来的。当从一个网络组织传信息到另一个网络组织时，有时仅仅依赖于两个网络中各有一名成员相互认识，而形成唯一的一条通路，这条讯息唯一的通路就被称为"桥"。

第三节 农村政策性金融功能
发挥的良性社会互动

在社会网络分析中，另一个不得不提的重要概念就是"社会互动"。社会是社会关系的总和，社会关系实际上是人在社会互动中所形成的关系，人类活动的种种制度化形式，如社会组织、社会规范、社会结构等，无非是种种人类互动中发生的社会关系的凝固化、制度化的结果。而整个社会历史的发展和社会的变迁，不过是人们互动的结果，与特定的社会互动形式（如合作、冲突）相联系。当一方的社会行动触发了另一方的社会行动，社会行动在行动者之间往来时，"互动"便由此产生。因此，所谓社会互动，就是指社会上人与人、群体与群体之间通过接近、接触或手势、语言等信息的传播而发生的相互依赖性行为的过程。社会互动的产生需要两个或两个以上的行动者参与，并相互交换嵌入在行动者的结构位置和社会网络中的资源。根据不同的划分标准，社会互动可以分为正式的和非正式的互动、有组织的和无组织的互动、理性的和非理性的互动等。前面提到，社会资本是社会网络中与其他行动者相联系的资源。事实上，正是成员间的互动维持和再生产了这种可能的社会财产，也就是说，只有与其他行动者的互动才使得借用这些资源来实现自我利益具备可能性。

根据接下来行文分析的需要，我们这里先介绍几种最为突出、最为常见的互动类型：合作、冲突和竞争。（1）合作是指为达到对各个个人或群体都有某种益处的共同目标而彼此相互配合的一种联合行动。由于某些共同的利益或目标仅靠各成员自身的能力是很难或不可能实现的，于是他们就联合起来一致行动。简单地说，合作是人们合力完成目标、分享报酬的活动。合作可以充分利用每一个成员的能力，为同一个目的而努力，一方面可以提高效率；另一方面合作的效果往往会大于成员单独行动的效果之和，这就是协同效应。当然，成功的合作依赖于以下条件：一致的目标、统一的认识和规范、相互信赖的合作气氛、具有合作赖以生存和发展的一定物质基础。（2）冲突是人类社会生活中普遍的一种互相反对的互动方式，是人们为了争夺同一个目标或利益而展开的行动及其过程。这些目标或利益往往具有稀缺性，冲突双方认为只有通过阻挠、压倒、挫伤或消灭等相对激烈的互动方式，才能使结果对自己有利。某些形式的冲突在特定条件下会给组织发展带来积极的动力，提高效率，而非理性的冲突则具有很强的破坏性，可能会导致组织机能失调。人际关系的冲突观念认为，冲突是不可避免的。有效利用功能正常的冲突，并尽可能避免功能失调的冲突是提高组织整体效率、保持组织有效健康运转的一个重要途径。（3）竞争是指个体在社会互动中为了一个共同的目标而相互争夺并力图超越对手的活动及过程，可以算是遵循一定规则的合作性冲突。竞争的目的主要在于获得目标物，而不在于反对其他竞争对手。在现代社会中，竞争的结果并非总是一方胜出、一方失败，而是有可能会出现双赢的局面。为了防止恶性竞争，避免竞争升级为一种直接的冲突，必须制定一些竞争各方都必须遵守的规则，并且在遵守这些规则上相互协作。从各方面的实践来看，法律和制度是规范与控制竞争行为的有效手段。

农村政策性金融机构作为我国农村金融场域中的一份子，在运行的过程中必定会与其他组成部分进行一系列的社会互动，这是普遍存在且不可避免的社会现象（见图4-2）。当然，这些互动既有良性的，也有恶性的。良性的社会互动意味着农村政策性金融的作用渠道得到扩展，有利于其更充分、更灵活地发挥出应有的功能；恶性的互动乃至冲突则可能会导致组织机能失调，甚至是金融生态网络的严重失衡。所以，良性的社会互动是农村政策性金融功能发挥的主要途径。现阶段，逐步完善农村政策性金融领域相关的法律法规，以制度为保障，鼓励和引导农村政策性金融机构同融资者的良性互动以及与商业性金融机构和农信社的协作、互补，约束和惩治设租寻租行为及与商业性金融机构之间的越位竞争，及时纠正农村政策性金融发展过程中的错误和偏差，强化农村政策性金融的特有功能体系，势在必行。

一、农村弱势融资群体与政策性金融机构的社会互动

农村弱势融资群体和农村政策性金融机构处于同一个金融场域中，前者对资金有着强烈的需求，后者则是为缓解他们的融资困境而专门设立的，他们之间的社会互动是否充分，直接关系到政策性资金能否以最有效率的方式到达最需要它的人手中。

首先，这种互动的进行必须以融资者对农村政策性金融的充分认知为前提。但是，从问卷调查的情况来看却并不乐观，有52.13%的农户或企业只是听说过政策性金融机构，但从未接触过；有26.12%的企业表示对政策性金融机构有一些了解，但很难从那里贷到款，仍有21.75%的企业对政策性金融机构及其基本制度一无所知。这说明，仍有相当一部分的农村弱势群体对农村政策性金融缺乏最基本的认识，即便知道有这种机构，对它也不抱希望。对那些了解政策性金融和政策性金融机构的人进一步问询得知，通过电视、期刊、报纸，邻里、朋友了解的占比达到80%，只有极少数选择了互联网、书籍、相关专业人士，通过宣传资料和手册获得相关信息的占比为0。可以发现，宣传推广不到位，是导致农村政策性金融机构影响力较小的主要原因。认知不足，将会使得农村弱势群体向政策性金融机构融资的积极性大大降低。反过来，只有农村弱势群体对农村政策性金融机构的认知充分了，才会及时地把自己对资金的渴求以递交融资申请的形式表达给它。其次，农村政策性金融机构在接收到融资者的融资要求之后，发放贷款之前，也需要对融资者有一个认知的过程。这里的认知主要指对融资者资质的考察，看其是否符合政策性金融特定的融资条件。如果符合条件，农村政策性银行将会及时地为其发放资金，或者政策性担保机构给其提供担保。之后，还要对其资金的使用情况等进行监督，以防范道德风险。至此，融资者如愿从农村政策性金融机构那里融得了资金，但是他们之间的互动过程并没有结束。融资者在获得并使用资金之后，会对审批手续的繁简、审批时间的长短、客户经理的服务质量的优劣、资金期限的长短与

自己是否匹配、资金利率是否承担得起等做出评判。与此对应，农村政策性金融机构会将融资者的评价作为今后工作的参考依据，在相关方面做出改进。总之，融资者和农村政策性金融之间合理的双向互动，必将使其逆向选择和政策性扶植功能更加突出，支农效果更加显现。

必须指出，融资者与农村政策性金融之间还存在着另一种互动形式——设租寻租。很明显，这种互动是恶性的，无论是对金融资源的使用效率，还是对政策性金融的发展及整个金融网络的健康都有实质性的损害。究其原因，是源于关系嵌入和社会信任的"异化"。由于是利用公共资源为自己谋利，设租和寻租现象都是私下进行的。设租者和寻租者主要是通过金融网络中具有"桥"作用的"中间人"取得联系。这个"中间人"在网络中一般处于更关键的位置并拥有更丰富的社会资本，掌握着交易正常进行所必需的关键"社会资源"。交易双方和他之间都建立有高度的"信任"，"接头"之后，经过反复试探和重复博弈，逐步获得身份认同，进而达到让公共金融资源在由"自己人"组成的"小圈子"中流动的目的。这种丑恶的交易扭曲了农村政策性金融制度的本质要义，妨碍了其本质功能的发挥，必须依法惩治，坚决制止。

二、农村商业性金融机构与政策性金融机构的社会互动

农村政策性金融机构利用自身优势，可以甄别出农村地区的一些潜在的优质群体、产业或领域，遂为其提供前期的融资或担保。由于政策性金融机构的特殊背景，这种投资行为无意之中便增加了融资者的社会资本。商业性金融机构看到后，自然会觉得这个项目"比较可靠"。这样，农村商业性金融机构就会"免费搭车"，大举跟进，为其提供后续的资金支持。这时，农村政策性金融机构"见好就收"，及时撤出，重新发掘其他项目，开始新一轮的循环。农村商业性金融机构与政策性金融机构之间的上述互动过程被称为虹吸诱导机制，结果是二者"双赢"，它完美地体现了农村政策性金融制度最本质最核心的功能，巩固了这一制度存在的现实根基，对其长远发展意义深远。其中，相较于农

村政策性银行，农村政策担保机构与商业性金融机构之间的互动更应引起我们的重视。农村政策性银行毕竟资本金有限，不可能事事躬亲，都为其放贷：一方面它缺乏自动稳定的利益补偿机制；另一方面如果这样做的话，要么等同于政府财政，要么和商业性金融就没什么两样了。相反，农村政策性担保机构能够以小搏大，通过杠杆作用虹吸多倍的商业性资金，不仅降低了金融风险，而且大大提高了资金的利用效率。如图 4－7 所示，A_1、A_2、A_3……表示各类不能或无法直接从商业银行获取贷款的融资者，B 就是农村政策性担保机构，C_1、C_2……代表各农村商业银行。在不存在 B 时，A 们由于种种原因和 C 们之间的互动是不存在的。有了农村政策性担保机构 B 之后，原本贷不到款的 A 们和有钱不贷的 C 们之间的互动便建立起来了。这时候，它充当了联结前者与后者的"桥梁"。在今后相当长的时间内，着力促成农村政策性担保机构与商业银行之间的良性互动，将成为政策性金融制度改革创新的主攻方向（见图 4 -7）。

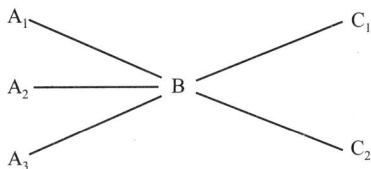

图 4 - 7　农村政策性担保机构的"桥梁"作用

农村商业性金融与政策性金融之间的合理互动，是我们所乐于见到的，它是政府干预和市场调节两种手段的很好地平衡。然而，由于利益诉求方面的矛盾，农村商业性金融与政策性金融之间的业务摩擦与冲突不断显现。我国农村政策性金融制度是随着改革的深入，自上而下人为设计的，它一诞生就缺少完善的法律法规对其行为的方方面面进行保障和约束。在这样一个大背景下，部分政策性金融机构时常以市场化改革的名义，越过特定的业务"红线"，主动寻找有利可图的投资项目，与商业性金融机构展开正面竞争。很明显，这种"竞争"是有失公平的，结果只能是政策性金融的"单赢"。作为回应，一些商业性金融机构甚至上书国务院去讨说法。目前，农村政策性金融的这种"越规"行为，是不可能长久的，是不符合可持续发展的要求的，势必会使其逆向选择和虹吸诱导等功能不能充分地体现，因为这些功能的发挥首先都依赖于其必须遵守的非主动竞争性盈利这一基本前提。

三、农村合作性金融机构与政策性金融机构的社会互动

农村合作性金融机构作为农村金融网络中的又一个重要支点，与农村政策性金融机构之间的协调与合作，相得益彰。我国农村政策性金融和合作性金融在实现推动农村地区经济发展、提高社会公平正义的目标方面，是相对一致的，这使得它们具有相互配合、融合与合作共赢并形成一种特殊耦合机制的天然基础和条件。无论是在发达国家还是在发展中国家，农业政策性金融机构无不与本国的农业合作经济组织（以农村信用合作社为典型代表）有着千丝万缕的联系。二者的密切联系是由农业服务对象的分散性和业务运行成本决定的。一方面，农村融资者人数众多且分布面广，而政策性金融一般具有确定的边界和资源数量，它不可能也没有必要处处设立政策性金融机构，那样运行成本太高，更造成了资源的浪费。相反，只建立一些宏观性的机构，而具体的农村政策性金融业务交由合作性金融机构代理，既可以减少经营成本，提高服务效率，又可以利用合作性金融机构植根农村的特点了解农村弱势群体的真正的融资需求、信用状况等。借此，农村政策性金融犹如建立了一个新的支点，可以更方便、更快捷地与融资者的需求对接。另一方面，依靠农村政策性金融机构的政策及信息优势，农村合作性金融机构可以"近水楼台先得月"，快速地跟随投资，并及时掌握国家的政策意图和行业动向，调整发展战略，为自己赢得发展良机。

第五章

农村贫困与农村政策性
金融制度的社会使命

本章主要是从社会学和经济社会学的制度嵌入性视角，并借鉴其相关理论如农村弱势群体及贫困理论等，分析农村贫困与农村政策性金融发展的相互关系及形成机理等。一方面，研究农村贫困的社会问题与金融扶贫。主要有农村贫困范畴和精准扶贫的提出，引致农村贫困的社会系统性因素，农村金融扶贫体系的构成及问题等。另一方面，研究农村扶贫与农村政策性金融制度的关系。包括农村政策性金融在农村扶贫中的主体性地位，农村政策性金融精准扶贫的作用机理，实现农村政策性金融精准扶贫的方式方法。

第一节 农村贫困的社会问题与金融扶贫

一、农村贫困范畴和精准扶贫的提出

贫困问题由来已久，人类在绝大部分时间里是在同贫困作战。目前，贫困不但是发展中国家和地区的头等社会问题，在发达国家贫困问题也是不可忽视的。在我国，贫困问题一直是最重大的社会问题，尤其

是农村贫困异常严重，因而逐渐成为我国农村经济社会发展和全面建成小康社会的战略性课题。贫困首先被看作是经济现象，国内学者对贫困的定义也大多都基于经济学角度，认为贫困是某种经济资源的匮乏，即人们用于维持基本的食物和设施消费资金的缺乏。主要依据贫困线来对其进行划分，过度依靠经济数据及指标，从而忽视了贫困的主体即人的社会性，以及贫困的社会环境变化对贫困群体的影响。而社会学广义地将贫困定义为一种社会经济现象，并且社会文化因素起到了重要的作用。社会学家认为贫困不只是简单包含生存所需的生活资料，还包括人的主观心理感受，即在贫困的生活环境中，弱势群体收入低，基本的物质需求和精神需求同时得不到满足，作为社会的人的发展权利实现不足或未能实现，如受教育程度以及社会地位低下，进而对其造成精神压力和外界压力①。贫困作为复杂的社会现象，不仅有绝对贫困与相对贫困之分，也包括社会群体意义上的个案贫困与群体贫困。我国身为世界上最大的发展中国家，其中农业人口占据了大部分，因此农村贫困问题十分突出。作为农村贫困主体的农村弱势群体在我国农村社会结构中参与社会生产和分配的能力较弱，经济收入较少，他们依靠自身的力量或能力无法保持个人及其家庭成员最基本的生活标准，进而农村贫困逐渐形成。所以农村贫困是弱势群体弱势的综合体现和最终结果，当前我国贫困问题的重点仍然在农村。

农村弱势群体是一定社会经济环境下的产物，长期以来的城乡二元结构体制和薄弱的农村经济基础造成了我国农村贫困人口多、分布广的格局。虽然改革开放以来我国在脱贫攻坚战中取得了辉煌的战绩，贫困发生率由 2014 年的 7.2% 下降至 2015 年的 5.7%，农村贫困居民总人数减少了 7 亿人，但是我国现仍有 5575 万农村贫困人口②，根据 2011 年国家扶贫标准农民年人均纯收入 2300 元人民币（2010 年不变价），

① 华中农业大学社会学系课题组：《农村贫困的社会学分析》，载《江汉论坛》1995 年第 4 期。
② 国家统计局 2015 数据库。

截至 2014 年我国仍有 14 个集中连片特困地区、592 个国家级贫困县、12.8 万个建档立卡贫困村、2949 万贫困户、7017 万贫困人口[①]。贫困人口主要分布在中西部集中连片特困地区，并且多为深山石区、高寒区、生态脆弱区、灾害频发区和生态保护区，自然条件差，基础设施薄弱，经济发展较为滞后，农民增收困难，贫困世代传递的可能性较大，因此脱贫难度不断增加，任务依然十分艰巨[②]。

农村扶贫问题是随着社会情况及农村贫困实际情况的变动而变动的，扶贫战略也是紧跟社会和农村形势的发展和变动而不断创新和完善。经济社会学同时关注农村经济与社会的关系以及二者的协调发展，不断寻求能够有效避免单纯追求经济增长而带来的种种社会问题。为保证赢得脱贫攻坚战的最终胜利"精准扶贫"的重要扶贫战略思想应运而生。"精准扶贫"概念首次提出是在 2013 年 11 月，习近平总书记在湖南湘西考察时做出了"实事求是、因地制宜、分类指导、精准扶贫"的重要指示。随着中共中央办公厅发布 2013 年 25 号《关于创新机制扎实推进农村扶贫开发工作的意见》[③]，精准扶贫工作模式顶层设计开始制定和规划，迅速推动了"精准扶贫"思想落地。习近平总书记在参加两会代表团审议时又进一步阐释了精准扶贫理念，即实施精准扶贫，瞄准扶贫对象，进行重点施策，而后为加大推进扶贫开发工作又全面阐述了"精准扶贫"概念，提出"六个精准"，即"扶贫对象精准、项目安排精准、资金使用精准、措施到户精准、因村派人精准、脱贫成效精准"。在 2015 年减贫与发展高层论坛上，我国提出了扶贫攻坚工作实施精准扶贫方略，增加扶贫投入，出台优惠政策措施，坚持中国制度优势，注重六个精准，坚持分类施策，因人因地施策，因贫困原因施策，因贫困类型施策，通过扶持生产和就业发展一批，通过易地搬迁安置一批，通过生态保护脱贫一批，通过教育扶贫脱贫一批，通过低保政策兜

[①] 中国农村扶贫金融体系建设小组：《中国农村扶贫金融体系建设调研报告》，2015 年。

[②] 刘彦随、周扬、刘继来：《中国农村贫困化地域分异特征及其精准扶贫策略》，载《中国科学院院刊》2016 年第 3 期。

[③] 国务院办公厅《关于创新机制扎实推进农村扶贫开发工作的意见》，2014 年。

底一批，广泛动员全社会力量参与扶贫①。董家丰（2014）②认为精准扶贫的真正含义一是准确定位扶贫对象，同时帮助的幅度应当和贫困的程度成正比，二是脱贫的政策和效果要精准，坚决杜绝"假扶贫"以及"粗放扶贫"的现象。汪三贵，郭子豪（2014）认为精准扶贫是为了抵消经济减贫效应的下降而必须采取的措施，将成为未来中国农村扶贫的主要方式。本书认为"精准扶贫"的定义是根据当地贫困地区实际发展状况，对真正贫困人员进行挨个识别精准筛选，并根据致贫原因进行准确划分，对同一类型小范围农户以及农村小微企业通过结合当地环境，调动金融资源，准确制定帮扶措施，引导贫困地区人民走上脱贫致富的道路，最终实现经济效益和社会效益最大化。

精准扶贫是我国为实现全民小康的一个重要战略决策，也是我国扶贫开发的总体特征。习总书记也强调，精准扶贫的根本途径在于"扶志"和"扶智"，关键点是"扶人"，其核心要义在于"真扶贫"，相对于以前的粗放型的扶贫方式，大部分的贫困人口由于瞄准精准度不够无法得到有效的扶持，因此现阶段我国提倡实行"滴灌式"，即有较强的针对性，将扶贫政策和措施真正落实到一村一户中去，通过对贫困家庭和人口的精准帮扶，切实解决人民精神上的贫困，改变以往单纯"靠天吃饭"的思想，建立勤劳苦干的精神，从源头上解决至贫的各种因素。精准扶贫是对"机会均等"和"公平共享"的反贫困理念的延伸，因为精准扶贫还强调通过教育培训、产业发展、制度创新等措施赋予贫困地区和贫困人口个体更多的发展机会和更好的发展能力，调动贫困人口积极参与和合作，尤其注重精准帮扶、精准管理，要求贫困者真正参与扶贫的产业项目、直接获得金融信贷等，强调政府、社会、企业等不同扶贫团体直接与贫困户、贫困人口对话合作，让贫困人口共享经济增长成果，实现社会学中所提倡的文化发展和物质发展相结合，达到最终

---

① 张艳玲：《习近平扶贫新论断：扶贫先扶志、扶贫必扶智和精准扶贫》，中国网，2016 年 01 月 03 日。

② 董家丰：《少数民族地区信贷精准扶贫研究》，载《贵州民族研究》2014 年第 7 期。

意义上的脱贫致富。因此精准扶贫是世界反贫困的一个开创性战略思想，是社会学反贫困理论的发展和创新。

二、引致农村贫困的社会系统性因素

从社会学的角度来看，贫困的发生有着深刻的经济原因，并且与社会、文化发展的落后有直接联系。改革开放以来我国贫困人口数量每年都呈现出大幅度下降的趋势，"十三五"规划提出，到 2020 年贫困县要全部"摘帽"，解决区域性整体贫困，当前扶贫工作已进入攻坚阶段，关键在于精准，这是我国现在所面临的严峻挑战和重大课题。为保证精准扶贫战略的顺利实施，需要进一步研究至农村贫困区反脱贫现象的社会性关键因素，本节将对农村反贫困"瓶颈"的社会系统因素进行分析，认为城乡资源配置不均衡、二元体制、教育水平科技水平落后、基础设施薄弱以及资金投放单一是制约农村发展的重要"瓶颈"。

（一）城乡间资源配置不平衡

造成我国城乡间资源分配不公的一个原因是社会历史上我国经济发展史上的非农偏好政策，这使得国家的发展战略是重工轻农。新中国成立之后我国长期实行工业化发展战略，尤其在 20 世纪 90 年代时期，政府通过剪刀差的方式大量地从农村调取资金，导致资金源源不断地流向城镇，身为经济发展基础的农业就受到了忽视，从而导致农村发展的机会大大降低，还加大了农民的负担，贫困发生率大幅度增加，马太效应极具显著，不均衡的金融资源配置以及社会经济发展给我国农村发展带来了深刻的影响。从表 5-1 和图 5-1 可以看出，虽然我国农业增加值的绝对值在不断上升，2006 年与 2015 年相比绝对量差额为 37550 亿元，但是其比重却在逐年下降，从 2006 年的 10.71% 降低至 9.53%，这说明农业经济虽总体在增长，但在国民经济中的地位却不断下降，我国对农业的重视程度仍需大幅提高。

表 5 – 1　　　　　　　　　　国内生产总值　　　　　　　单位：亿元

年份	国内生产总值（现价）	第一产业增加值（现价）	比重（%）
2006	217656.59	23313.00	10.71
2007	268019.35	27783.00	10.37
2008	316751.75	32747.00	10.34
2009	345629.23	34154.00	9.88
2010	408902.95	39354.00	9.62
2011	484123.50	46153.32	9.53
2012	534123.04	50892.69	9.53
2013	588018.76	55321.71	9.53
2014	635910.00	58336.00	9.53
2015	676708.00	60863.00	9.53

资料来源：《中国2015统计年鉴》。

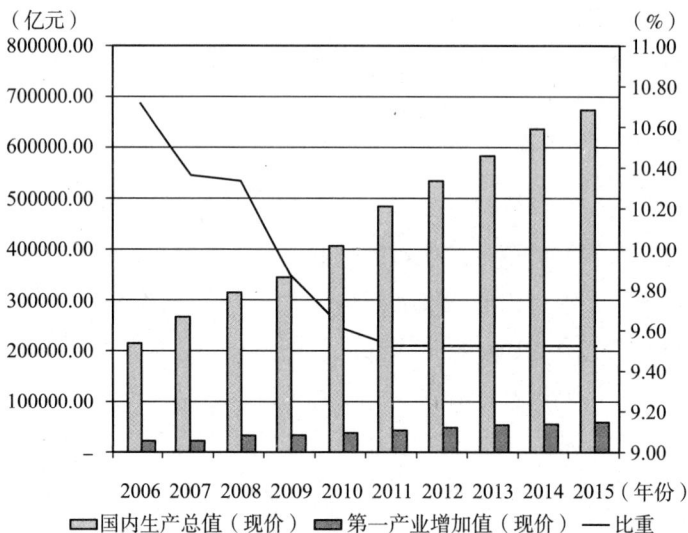

图 5 – 1　农村经济在国民经济中的地位

资料来源：《中国2015统计年鉴》。

造成城乡间资源配置及其不均衡的另一原因是现公共财政投入仍然主要向城市倾斜。其根本原因来源于农业的两个相互矛盾。由于农业天生自身发展能力较弱，所以收益比较低下，而且资金投入后见效慢经济效益不高，经常出现投入大于产出的现象。因此在市场开放条件下投入农业的资金就比较有限。但是同时农业又是国民经济发展的基础，并且大多数贫困者都集中于农村地区，其重要地位是绝对不可忽视的，关系到政治稳定以及人民生活水平的提高，社会效益相当可观。改革开放以后，我国确立了以家庭经营为主的"统分结合"的双层经营体制，农户经营的主体地位得到承认，同时，国家提高了农副产品的价格，国民收入分配中不利于农业的局面有所改观，可供农户分配的财力大幅度增加。但是另一方面，国家的分配政策调整却减少了财政对三农的支出比例，造成财政支农投入不足，农村公共产品供给不足。从图5－2中可以看出2009～2014年我国对农业支出的绝对值虽然在不断增加，但是支农比例却仅仅维持在10%左右，没有明显上升，反而在2014年稍有下降。

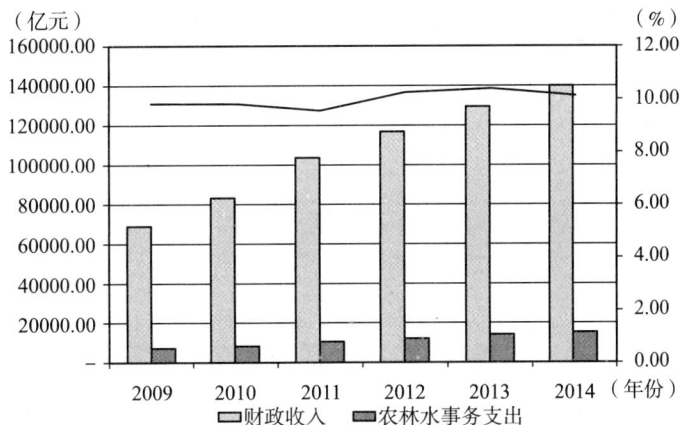

图5－2　2009～2014年中国财政支农比例

资料来源：根据中华人民共和国国家统计局2009～2014年数据计算得出。

另一方面，在支农中的扶贫专项资金方面的投入中，也出现了与财政支农数额近似的趋势，即数额增加，比例基本没有变化，和我国减贫的实际需求之间还相差甚远，同时扶贫资金的增长速度也远远低于我国财政总收支的增长速度,扶贫资金在整个财政支出体系中的比重持续了下滑趋势。我国财政收入年均增长率在 20% 左右①,而 2000～2014 年,中央财政累计投入专项扶贫资金 2966 亿元,年均增长仅 11.6%,增长率走势明显偏小,财政支农强度远远不够,对整体的扶贫专项资金规模的最优量缺少了科学的估算。总的来说,重工轻农的思想以及财政支农,尤其是专项扶贫资金支持力度不够造成了在市场开放条件下我国城乡资源配置极其不均衡,城乡收入差距不断扩大,贫困地区的人民也越来越难以走出贫困的魔咒。

纵观世界上很多发达国家都是优先发展农业,任何阶段农业发展都是重中之重。如美国财政支农比重在 40%～50%,并在《2014 农业法案》(*Agricultural Act of* 2014) 中计划对农业支出 4800 亿美元,将农业支出整体上调 5%,其中 80% 用于支持营养计划,增加农业产量,提高农民收入,2015 年美国农业部门又提议限制对非农人员的安全网补贴 (Safety-net Payment),以保证在 2016 年作物收成时能够配合农业风险防范项目 (Agriculture Risk Coverage,ARC) 和农产品价格保险 (Price Loss Coverage,PLC) 项目的实施。日本在 2007 年的《农户收入稳定法》(*Law on Farm Income Stabilization*) 中新增加了三项补助作为农场管理稳定化项目 (Farm Management Stabilization Programme) 的一部分,为处于由于地理位置所带来的不利因素的农户以及收益低于整体平均值的农户提供资金支持,并根据农产品的质量制定出不同的支付率 (payment rate)②。与美国和日本相比,我国农业财政支出比例以及范围要相对少得多,财政支持力度以及对农业重视程度远远不够,尤其我国还是世界上农业大国。

(二) 城乡"二元"体制

若社会存在制度上的不合理性,就会导致社会群体以及个人在资源

① 王洪涛:《中国西部地区农村反贫困问题研究》,中央民族大学博士论文,2013 年。

② Martini R,Kimura S. Evaluation of agricultural policy reforms in Japan,OECD,2009.

享有上的不平等，并产生贫困现象。虽然我国已经经历了 30 多年的改革开放，社会制度在不断完善，但是制度设计依然有不合理的地方，其中城乡"二元"体制成为贫困现象多发于农村的一个重要因素，同时也成为农村弱势群体自力更生的重大障碍。

由于受长期以来的计划经济体制的影响，我国城乡之间形成了"二元户籍"制度，也被称为"行政主导型二元结构"，是一种社会结构的"断裂"。[①] 其主要的特征是以社会化分工为基础的城市经济和小农生产为基础的农村经济之间存在着排斥和不相容性。在这样的社会制度下，农村和城市被分割成为两种劳动力市场。由于城市各个基础设施通信都比较发达，推动了劳动力的快速有序流动，不断增加就业机会，使得许多家庭收入水平得到了改善，相对来说贫困发生率低且容易消除。但是在地处偏远的农村山区由于社会制度自然环境各个方面的影响，教育和社保与城市存在较大差距，劳动力的流动受到了极大限制。

就目前情况来看，城乡分离的二元体制严重阻碍了农民非农就业。由于我国农村人口总众多，存在大量剩余劳动力，因此帮助其顺利转移成为农民增加收入、摆脱贫困的重要手段。然而，二元分割的城乡结构限制了广大农民群众的职业流动，也就无情地被城市生活拒之门外。即便来到了城市依然只能做一些技术含量较低的工作，被冠以"农民工"的称呼，从图 5-3 可以看出，从事建造业以及制造业的农民占到了65%，从事计算机服务、软件业和零售等行业只占到了 21%。显然，城乡分离的"二元"户籍制度限制农村剩余劳动力作不规则转移，只能作为城市就业的一个补充，农村剩余劳动力不能有效进入统一的劳动力大市场，歧视甚至排斥农民工的现象十分突出，农村劳动力难以实现真正意义上自由流动和有效转移。所以农民在就业问题上始终处在一个弱势地位，成为在城市的夹缝中求生存的边缘群体和弱势群体，农民工作为劳动力的基本权益常常难以保障。这样必将限制农村资源合理配置

---

① 王建民：《社会转型中的象征二元结构——以农民工群体为中心的微观权力分析》，载《社会》2008 年第 2 期。

和城镇一体化进程以及制约了农村产业结构的优化调整步伐。

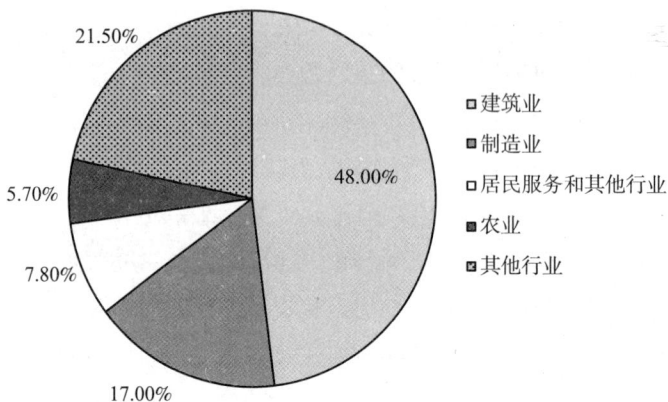

图 5-3　2014 年贫困地区男性劳动力外出就业行业分布

资料来源：国家统计局农村贫困监测调查。

　　城乡分离的二元体制还增加了农民经济负担。中国在公共服务方面实行的是城乡分离的二元体制，即城市公共产品供给主体是国家，而农村公共产品供给主体则是农民自己，因此中国农村公共产品供给体制最大的弊端是加重了农民负担。以制度外筹资为主的农村公共产品供给体制使地方具有农村公共服务和公共物品供给短缺、社会保障体制不完善，造成农民普遍相对贫困。城乡差距越来越大，农民的生存权利、机会不平等，从而导致了农民的能力贫苦，使他们成为弱势群体，处在社会的边缘，生存状况恶劣。2015 年，贫困农民家庭的恩格尔系数至少为 60%，比全国平均水平 30.6% 高出 29.4%[①]，农村贫困人口的生活状况令人担忧。因此，城乡"二元"制度与我国快速发展的社会主义市场经济已经不相符合，成为我国社会经济体制转型的"瓶颈"。

　　（三）教育文化卫生水平落后

　　从社会学角度考察，贫困不仅是一种经济现象，也是一种文化现

---

① 国家统计局 2015 数据。

象。中国贫困人口众多，基本都集中于贫困山区，虽然在自然环境、经济社会发展方面各不相同，但是人口文化素质技能普遍低下，受教育程度不高是其基本特征。由于文化素质跟不上，一些先进的思想以及科技知识的传播就受到了较大的限制，即受到了"贫困文化"的影响。从全社会角度来看，贫困文化是一种亚文化，它使得农村弱势群体脱离社会生活的主流而陷入自我封闭或孤立的境地，进而很容易产生读书无用论、重男轻女等消极思想。所以，提高农户自身文化素质是摆脱贫困的必经之路。然而我国长期以来农村教育制度非常不完善，农村无论是从师资力量还是硬件设施都相当落后，农村教育资金投入严重不足。

由于受封建思想的影响，很多农村地区的计划生育政策并没有得到真正的落实，人越多贫穷程度越高，直接造成的严重后果就是农村贫困山区的儿童受到义务教育的概率大大降低，整体文化程度较低。到2014 年底，贫困地区农村 7～12 岁学龄儿童在校率为 97.3%，13～15岁儿童中，在校就读的比重为 97.6%，与全国义务教育入学率 99.8%相比还有一定差距。在 2014 年贫困地区劳动力中，根据表 5 - 2 可以看出初中及其以下文化程度的女性占到了 91.9%，男性占到了 86.6%，虽然男性百分比略低于女性，但总体劳动力文化程度普遍偏低，大专及大专以上人数仅占了 2.5%。

表 5 - 2　　　　　　　　2014 年贫困地区劳动力文化程度分布　　　　单位：%

劳动力文化程度	女性劳动力	男性劳动力	全部劳动力
不识字或识字不多	12.7	4.8	8.7
小学	39.2	31.1	35.0
初中	40.6	50.7	45.7
高中及中专	5.5	10.5	8.0
大专及以上	2.0	3.0	2.5

资料来源：国家统计局农村贫困监测调查。

贫困地区人口整体教育水平和文化素质不高所带来的农村劳动力资源特点是一般劳动力边际产出低效率，而且过剩，在农村地区恰恰缺乏高素质、高边际生产率的劳动力，这也导致了贫困山区科技文化水平落后，自身发展能力受到了极大限制，这也使得农村劳动力无法有效转移。我国是典型的二元经济结构，根据刘易斯的发展经济学理论，二元经济最终实现现代化的渠道是通过农业部门向工业部门的劳动力转移，从而提高农业的边际生产率来实现。但是，对于贫困地区来说，劳动力转移面临着的一个重要的阻力就是人力素质水平低。其中有 1/3 的人不符合城镇大多数做对"具备初中以上文化程度、青壮年、健康劳动力"的要求，贫困地区劳动力的转移受到阻碍。并且在贫困地区，人口的快速增长与人力资本水平低下的现象共存，过剩的人口加大了资源和环境的压力，抵消了经济增长的成果，人力资本的不足则使得过剩的劳动力无法实现有效的转移，双重问题的作用加剧了农村贫困深度和广度。

(四) 基础设施薄弱

随着农村经济的快速发展，农业生产技术持续更新，人民生活水平不断提高，农村基础设施建设明显滞后，远远不能满足农业生产和农民生活的需求。目前，农民群众对新农村建设最为迫切的一个需求是有关民生改善的农村基础设施建设，包括村内道路建设、自来水供给、污水处理、河道治理、垃圾收集处理、改厕、路灯亮化、通公共交通、电网改造、有线电视。这说明随着收入水平的提高和生活的改善，农民对农村基础设施的需求不断增加，但现有的基础设施已经不能满足农民群众尤其是贫困地区人民日益增长的需求。

从道路交通方面来看，无论是村庄公路公里数、道路硬化程度贫困地区都落后于其他地区，全国 31 省选取 48 个贫困村测量出的公路里程数均值为 12.3 千米，远低于普通村庄 38.29 千米。同时道路的质量问题对贫困地区人民出行也有着较大影响，根据表 5 - 3 可以看出贫困地区道路硬化百分比的均值是 80%，贫困地区道路硬化百分比普遍较低，扶贫区道路交通状况整体落后于普通农村地区水平。

表 5-3　　　　　　　　2014 年部分贫困地区基础设施状况

贫困地区（部分省）	主干道路硬化比重（%）	使用净化水比重（%）	通电比重（%）
湖南	72.2	30.0	99.9
广西	52.6	34.7	99.7
重庆	39.7	28.9	99.9
四川	57.1	17.9	97.3
贵州	60.4	31.7	99.9
云南	48.4	27.5	99.0
西藏	51.6	21.3	87.8
陕西	75.9	38.2	99.6
甘肃	59.8	48.7	99.2
农村地区平均比重	80	66	100

资料来源：国家统计局农村贫困监测调查。

从饮水方面来看，贫困村饮用自来水这一较为干净卫生方式的比重比较低，低于平均比重66%，在表5-3中看到，贫困区安全饮水方面大致只有三成的左右的贫困家庭能够获得自来水，由于食用不健康的水质会引发一些疾病，这也使得农村地区的发病率上升，因此贫困村民饮用水质问题需要引起较大关注。

就目前情况来看，我国扶贫地区通公路、通电、通电话以及能接受电视节目的自然村比重基本接近全国农村地区平均值。实际上贫困区与城镇相差最大的是医疗基础设施以及相应的医护人员，截至2014年，部分地区如海南省贫困县拥有合法行医证的比重只有64.7%，仅81%的地区有医疗卫生站，而每万人拥有的医生人数仅为个位数，远远无法满足农村贫困地区医疗需求。虽然现阶段大部分农村人员参加了"新农合"项目，但是医疗器械、卫生状况，以及卫生室条件不达标，经济收入少，以及交通设施极其不方便，使得农户有病也无法得到及时有效的医治，因此贫困人口的健康仍然无法得到完全的保障。

而造成农村贫困地区基础设施落后的主要原因就是投入总量不足。金融支持是农村基础设施建设的主要资本来源，资金支持不力是制约农村基础设施建设的突出问题。现在金融机构推出的针对"三农"的金融产品不少，可是用于基础设施建设的太少，与城市相对于投入基础设施建设的资金比例更是偏小。农村大部分用于基础设施建设的费用都是来自政府的财政支出和各村（社区）的自筹资金，很少会向金融机构贷款或者是以成立专项基金的方式把资金用于基础设施建设，以及后续项目管理运作方面。这样容易导致资金不足，工程质量不能保证，基础设施的寿命大大缩短。

再就是缺乏统一规划。在农村基础设施建设中，由于缺乏统一科学的规划以及强有力的措施保证，设计时往往只考虑到当前的利益，没有用发展的眼光看问题，超前意识不强，致使农村基础设施建设远远不能满足未来、甚至是现有经济发展水平，在存量上与农业的发展不相适应，增量上也不能满足农业发展的要求。另外，还有村地区卫生室、乡村卫生院的医疗条件比较差，需要进一步改善。部分农村的文化、娱乐、体育设施建设标准低，严重滞后于城市。因此农村基础设施落后已经成为制约我国农村经济发展的一大障碍。

（五）扶贫资金使用单一

在使用资金方面，我国农业扶贫资金投入使用具有比较单一的特点，即政府投入农村扶贫的大量资金中基础设施建设占去了绝大部分，而对产业扶持以及文化教育投入所占比重较小。从图 5-4 中可以看出，政府扶持资金里有八成都用在了基础设施建设上，而用于文化卫生和产业扶持的比例比较低。虽然基础设施是农村发展的基础，但是农村基础设施建设是一项长期的工程，需要大量的资金投入，这反而造成了文化教育和其他方面资金投入被大量挤压。因此，必须尽可能地把外界输入的资金运用到具有较好的社会经济效益和发展前景的生产项目上，并通过市场经济机制实现产成品的商品化，使外界扶贫资金在发展农业商品生产过程中不断增值，从而实现扶贫资金"借、用、还"的良性循环。严格遵守"授之以鱼，不如授之以渔"的思想，资金投入建设基础设施并不是最终目的，检验一个金融扶贫模式能否取得长久的成效，关键是要看扶贫资金是否能够找到优质的扶贫项目，并通过相关的制度安排实现两者的有效对接。最终的目标是帮助贫困地区的人民走出一条自主脱贫致富的道路，因此必须减少扶贫中"只输血，不造血"的情况，太过单一的资金投入不仅增加了政府的负担，也让我国农村发展陷入困境，无法维持长期发展。

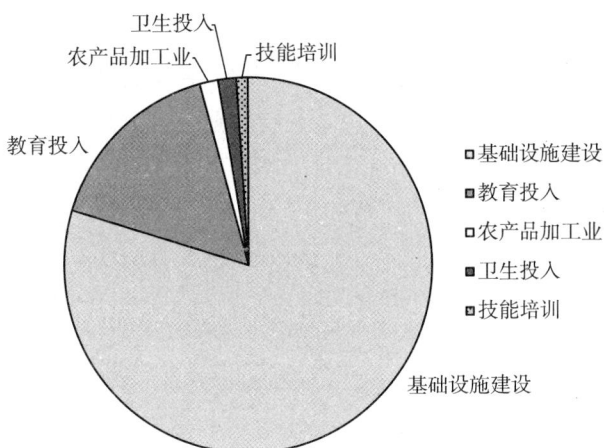

图5-4　扶贫地区县级扶贫资金主要投向

资料来源：国家统计局农村贫困监测调查。

三、农村金融扶贫体系的构成及问题

在国家"十三五"规划中明确了以精准脱贫为基本方略、推进扶贫开发，将越来越多的公共资源向农村地区倾斜，进而将缩小城乡之间、地区之间、群体之间的差距作为新时期的重要目标。其中，金融扶贫是扶贫开发事业的重要组成部分，需要大量的资金支持以及多样化的创新金融服务来帮助其稳定脱贫并实现可持续发展。金融扶贫是相对于财政扶贫而言的，目的是为解决长期困扰农村地区贫困人口贷款难的问题，通过信贷、保险等形式重点满足贫困地区、贫困人口的生产型金融需求，推动可持续扶贫模式的发展，提升贫困人群自我富足能力，通过为贫困地区和贫困人口创造更多的谋生机会，从根本上改变贫困地区面貌。

我国农村金融机构经过改革开放后 30 多年的发展，初步形成了五大类分工合作的农村扶贫金融体系框架：第一是以农业发展银行为主导的政策性金融组织，由国开行、中国农业发展银行等开发性和政策性金融机构组成；第二是以邮政储蓄和农业银行为代表的大型商业金融机构；第三是以农村信用合作社为代表的小微商业金融，其中还包括村镇银行、扶贫小贷机构；第四是以农村发展互助社为代表的合作性金融；第五就是民间金融机构组织。如中国扶贫基金会兴办的中和农信小额扶贫贷款机构和各类扶贫非政府组织（NGO）各有特点，相对应不同地域不同种类的扶贫事业。直接或间接、批量、稳定地对应服务于一定层次和类型的贫困户，初步形成了地域性的扶贫金融体系。

我国自扶贫开发以来取得了令世界瞩目的成就，贫困人口数量的快速下降固然值得肯定，但是在金融扶贫的过程中依然面临着扶贫资金渗漏、贷富不贷穷等不少问题。

（一）参与扶贫的金融机构业务市场发现能力有限，目标与职能相背离

现阶段虽然我国形成了五大种类的扶贫金融组织体系，但是其在支持农村金融市场发展上不同程度上地存在一些共性和个性问题。由于农业项目具有周期性、市场不稳定性以及易受自然灾害的影响，加之农村金融信息严重不对称和产权制度不完善，一般情况下带有风险大、收益低的特性，因此商业性农村金融机构对此有较大的排斥性。而且商业银行基本所有网点都集中在城市的经济中心或者人口密度较大地区，并经常以政企事业单位为主要目标客户，为使自身利润达到最大化，商业银行会缩减在农村地区效益差周期长的金融项目，转而投向那些经济收益高、风险相对较低的非农业生产部门，即使投放支农贷款也尽可能地选取那些有较大经营规模、经营状况良好的项目。农行等国有银行从 20 世纪 90 年代中后期加速实行"大银行、大城市、大行业"发展战略，逐步从县级市场退出，压缩基层经营机构。直接导致了四大国有商业银

行县及县以下机构网点只减不增，机构网点的撤销给农民带来了极大不便的同时，也导致了商业性金融机构在城市业务中的标准流程、产品和服务很难适应农村经济发展水平的要求需要。

中国农业发展银行作为促进我国农村经济的发展的主力军在扶持农业减贫项目上总是处于被动状态，一方面中国农业发展银行的资金主要来自于财政的划拨，但财政拨款的前提是要保证财政部收支的大体平衡，因此很有可能出现无法按时收到拨付款项，这就迫使中国农业发展银行转而向中国人民银行或者其他大商业银行贷款，筹资成本整体上升，收益更加单薄，为中国农业发展银行的可持续发展带来极大的负面影响。另一方面，中国农业发展银行本身不以经济利润为优先，因此，资助的大部分是发展能力还比较弱的农业项目，如粮棉油企业，其经营能力差的同时又没有较大还款约束力的限制，这使得中国农业发展银行的放款无法有效回收，截至 2014 年末中国农业发展银行不良贷款余额达到了 161.91 亿元。因此中国农业发展银行缺乏以市场化手段实现社会效益的可持续发展路径，提供的支持农业项目手段一直以计划性的直接投入为主，缺乏运用定价机制杠杆调控等市场手段提高资源配置效率。

农村合作性金融以及小微金融机构的职能出现偏离。这而这些机构应当是发展扶贫金融的主要参与者，为农村地区注入资金的供给者。尤其自 1996 年农村信用合作社的改革以来，一直未出现较明显的成效，最终也走上商业化的道路。农村信用合作社的商业化倾向使得其不断追求盈利，再加上产权不明晰以及信用合作社人员合作意识不强，大量资金直接流向了收益高的非农部门。最终扶贫金融组织机构的这些问题制约了中国农村经济多层次发展，无法满足农村金融多元化需求。

（二）金融产品服务与农村金融需求不相适应

目前，我国农村金融市场以银行类信贷为主，保险证券等的发展相对滞后。随着现代农业的发展，农村信贷市场产品和服务方式创新不足，无法有效与农村金融需求相匹配的问题不断凸显，单纯依靠信贷市场融资成为农村生产经营主体面临的共同问题。虽然我国也有不少农村地区的小额信贷覆盖面积超过了90%，但是由于缺少相应的投资项目以及机会，农户大多都采取比较保守的形式，即更偏向于储蓄，很少问津各类金融产品。目前我国农村地区对于信贷、证券、担保三个市场中涉及两个或两个以上的地区非常少，信贷、证券和保险没有形成相互结合、互为补充的发展局面。其中，证券市场在农村地区的发展几乎为零，导致了农村直接融资市场发展落后，影响了农村扶贫地区企业获得更多资金支持以及进一步扩大生产。

另外，关于保险服务方面，我国农业抵押担保发展一直滞后于农村贫困地区金融需求，与之相对应推出的金融保险产品种类是少之又少。农业抵押担保机构能够为农户及农村中小企业投资农业生产提供资金担保或者抵押贷款担保，并且对因风险造成的损失按比例进行补偿，因此农业保险的发展是保证扶贫金融的可持续发展的重要基石。但是，在我国针对贫困农户的小额贷款中，只有在农村金融体系建设比较完善的省区或市县才有免抵押免担保信用贷款服务，并且这些保险产品的费率，保障的内容，保险产品基本属于"一刀切"的情况，没有差异性以及多样化作保障，很大程度上难以满足农村地区发展需要，担保机构的经济效益自然而然也会低下。据统计，2014年我国政策性农业保险保费收入仅为农业总产值的3.2‰，覆盖面积仅占耕地面积的1/4[1]，对农业生产的保障能力有限。而发达国家在农业保险制度方面就比我国完善得多，例如美国在2014年经过国会批准颁布了新的农业保险法案《食物、农场及就业法案》，不仅将保险额度提高，还扩大了承保范围，增加农业保险产品种类，加大对农业的财政支持力度。其农业保险政策具有目标明确、划分详细、覆盖面广以及执行到位的特点。相比较，我国的农业保险制度相当不完善，是政府今后需要给予高度重视的方面。

（三）我国金融监管制度不适应扶贫金融发展要求

我国现阶段对农村金融机构监管的方式主要还停留在"一行三会"

---

① 谢凤杰、吴东立、陈杰：《美国2014年新农业法案中农业保险政策改革及其启示》，载《农业经济问题》2016年第5期。

的监督制度下对照着商业银行监管标准制定相应政策，但是这些机构对草根级的农村扶贫金融机构并不熟悉，不能完全掌握其相应的金融发展程度、金融环境以及相应的金融机构状况。以一个较为片面的方式去控制农村扶贫金融机构的风险。而且农业本身易受自然灾害的影响，市场价格波动比较频繁，风险必然居高不下。如果机械化地照搬针对城镇金融机构的监管法则，对农村市场准入门槛进行严格控制，就严重打击了农村扶贫金融机构的积极性。虽然政策中一直强调增加地方监管机构的数量，但是过长的管理链条以及受编制人员数量的严格控制，我国农村监管体制建设金融受到了阻力。目前来看，部分县只有分监管办事处，办事处工作人员平均只有 8 名（见表 5－4）。

表 5－4 　　　　　　　甘肃省临夏州金融监管部门人员情况

	分支机构数量（个）	从业人员（人）	每个机构平均人数（人）
政府金融办	9	48	5.3
州人民银行	6	229	38.2
州银监分局	7	51	7.3

资料来源：中国农村扶贫金融体系建设调研报告。

另外，我国的金融监管法严重与现今农村经济发展不相符合。我国金融监管立法主要包括了《人民银行法》《商业银行法》《保险法》《证券法》及《银行业监督管理法》等，但是这些法规中的很多条款框架太过于简单，不深入细致，也就缺少了较大的可行性。尤其农村地区的很多金融服务产品都没有相对应的法制化，不利于农村金融有序发展。而发达国家，如美国单独对农村金融机构运行进行了法律上的规范，例如《联邦农场贷款法》和《联邦信用合作社法》，相应的农村监管机构有全国信用社监管局、信用行业协会等，而且这些机构主体独立，明确分工，为农村金融的发展法制化奠定了基础。

（四）农村扶贫金融机构发展结构不均衡并且发放贷款力度不够

根据最新的《2015 中国区域金融运行报告》，各地区新型农村机构基本保持快速发展势头（见表 5－5）。2015 年末，全国村镇银行、农村资金互助社、贷款公司、小额贷款公司总数达 11893 家，较上年末增长17.7%。农村地区金融服务覆盖率进一步提高，农村资金互助社和小额贷款公司在西部地区所占比重最大，但是村镇银行以及贷款公司依然集中在东部地区，并且根据人民银行统计的小额贷款公司分地区情况显示整个西藏自治区仅有 12 家小额贷款企业，占全国总数的 0.1%，贷款余额 6.38 亿元，占总贷款余额的 0.06%，而仅江苏省一省的小额贷款机构数量和贷款余额占全国百分比分别为 7.1% 和 11.27%，金融区域结构发展严重不协调，地区化差异明显。

表 5－5　　　　　　　　2015 年末新型农村机构地区分布　　　　单位：%

	东部	中部	西部	东北	全国
村镇银行	34.1	29.2	26.4	10.3	100.0
贷款公司	40.1	13.3	33.3	13.3	100.0
农村资金互助社	27.1	20.8	31.3	20.8	100.0
小额贷款公司	28.1	20.5	35.1	16.3	100.0

资料来源：2015 年中国区域金融运行报告。

随着精准扶贫整的深入推进，正规金融机构每年都在增加支农的贷款数量，但是贷款数量的增长明显落后于农村经济增长的速度。根据农业银行发布的年度业绩报告（见图 5－5）显示，2011～2015 年的县域贷款数量从 17263 亿元增加到 28602 亿元，绝对值增加了 8110 亿元，但是贷款在增长幅度上却呈下降趋势，年增长率从 2011 年的 15.50% 降低至 2015 年的 7.9%，削减了将近一半。并且支农贷款数量占总贷款数量比率在近两年不仅没有增长反而出现了下滑，从 2014 年的 32.7% 下降到 31.2%。说明农业贷款和其他产业贷款数量相比在增量上并没有明显的优势。

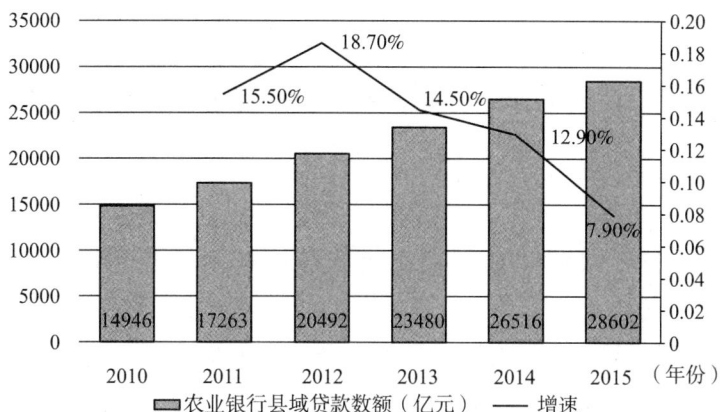

图 5 – 5　农业银行县域贷款

资料来源：根据中国农业银行 2011~2015 年度报告整理。

而作为支农主力军的农村信用合作社，为农村地区提供 80% 的资金，存在着放贷不均衡、不稳定的现象，如人民贵州分行向农信社系统发放的支农再贷款规模由 2011 年的 74.3 亿元上升到 2014 年 155.5 亿元，支农再贷款成为贵州省金融扶贫贷款的重要资金来源①。但目前尚无专门的扶贫再贷款，支农再贷款难以满足贫困农户的需求。近几年来，由于惠农政策力度的不断加大，不少人钻法律的空子通过农信社贷款并用于非农业用途，支农资金流向发达地区，致使农村地区金融"失血"严重，农村金融面临生存与发展的考验。

因此，现阶段中国农村金融受到金融机构发展不完善，金融服务与需求不相匹配，金融监管制度滞后以及放贷力度不够几个方面问题的制约。我国扶贫农村金融发展正处于起步阶段，需要大量的资金以及多元化的服务来加快脱贫的步伐。但是农业的信贷增长率一直落后于其他产

---

① 中国农村扶贫金融体系建设小组：《中国农村扶贫金融体系建设调研报告》，2015 年。

业信贷增长率，并且农业资金外流严重，资金缺口巨大。因此，完善农村金融扶贫体系，开设多样化的金融服务需求，结合精准扶贫政策已成为我国解决"三农"问题的重要课题。

第二节　农村扶贫与农村政策性金融制度的关系

一、农村政策性金融在农村扶贫中的主体性地位

目前我国脱贫攻坚的重点在农村，贫困地区和贫困人口是"三农"问题中最突出的短板、弱势领域中最薄弱的环节，迫切需要政策性金融发挥主导性作用，执行政府意志，弥补市场失灵，提供资金和智力支持。由于商业性金融制度的功能不健全，导致了我国的扶贫"攻坚战"异常艰难。市场失灵现象经常出现在我国农村金融市场，竞争机制不完善以及信息披露不完全也使这些地区成为了商业金融排除的主要对象，也缺少了获得金融资源的权力从而产生经济贫困，这条路径在农村贫困中十分典型。而农村政策性金融则能够国家保障农村社会强位弱势群体金融发展权和金融平等权，是一种特殊制度安排。它是指在一国政府的扶持和鼓励下以农村金融资源配置的社会和理性为最大目标，以政府政策性扶植的农村地区强位弱势群体为金融支持对象，以优惠的存贷利率或信贷、保险或担保的可得性和有偿性为条件，在专门法律的保障和规范下进行的一种特殊性资金融通行为和制度安排。农业政策性金融制度所涉及的农业项目一般是商业金融所排斥的，作为治疗市场失灵以及辅助强位弱势群体的有效工具，是促进我国农业发展全民奔小康的主力军，其重要作用是无可替代的。

　放眼世界，各国也通过建立各具特色的农业政策性金融制度对农业价格、贸易、基础建设等方面进行多种方式的支持。如美国的农业政策性金融机构由农业信贷管理局（Farm Credit Administration）、联邦土地

银行（Federal Land Banks，FLBs）、联邦中期银行（Federal Intermediate Credit Banks）等农业政策性金融机构，其特点主要是以市场机制为基础，并且机构独立性较强，分工明确没有业务交叉。日本也有着发达的农业政策性金融制度，其中，农林渔业金融公库为农业的各个项目提供资金上的帮助，与商业性金融有着严格的划分。泰国的农业合作银行（BAAC）在其农业发展中起着辅助的作用，和商业性金融业务有所交叉。印度通过"绿色革命"逐步建立起了以印度农业和农村发展银行为主的农村金融发展体系。世界各国重视农业政策性金融制度发展的实践，说明了符合本国国情的农业政策性金融体制能够保证农村政策性金融机构职能的有效发挥，协助县域地区政府提高农作物产量，改善农民生活条件，增加农民收入，推动市场化发展，对农业发展各领域发展都有着重要作用，是商业性金融和合作性金融不可替代的。

近几年随着我国对农业发展以及扶贫的重视度越来越高，自 2004 年至 2016 年连续十三年发布以"三农"为主题的中央"一号文件"，强调了"三农"问题在中国的社会主义现代化时期"重中之重"的地位。在 2016 年中央"一号[①]文件"中重点提出要大力发展农村扶贫金融体系建设，发挥发挥国家开发银行优势和职能作用，加强服务"三农"融资模式创新，强化中国农业发展银行政策性职能，将其定位为"政府的银行、支农的银行、补短板的银行"，加大中长期"三农"信贷投放力度，长期支持贫困地区改善生产生活条件。借助农村政策性金融的力量来推进农业供给侧结构性改革，转变农业发展方式，增加扶贫精准度，实现"因地制宜"的农村金融发展。"十三五"时期是我国全面建设小康社会的重要阶段，作为实现全民奔小康的道路上，农业政策性金融制度肩负着重要职责，中国农业发展银行行长祝树民表示："依据国务院扶贫办下发的政策性金融扶贫合作协议以及农业发展银行'十三五'时期金融扶贫规划，未来五年内将加强与国家扶贫机构的合作，

---

① 国务院：《关于落实发展新理念加快农业现代化实现全面小康目标的若干意见》，2016 年。

将时间、力量以及多方面资源集合起来，加大对贫困地区重点区域以及薄弱环节的投放力度，保守估计投入资金量将不会低于 2 万亿元，以加快脱贫致富的步伐。"① 可见，农业政策性金融是实现我国全面奔小康不可缺少的一部分。

二、农村政策性金融精准扶贫的作用机理

（一）政策导向和资金扶持作用机理分析

农村政策性金融最基本最重要的功能就是对特定对象或地区进行政策导向以及资金扶持，也是商业性金融以及合作性金融所不具有的特性。在我国的扶贫大开发过程中，由于经济效益低下以及商业金融机构缺少对该地区实际金融发展状况的掌握，商业性金融基本都将其排除在外。在精准扶贫阶段内，各个省市的相关地区建档立卡，将贫困农户的家庭基本情况、生产经营、收入以及享受的国家优惠政策都经过核实后登记造册，进行电子备档。各地区的支农政策性金融机构通过电子档案以及实地考察能够掌握当地第一手贫困状况，将本身掌握的信息优势，结合相关政策，调拨资金，准确对该地区的产业以及对象进行扶持。因此，只有政策性银行才能够做到根据不同时期不同地区结合本地区域发展政策，准确大量投放信贷资金，解决信息不对称所带来的市场失灵。其作为一种公共产品，实行多样化的资金优惠政策，在消除特定地区贫困时能够对症下药，切实能够做到中央要求的"对象精准，项目精准，资金精准"，并且政策导向和资金扶持作用主要体现在以下两个方面：

第一，政策资金扶持能够有效地优化贫困地区产业结构。一般贫困地区的发展方式依旧是依靠耕种来维持最基本的生活。再加上这些地区交通、通信等基础设施相当落后，也就没有发展其他产业的动力。地方

---

① 李丹：《中国农业发展银行：发挥骨干作用　探索扶贫新路》，载《中国金融家》2016 年第 2 期。

政府在出资修建基础设施的过程中经常出现财政吃紧，或者入不敷出的局面，此时政策性金融就起到了支撑作用。一般情况下，由于扶贫地区一般生产方式较落后，因此受到的产业污染也会相对较小，一般水和空气质量比较高，因此政策性机构可以积极支持全国旅游扶贫景区及其周边旅游扶贫重点村旅游设施，以及连通景区与贫困乡村的道路、车站、码头及停车场等基础设施建设，支持贫困村、贫困户依托贫困地区特有自然人文景观发展乡村旅游或参与旅游产业脱贫致富促进扶贫地区金融市场化发展。贵州铜仁地区在 2014 年时与国开行建立金融贷款合作关系，得到国开行授信资金 33.2 亿元，产业涉及生态茶、生态畜牧业、中药材、食用菌、精品水果、乡村旅游等。减少第一产业所占比重，加大第三产业比重，使本地区农民工返乡后能够依靠本地的发展就业，降低农村地区苦难户的返贫困率，真正能够实现"脱贫成效精准"。

第二，政策以及资金支持还可以促进贫困地区农业发展方式转变。政策性金融机构可以帮助农村落后地区建设特色农业产业化集群培育工程，提升农业经营水平。即推动现代农业经营模式，培育现代农业经营主体，树立扶持龙头企业和农民专业合作社就是扶持农业和农民的理念，针对区域的不同特性发挥粮食资源优势。河南省农业发展银行分行在发展的 21 年中对适宜发展畜牧养殖地区如黄河沿岸进行集中投资，推动当地牛羊肉产业的发展，持续建设奶牛、牛肉、生猪、家禽等现代畜牧产业化集群。对于贫困县较为集中的信阳地区进行无公害、绿色、有机茶园基地建设，推广生态有机茶园管理新技术，规范栽培技术，推动茶园机采、机修和机耕水平的提升。通过政策性的贷款以及补助，农村贫困地区能够积极发展特色农业，走现代化种植道路，带动农业产业的优化升级，实行精确帮扶、精确管理的治贫方式。

（二）"聚合效应"作用机理

在农业政策性机构的引导下，能够有效利用金融资源聚合效应，可以聚集和统筹贫困分散资金，集中力量办扶贫。由于扶贫攻坚资金需求巨大，根据国务院扶贫办估算，在"十三五"期间，贫困户发展生产、贫困地区发展特色产业、贫困村基础设施建设的信贷资金需求高达2万多亿元。而单个商业性金融机构贷款数额有限，并且信贷投资比较分散，难以集中力量办大事。与此相比较，政策性金融可以通过央行再贷款、同业定期存款、金融债券、财政存款等多种工具和手段（见图5-6），把分散在贫困地区各个领域、各个环节和各类主体的资金聚合起来，为贫困地区发展集中提供大量的资金来源。同时，聚合效应，还体现在三个方面：一是长短期资金的组合。政策性金融机构可以充分利用债券、短期存款等短期资金，满足贫困地区长期大额资金需求。比如贫困地区的建设性贷款需求、长期生产性贷款需求等。例如，湖南省农业发展银行分行在2014年对武陵山和罗霄山连片特困地区的长期贷款余额达到了237.6亿元①，并且按照"集中连片栽、集中连片种、集中连片养"的思路，在适宜的区域，实行整村、数村、整乡、数乡连片开发，每个产业集中建设产业重点县和万亩重点乡镇。二是跨期资金的互换。政策性金融机构可以通过扶贫项目过桥贷款、扶贫项目收益权抵押贷款等方式，将贫困地区未来的收入提前至当期使用。三是跨区域资金的调剂。政策性金融能够实现资金在不同区域间的统筹使用。

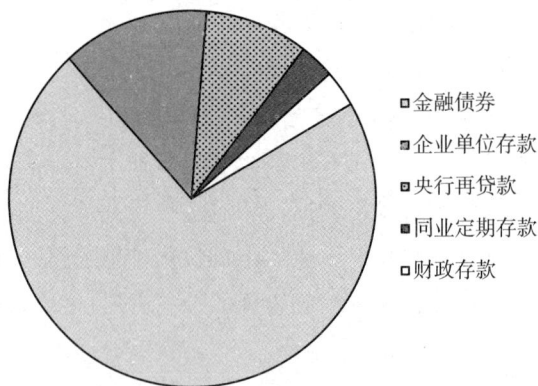

图5-6 2014年农业发展银行资金来源

资料来源：中国农业发展银行2014年度报告。

① 中国农业发展银行：《中国农业发展银行2014年度社会责任报告》，2014年。

（三）吸虹扩张效用作用机理

在农村金融扶贫过程中，依靠财政拨款等无偿或者优惠性补贴来促进农村经济发展并不是最终的目的，最终的目标是能够促使农村经济自主走向市场经济可持续发展的道路。但是由于农村开发特色产业前景在刚开始时比较不明朗，很多的商业性金融机构会直接判断为该投资领域无利可图，从而将其排除在外。这时必须通过政策性金融作为中间桥梁来引导商业性金融对农村地区进行投融资，凭借其较高的信誉以及雄厚的资金实力为商业性金融机构指明投资方向，即所谓的吸虹扩张效应。农村政策性金融市场和计划结合到一起，在扶贫金融发展的初始阶段，其作为主导性机构帮助扶植第一、第二、第三产业发展，进行基础设施建设。随着农村地区运输、通信等设施在政策性金融机构帮助下建立完善，相应的地区特色农业发展逐渐有了起色，商业性金融机构会根据情况调整投资预期，将目标瞄准发展潜力较大的农村金融区域，届时资金的流入将会是政策性金融机构最初投资的数倍，资金实现了良性循环，达到了以小博大的一种效果。

三、实现农村政策性金融精准扶贫的方式方法

虽然近几年来我国农村地区金融发展速度不断加快，但是一些偏远的贫困区域发展仍然受到多种因素的制约。因此，政策性金融领导下的精准扶贫实际上肩负着政策性以及开发性的职责，需要政府、商业性机构、合作性金融与农村政策性金融机构共同合作，有机协调配合，不断深层次地挖掘扶贫地区金融需求，逐渐引导金融扶贫区域市场化运作。精准扶贫提出的"扶贫对象精准、项目安排精准、资金使用精准、措施到户精准、因村派人精准、脱贫成效精准"的"六个精准"，要求农村政策性金融在实施扶贫的方式要坚持区分不同类型、不同对象、不同层次、不同领域，发挥政策性金融制度的政策性导向和资金扶持效应、聚

合效应以及吸虹扩张效应，营造一种宽松的金融环境，制定多样化的服务。目前关于农村政策性金融精准扶贫的方式大致分为三大类，分别是特色信贷投放、资金扶贫及代理保险。其中以特色信贷投放以及资金扶助为主，政策性金融保险发展相对落后。

（一）投放特色优惠贷款

政策性金融机构的主要特点就是能够以优惠的利率为扶持对象提供资金来源。为保证扶贫事业不间断发展，农业发展银行在全国金融系统率先成立了扶贫金融事业部，并且以"条件特惠、保本不盈利"为准则，2015 年的短中长期贷款利率均低于市场利率 0.25 个百分点（见表 5-6），为扶贫攻坚提供有资金方面的优惠。一般农业政策性金融机构将特色贷款投资于以下几个方式进行发放：

表 5-6　　　　人民币贷款基准利率调整（2015 年 10 月调整）

单位：年利率%

项目	中国农业发展银行调整后利率	国开行调整后利率	现行利率
短期贷款	4.35		4.6
中长期贷款（1~5 年）	4.75		5
中长期贷款（3~5 年）	4.75	4.9	5
5 年以上	4.9		5.15

资料来源：根据农业发展银行和国家开发银行年度报告整理。

1. 自主单独投放贷款

自主单独投放放款的方式一般多用于集中对贫困地区大型基础设施的建设。由于区域基础设施和城镇市政公用设施对显著改变贫困地区生产、生活条件具有重要的基础性作用。习近平总书记在实地考察中也明确指出了："基础设施建设对于贫困地区就有很强的先导作用，多通一条管道，多修一条公路就能给群众打开一扇脱贫致富的大门。"因此农业政策性金融机构都会高度重视集中连片特困地区和国家级贫困县的基础设施及小城镇市政设施建设，全力支持脱贫区城乡一体化建设，新型城镇化、农村路网和生态环境建设，支持涉农棚户区改造和农民集中住房建设、农村人居环境建设，电网改造、饮水安全工程、文教卫生公共设施建设。国家开发银行以及中国农业发展银行近几年在基础设施方面投入资金数额巨大，截至2015年11月末，国家开发银行累计支持逾100万亩高标准农田建设，发放贷款21.6亿元，贷款余额21.1亿元，以农业基础设施建设项目为主的中长期农业贷款余额约为436亿元，占全部农业贷款余额的70%。中国农业发展银行在2014一年中累计发放农村路网、农村公共设施、农业生态等农业开发和农村基础设施建设贷款538.31亿元，支持项目371个。新建或改建农村道路1.45万公里，新建或改扩建供排水设施459个，新增污水处理能力14万吨/日，电站总装机容量30万千瓦，中低产田改造2.55万亩，新增林地5070亩。因此，强大自主的政策性金融集中放贷是保证大型基础设施建设的坚实后盾，能够有力推动农业经济的发展。

2. 与村镇商业性银行合作

在农村经济发展中由于政策性金融机构依据大政方针来决定信贷的投放方向，其中缺少了很多针对性，很难做到"项目安排精准、措施到户精准、因村派人精准"这几个方面，而村镇银行是贯彻落实普惠金融的重要窗口，在支持县域经济、推动小微企业发展方面发挥着重要作用。政策性银行可以选择向农村信用合作社以及村镇银行进行注资控股（见图5-7），解决部分贫困地区村镇银行信贷不足的问题，鼓励其推进农村支付服务环境建设，加快银行卡助农取款服务点行政村全覆盖工作，偏远农村各项支农补贴发放、小额提现、转账等基本服务需求，以消灭金融服务盲区，尽可能实现基础金融服务不出村、综合金融服务不出镇（乡），帮助真正落实"滴灌式扶贫"。截至2014年末，国家开发银行控股村镇银行13家，参股2家，总资产人民币153.1亿元，贷款余额人民币72.5亿元，其中，农户贷款余额人民币15.8亿元，小微贷款余额人民币49.9亿元，受益农户达到2万户。其中，有5家村镇银行分支机构正式开业，服务农户和小微企业的能力进一步增强。但是政策性银行在此过程中只对村镇银行提供资金来源，并监督村镇银行强化基础管理，加强风险防范以及提高金融服务水平，并未干预村镇银行的决策以及独立运营。

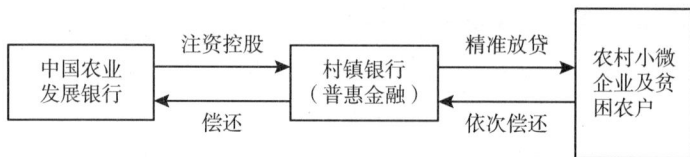

图 5 - 7　农村政策性银行与村镇银行合作扶贫模式

3. 银政企多位一体发展

为保证贫困地区能够建立起发展特色产业的龙头企业，并由龙头企业带动其他相关产业的发展，可以对银政企多方资源进行聚合，以推动农业融资体系的创新。例如，为推进城乡一体化发展，浙江省国家开发银行与省住建厅进行合作，以批发的方式支持贫困乡村和农户发展特色产业，促进持久脱贫。探索建立以"管理平台、融资平台、担保平台、公示平台、信用协会"为主要内容的"四台一会"贷款模式，通过发挥财政资金的杠杆作用和开发银行的批发融资优势支持贫困农户发展生产。通过政府的协调，农业龙头企业的带动、担保和保险公司的信誉，政策性银行的智融，有效解决了农村地区发展的共性问题[①]。而中国农业发展银行则是推出了"五位一体"的融资发展新模式，针对扶贫龙头企业、农民合作社、种养大户、家庭农场等新型农业经营主体，探索出一条全新的"政府 + 中国农业发展银行 + 龙头企业 + 村民理事会 + 农户"的融资运作模式，即：农户按照自愿、有偿、风险自担的原则向政府申请专项扶持资金，政府扶持资金通过国资公司承贷后直接划到农户使用，银行信贷风险由政府兜底，贷款收回由加工龙头企业在农户交售原料时帮助收回的方法，向特色产业发展较为好的县域，累计发放新农村建设专项贷款 5000 万元，从而在一定程度上化解了政府、龙头企业、

---

① 张承惠：《中国农村金融发展报告》，中国发展出版社 2014 年版。

银行、农民等各方在推进新农村建设过程中的矛盾，进一步解决了加快新农村建设过程中农民贷款难问题。

4. 银政合作

政策性金融促进贫困地区经济发展的过程中离不开地方政府的帮助和支持，而地方政府为保证当地龙头企业带动区域发展，也需要政策性金融的大力扶持，因此"银证合作"为银行信贷下乡扶贫提供了必要的对接基础。国家开发银行与国务院扶贫办在2014年签署了开发性金融扶贫合作协议，共同探索支持贫困乡村发展特色产业、扶贫小额信用贷款等精准扶贫的方法和模式。还与国家民委共同研究提出支持武陵山片区发展的意见及实施方案，并与湖北、湖南、重庆、贵州签署合作协议，推进片区扶贫开发试点工作。并先后与贵州、四川、广西等多个省区签订扶贫攻坚合作备忘录，不断创新扶贫开发体制机制，全面推动扶贫开发工作。

另外，由于多数贫困地区环境恶劣、生态脆弱、不具备基本的生产和发展条件，一方水土养不活一方人，因此农村政策性金融机构和当地政府合作实行易地扶贫搬迁，帮助在深山区、石山区、荒漠区、高寒区、地方病多发区的农村贫困人口搬迁至新的区域进行安置。自2015年6月末，贵州省中国农业发展银行就推出了扶贫生态移民工程贷款，尽力先将受地质灾害威胁的农村地区贫困人口移居至安全地带，总共发放6.4亿元，建设安置房10781套。截至2015年11月末，中国农业发展银行贵州分行总共已审批贷款项目85个，审批金额561亿元，用于支持贫困搬迁人口90.97万人，其中建档立卡贫困人口130万人，易地扶贫搬迁贷款余额达160亿元，易地扶贫搬迁贷款余额呈现快速增长态势。因此，银政合作的异地扶贫搬迁模式不仅有效解决了贫困农户搬迁中的资金问题，帮助移居至新的区域后可利用当地的资源发展优势产业，同时还强化了农村政策性银行的职能作用。

(二)　资金扶助

由于农村政策性金融目标是保证经济效益和社会效益最大化，因此，除为农村经济发展提供特色信贷之外，还可以通过资金扶助的方式开展智力精准扶贫和支持社会公益项目。前者最常见的方式是助学金的发放，贫困地区发展缓慢的一个重要社会性系统性因素是教育的落后，贫困文化所产生的消极影响延缓了农村地区经济的发展，无法利用现代知识去改造当地落后的面貌。因此，通过政策性金融机构发放助学金坚持金融社会化的理念和方法，帮助贫困家庭的子女完成高等教育，在毕业后即可就业反哺家庭实现脱贫，阻断贫困的代际传递。国家开发银行联合教育部门探索建立了"政府主导、教育主办、开发性金融支持"的助学贷款模式，通过加大建档立卡贫困人口的支持力度，扩大国家助学贷款的受惠面，弥补国家助学贷款领域的市场空白和缺失，实现可持续发展的助学贷款模式。另外，政策性金融机构还可通过干部培训和扶贫开发专题培训，以"融智"的理念支持地方经济社会发展。

在社会公益项目方面，政策性金融机构资助贫困地区修建学校以及村镇敬老院，并为这些地方提供计算机、衣物以及图书等物资，还主动免除一些特困地区基础设施建设和发展当地特色产业贷款费用，以积极履行社会责任的态度，开展扶贫济困。

（三）农业政策性保险

农业政策性保险是重要的风险防范以及控制工具，能够有效减少农业生产中发生的各类自然灾害，进而保障农业生产顺利进行，因此，农业政策性保险农业发展有着重要的意义。并且，建立农业保险制度不仅是市场经济发展的客观要求，也是降低农业风险、提高农业抵御自然灾害能力的重要手段[1]。完善的农村政策性金融制度不仅具有政策性融资功能，而且还具有相应的农业政策性保险（担保）功能[2]，即通过互助社、农信社等专门机构为农户提供灾害和风险补偿，在此过程中不应以

---

[1] 陈德萍：《国外农业保险经验借鉴与中国政策性农业保险制度完善》，载《国际经贸探索》2012 年第 6 期。

[2] 王伟、于漾：《完善农村政策性金融功能研究》，载《经济纵横》2012 年第 12 期。

盈利最大化为目标，并且政府应当给予适当的资助。农业在实际发展中具有高风险、长周期、低收益的特点，我国现阶段的农业保险是通过商业性金融机构实行的，而精准扶贫中的农村小微企业以及农户在支付保费方面有一定困难，因此，大部分商业性的农业保险没有成功实现可持续运营，这就意味着必须依靠农村政策性金融的担保职能来推动农村保险发展。虽然在 2004 年、2005 年、2007 年及 2008 年的中央"一号文件"中均提出了建立农业政策性保险试点，但就目前来看，无论是制度还是法律体系都发展较为缓慢，我国当前的政策性农业保险是以试点的模式进行的，各省市自主建立相应的保险模式，没有完整的全国农业保险以及再保险机制。例如，在山东省滨州市联合人保财险、中华联合、安华农险和泰山财险等公司对沾化冬枣、阳信鸭梨、邹平山药、博兴白对虾等独具特色的特色农产品进行投保，以求实现精准投保。广东省河源市于 2016 年上半年开始逐步推进对家禽、生猪和岭南特色水果三大类政策性保险，其中，纳入岭南特色水果险种的品种包括香蕉、龙眼、荔枝、木瓜，其中政府承担 80% 的保费，农户负责 20%。但是大部分省市的投保区间、费率、可保范围、缴费方式等都较为固定，缺少灵活性，没有囊括区域特色的农业项目，也就无法精准对贫困区农产品进行承保，农户依然面临很高的自然风险和市场风险。

而发达国家普遍实行的是多层次农业保险发展模式，例如美国的联邦农作物保险体制由联邦农作物保险公司（RMA）、私人农业保险公司以及农险代理人三个层次组成，日本实行的是"相互会社制"，即基层的农业共济组合、中层的农业共济组合联合会以及高层的中央政府共同担负起农业保险运营。纵观这些发达国家实行的农业政策性保险模式，根据眼下农村精准扶贫现状，我国可采用多位一体的农业政策性金融保险制度，即由农村政策性金融机构作担保，通过建档立卡采集到的扶贫电子信息，符合条件的农户及小微企业可向商业银行进行贷款，发生风险时由政策性银行、商业银行以及相关政府部门共同承担，其中政府可通过注资或者提供保险补贴的方式参与，保险过程中各机构之间可实现优势互补，实现社会效益和经济效益最大化。

第六章

社会组织视角下农村政策性
金融制度建设

以往的相关研究多数偏重于农村政策性金融机构自身或政策性金融制度本身，而基于社会性的组织化和系统化的分析还有待进一步深入。基于此，本章围绕社会学分析农村政策性金融制度的创新性视角，试图从社会组织的角度，去尽量还原各类农村政策性金融组织在发展中出现相关问题的一般性组织机理，并基于社会组织系统化的视角探析背后的组织原因，最后有针对性地提出建议。为此，本章先针对不同的农村社会组织，运用契合性更强的组织社会学理论体系的子理论（如有限理性、合法性机制和信号理论等）尝试性进行了分析；在此基础上通过社会组织系统化视角的综合分析，认为组织目标的理性原则被满意原则替代等是造成农村政策性金融创新不足的组织原因，而政府相关政策的信号不强等是造成其发展滞后的直接原因；最后提出各类农村社会组织推动农村政策性金融改革发展的政策建议。

第一节 农村社会组织对农村政策性金融
影响作用的社会学分析

在现代社会中最有代表性的群体形式是社会组织。社会学研究的社会组织主要是指狭义的组织，即为了实现特定的目标而有意识地组合起来的稳定的社会群体及合作形式，如企业、政府、社会团体等。在现行的农村政策性金融体系中，实际上对其发挥着直接或间接作用的社会组织主要有如下几方面：一是金融组织，如作为政策性银行的中国农业发展银行、面向"三农"经济的中国农业银行、作为支农主力军的农村合作金融机构（包括信用社、农商行或农合行）、邮政储蓄银行和相关经营农业保险的保险公司等，它们是农村政策性金融产品和服务的主要供给者；二是政府组织，包括中央和地方两级政府以及相关的职能管理部门，从组织分工看，中央政府是农村政策性金融制度的主要供给者和监管者，而地方政府则是农村政策性金融的主要执行者和协助监管者，另外地方政府在农村政策性金融的组织、执行和落实过程中起着较为重要的作用；三是中介组织，如行业协会或商会，从国内外的实践看它都显示了巨大的中间纽带作用。上述组织也是农村政策性金融制度的主要承载体。

一、农村金融组织与农村政策性金融发展

依据交易成本经济学视角下的组织理论，由于有限理性、不确定性、投机性倾向和"小数现象"这几方面因素的存在，承担农村政策性金融社会责任业务的农村金融机构组织比纯粹的"看不见的手"市场更有效率，交易成本也更低。20 世纪 70～80 年代，威廉姆森的交易成本学派理论的基本思想，也就是市场和组织间的选择实际上是随着交易成本的变化而变化的。本节主要讨论作为政策性银行的中国农业发展银行、面向"三农"经济的中国农业银行、作为支农主力军的农村合作机构（包括信用社、农商行或农合行）和相关经营农业保险的保险公司金融机构等农村政策性金融制度的组织承载者，对于农村政策性金融发展的作用和相互关系。

（一）有限理性视角下中国农业发展银行对农村政策性
金融发展的作用和影响

1. 中国农业发展银行支持"三农"经济的基本情况分析

中国农业发展银行是农村政策性金融组织体系的正式结构，也属于
非营利性组织（NPO），理应成为组织社会学的研究对象之一。社会组
织的结构既包括正式结构也包括非正式结构，正式结构是社会组织的主
要结构。组织的正式结构是包含了权力结构的职能结构体系，这个结构
的基本特点是层级之间、部门之间、成员之间相互关系和行为的合规则
性。中国农业发展银行是直属国务院领导的我国唯一的一家农业政策性
银行，按照组织结构的类型，属于直线—职能型的组织结构，即这种组
织形式强调自上而下的行政主管的统一领导，同时也注意发挥职能系统
在专业、技术方面的作用。

中国农业发展银行自 1994 年成立发展到现在已经走过了 20 多个年
头，从发展层次上看经历了三个阶段，一是 1994～1998 年的建行初期
阶段，在该阶段主要办理粮、棉、油、肉、糖等农产品的国家专项贷款
等业务；二是 1998～2004 年的收购资金封闭管理阶段，即专司粮棉油
收购信贷资金供应和管理工作，主要办理粮棉油收购贷款、储备贷款、
调销贷款等业务；三是 2004 年至今处于多方位、宽领域支农阶段，主
要办理粮棉油收储贷款，农村基础设施建设贷款，农业综合开发贷款，
新农村建设贷款，县域城镇建设贷款，农业产业化龙头企业贷款，农产
品加工企业贷款，农业科技贷款，农村流通体系建设贷款，农业小企业
贷款，农业生产资料贷款等业务。从业务种类的逐渐转型、日益丰富与
多元化，可以看出中国农业发展银行在过去的发展中取得了一定的发
展，且中国农业发展银行认为其"为农业和农村经济社会全面协调和可
持续发展发挥了重要作用"，并"有效发挥了在农村金融中的骨干和支

柱作用"①，总体的自我评价是满意的。但比较而言还存在以下一些问题：

（1）支持农业经济发展的总体规模偏小，远不能满足"三农"经济的发展需要。截至 2012 年末，主要金融机构及主要农村金融机构、城市信用社、村镇银行、财务公司本外币农村贷款余额 14.54 万亿元，②占全部金融机构本外币贷款余额 67.3 万亿元的 21.60%，其中，农户贷款余额 3.62 万亿元，占比 5.38%；农业贷款余额 2.73 万亿元，占比 4.06%。同期中国农业发展银行人民币各项贷款余额 2.18 亿元，增长 16.5%，占全国人民币各项贷款余额 62.3 亿元之比仅为 3.49%。而同年农业增加值占全年国内生产总值的比重为 10.1%。可见，农业贷款余额占各类贷款余额的比重偏低，不足 5%，而农业发展银行作为我国唯一农业政策性银行，对农业的支持规模严重偏小即可窥见一斑。而据 2011 年美国银行家协会公布的数据显示全美农村银行的数量是 2185 家，其为农业部门提供了一半以上的信贷支持。

（2）业务品种虽日渐丰富，但仍然以传统的粮棉油收储贷款为主，农村小企业贷款等新型品种占比较小。据农业发展银行公布的资产业务的种类共有 32 项（具体如下一节的表 6-1 所示），从这 32 项业务的简介中可以看出，全部的资产业务都是面向企业而没有针对个人的产品或业务。其中，涉及粮棉油糖等收储贷款的共有 20 项，约占了六成，而从这些业务的介绍中可以看出，该类贷款实际上都是政府指定或要求具有某种资质，被授信的企业实际上要具有一定的规模或背景，这类业务属于重点调控和管理的范畴，具有一定的行政性和计划性。还有六项属于银行业组织资产负债管理的资金营运业务，比如同业拆借、债券回购等，严格地说这属于银行类金融机构的为了解决自身资金头寸的流动性或市场收益而开办的业务，而不属于农业发展银行直接支农惠农的业务

---

① 详见中国农业发展银行官网"我行简介"（包含企业视频和文字介绍），以及 2013 年年报。

② 该数据来源于 2013 年 1 月 24 日央行发布的《2012 年金融机构贷款投向统计报告》，其后的农户贷款余额和农业贷款余额来源同上。

范畴。对于最后的六项业务比如农业小企业贷款业务、农业科技企业贷款业务等是真正面对广大"三农"经济的核心业务,但据业内人士分析,这些业务在实际操作中在客户规模等准入性门槛方面比较高,比如农业小企业贷款业务,通常一个县里面基本上只有县里的化肥厂或者农业局下属的种子公司才具备某种条件有可能获得,可见即便农业发展银行的农业小企业贷款业务实际上在广大农村地区都是规模较大的企业,更不用说农业生产资料贷款业务和农业产业化龙头企业贷款业务等这些产品所面对的客户。正如笔者在 2016 年对 103 家政策性银行及其分支机构的调研中,有 101 家政策性银行的分支机构认为其所服务的主要客户群体是国有企业,占比 98.06%。从实际业务发展情况看,2012 年累放各类贷款 12647 亿元,其中累放粮棉油收储贷款 5456.3 亿元,占比 43.14%,累放农村基础设施建设贷款 2604.60 亿元,占比 20.59%,而近几年累计发放的农业小企业贷款每年平均在 80 亿 ~ 100 亿元左右[1],占比大约在 8%。

(3) 乡镇级的金融服务载体相对缺失,发展模式亟待创新。截至 2010 年末,在岗员工 50786 人,各类机构 2159 个,其中,总行 1 个,总行营业部 1 个,省级分行 30 个、省级分行营业部 30 个、地(市)分行 303 个、地(市)分行营业部 176 个、县级支行 1618 个。[2] 从现有中国农业发展银行的组织架构看,中国农业发展银行在乡镇一级的广大农村地区尚没有分支机构,而镇级分支机构的缺失从客观上造成了支农力度不足、偏向于"垒大户"和难以广泛地支持农户等问题的产生。正如帕金森定律所指出的那样,以提高组织等级为目的的组织膨胀会导致组织运行的低效率和官僚主义。因此,如何驱动农业发展银行进行持续的全方位的产品和服务创新,以及确保创新出的系统化的产品在乡镇级这个神经末梢能有效地发挥出来,最大限度地为"三农"经济提供贴

---

① 从已经公布的历年农业小企业贷款累放数据看,该指标 2007 年为 83 亿元,2008 年为 105 亿元,2009 年为 101 亿元,2010 年为 84 亿元。

② 数据来源于中国农业发展银行官网的该行 2010 年发展主要情况。

近乡镇级的、贴心农民的政策性金融供给是一个十分重要的问题。

2. 中国农业发展银行的组织因素分析

从上面的分析中可见，中国农业发展银行的业务发展已经形成了一定的路径依赖，一是习惯于同政府背景的企业发生业务，即"靠政府"；二是习惯于同大型或者龙头企业做业务，即"傍大款"；三是习惯于在现有存量客户范围内上发生新业务，即"垒大户"。这三个"习惯于"，表面上看是农发展自身的创新与开拓精神相对缺乏，但从组织社会学的视角看，中国农业发展银行的诸多问题实际上与自身所处的组织制度环境、组织目标原则被替代等原因有较大的关联关系。具体的组织原因分析体现在以下几个方面：

（1）组织目标的理性原则被替代为满意原则。

20 世纪 50 年代，郝伯特·西蒙提出了有限理性的概念，其大致含义是指由于人们加工信息的能力是有限的，因此人们没有能力同时考虑面临的所有选择，导致无法按照充分理性的模式去行动，最终无法总是在决策中实现效率的最大化。有限理性理论的核心思想：一是人们决策中所考虑的选择并非所有，而只是考虑了其中的部分选择；二是人们并非同时比较所有的选择，而是按照二选一的方式依次比较性选择；三是人们选择的原则并非理性的最大化原则而是满意原则。就中国农业发展银行而言，实质上其是以支持农村经济发展为目标的理性原则被替代为通过对具有某种或某类资质企业（通常是具有政府背景）支持而获得自身稳健发展的满意原则。

（2）合法性机制对农业发展银行的影响。

政策性金融组织发展的制度环境缺乏有效的合法性机制的引导和支撑。全社会（包括政府在内）对政策性金融的重要性尚未形成被社会公众所认可的共享观念或共享认知，从而造成农村政策性金融组织行为缺乏有效的信号传递机制；制度学视角下的组织理论强调法律制度的规范与约束。中国农业发展银行组建 20 年来，相关法律法规不甚完善乃至缺失，一度影响了中国农业发展银行的依法运营与可持续发展。在世界各国，农业政策性银行一般都有专门的立法。制度学派认为企业在受技术环境影响的同时，其实还受到制度环境的影响，也即所谓的组织都是制度化的组织，是受法律法规、文化期待、社会规范和共享观念等多元制度性因素影响的组织。制度学派重点关注了合法性机制等问题的研究。此处的合法性不仅仅指国家的法律法规，而更多强调在被社会所认可基础上的一种权威关系。合法性机制是指那些导致或引致组织采取合法性组织结构和行为的观念力量，其核心是社会的法律制度、文化期待、管理制度成为被人们广为接受的社会事实，具有强大的约束力量，并规范着人们的行为。

（3）科层制的组织结构对中国农业发展银行的影响。

运用韦伯的科层制组织理论也可解释和分析中国农业发展银行的内部机制建设问题。韦伯的科层制组织理论的核心是组织活动要通过职务或职位来管理。为了实现一个组织的目标，要把组织中的全部活动划分为各种基本的作业，并作为公务分配组织中的各个成员。同样，在中国农业发展银行内部，各种公职和职位是按照职权的等级原则组织起来的，每一职位都有明文规定的权利和义务，并形成一个指挥体系或阶层体系。组织中人员的任用完全根据职务上的要求，通过正式考试或教育训练来实行。管理人员有固定的薪金和明文规定的升迁制度，是一种职业化的管理人员，他必须严格遵守组织中规定的规则和纪律，这些规则和纪律不受个人情感影响而在任何情况下都适用。组织中人员之间的关系完全以理性准则为指导。虽然中国农业发展银行的科层制有利于规范员工的工作行为，具有一定的约束性，但随着中国农业发展银行业务活动和社会组织的发展，该组织的缺点也日益暴露：组织比较机械，难以适应环境变化；没有考虑组织中人的心理、个性和感情，实际上把人当成组织中的一个机器零件，容易压制职工的积极性和创造性，缺乏一定的激励机制。

可见，组织目标的理性原则被满意原则替代是中国农业发展银行支农规模偏小并与农业经济基础地位不相匹配的直接原因，而客户普适性不足、基层组织缺失是有限理性组织行为的具体体现，同时中国农业发展银行的科层制组织结构也是造成其创新发展动力不足的制度性原因。

中国农业发展银行组织因素的具体分析（见表 6 - 1）。

表 6 - 1　　　　　中国农业发展银行组织因素的分析与比较

类别	粮、棉、油、糖等收储贷款（共 20 项）	面向农业产业系列的贷款（共 6 项）	金融同业（共 6 项）
产品名称	中央储备粮贷款 地方储备粮贷款 粮食调控贷款 粮食收购贷款 油料收购贷款 粮食调销贷款 粮食加工企业贷款 油脂加工企业贷款 粮油流转贷款 粮食合同收购贷款 粮食仓储设施贷款 棉花流转贷款 棉花调销贷款 储备棉贷款 棉花收购贷款 棉花预购贷款 棉花良种贷款 棉花企业技术设备改造贷款 商业储备贷款 国家储备糖贷款	农业生产资料贷款 农业产业化龙头企业贷款 农业小企业贷款 农业科技贷款 农村基础设施建设和农业综合开发贷款 农村流通体系建设贷款	同业拆出 债券买卖 债券逆回购 票据转贴现 票据逆回购 同业存款存出
客户定位	或具有了政府指定的特许权，或要求具有某种较高资质，或具有一定的规模优势比如行业龙头的企业等	从事农、林、牧、副、渔业从事种植、养殖、加工、流通的各类所有制和组织形式的企业	银行同业客户
突出问题	具有一定的行政性和计划性，基础性的市场调节作用不明显；由于准入门槛等因素影响导致客户群在很大程度上受限；缺乏市场化机制下针对广角客户的产品或服务创新	在实操过程中，"垒大户"的现象突出，客户群较少，受众基本上还是以当地规模较大或最大的企业为主，由于县级以下网点缺失导致对个人客户的直接服务功能上是基本缺失的；更缺乏针对小规模客户群、个人客户的产品或服务创新	不属于直接支农的业务

类别	粮、棉、油、糖等收储贷款 （共 20 项）	面向农业产业系列的贷款 （共 6 项）	金融同业 （共 6 项）
组织 因素 分析	以支持农村经济发展为目标的理性原则被替代为通过对具有某种或某类资质的企业的支持而获得稳健发展的满意原则；缺乏合法性机制（包括社会的共享观念、信号传递错误等）的引导和支撑；对农村政策性金融发展的重视或注意力投入不够	没有充分考虑政策性金融组织与政策性金融市场的有效替代关系，造成了整个政策性组织（市场）体系的不完善，导致对农民个体、农业工作者或小微农业企业主的金融需求不够重视，另外，注意力的投入也不足；组织缺乏为更多的个体农民客户进行持续创新的机制和动力	对组织行为缺乏一定的制度制约、信号传导，导致投机性行为的产生

（二）制度学派视角下中国农业银行对农村政策性金融发展的影响

1. 中国农业银行服务"三农"经济的实证分析

中国农业银行的前身是 1951 年成立的农业合作银行。20 世纪 70 年代末以来，相继经历了国家专业银行、国有独资商业银行和国有控股商业银行等不同发展阶段。2009 年 1 月，农行整体改制为股份有限公司。2010 年 7 月，分别在上海证券交易所和香港联合交易所挂牌上市。该行作为中国主要的综合性金融服务提供商之一，其目标是致力于建设面向"三农"、城乡联动、融入国际、服务多元的一流商业银行。

（1）农业银行服务于"三农"经济的产品功能分析。

从表 6 - 2 可以看出，农业银行服务于"三农"具有完整的产品和服务体系，具体来讲，个人类的产品和服务有五大项，公司类的产品和服务有九大项，另外还有针对县域中小企业的产品和服务十大项。但从实证的数据看，丰富的产品和服务体系的背后却是与之完全不相对应的支农业绩。2011 年底农户贷款 1345.35 亿元，公司类农业贷款余额不足

2200 亿元①，粗略计算农业银行"三农"类贷款余额大约在 3500 亿元
以下②，占全行同期各项贷款余额 56287.05 亿元的 6.28%，占同期全
国人民币各项贷款余额 47.9 万亿元的 0.876%，不足 1%。

表 6 - 2　　　中国农业银行"三农"产品和服务体系的比较分析

个人类"三农"产品和服务（五项）	公司类"三农"产品和服务（九项）	县域中小企业服务产品体系（十项）
金穗惠农卡 惠农信用卡 农户小额贷款 地震灾区农民住房贷款 农村个人生产经营贷款	县域中小企业动产质押融资 农业产业化集群客户融信保业务 季节性收购贷款 县域商品流通市场建设贷款 化肥淡季商业储备贷款 农村城镇化贷款 农村基础设施建设贷款 农民专业合作社流动资金贷款（福建分行） 森林资源资产抵押贷款（福建分行）	县域中小企业应收账款质押融资业务 县域中小企业产业集群多户联保信贷业务 县域中小企业特色农产品抵押贷款（黑龙江分行） 县域特色中小企业多户联保贷款（湖南分行） 仁怀市白酒中小企业信贷服务方案（贵州分行） 小企业简式快速贷款 小企业自助可循环贷款 小企业多户联保贷款（山东分行） 中小企业厂房按揭贷款（厦门分行） "金光道 - 园区"小企业产品（重庆分行）

（2）农业银行对农业贷款的惜贷行为分析。

2011 年末中国农业银行发放的农业类贷款余额不足 3500 亿元，占
全行同期各项贷款余额仅为 6.28%，不足 10%，这一系列数字与服务
于"三农"经济的十多项产品的金融体系不相对应，更不用说，该行
在县域金融的存贷比仅为 43.64%，低出全行总体的存贷比 58.49% 近

---

① 根据农行 2011 年年报公布的统计数据，农行没有直接公布农业贷款的具体余额，而
只是在公司类贷款的明细中以"其他贷款"（包括农林牧渔业、教育业、住宿和餐饮业等三个
行业的贷款）的名义公布该类贷款余额为 2166.39 亿元，仅占公司类贷款的 5.4%；而在个人
贷款中公布了农户贷款余额为 1345.35 亿元，仅占个人类贷款的 9.4%。

② 农行在 2011 年的年报中将县域金融业务等同于"三农"经济业务，实际上这个说法
很牵强，因为该行在 2011 年的三农类贷款余额不足 3500 亿元（计算方法如前所述），而在县
域金融业务中介绍县域公司类业务贷款余额就有 11899.92 亿元，另外县域个人类业务中农户
贷款余额为 1078.25 亿元。

15 个百分点，这 15 个百分点对应了整整 8488 个亿，相当于一个中等规模的城市商业银行的贷款规模。而据 2011 年美国银行家协会定义的农村银行，是指被美国联邦储蓄保险公司承保，而且其国内农业贷款占国内贷款的比例要大于或等于 14.61% 的银行机构，其当年该类银行的数量是 2185 家，为农业部门提供了一半以上的信贷支持。

2. 中国农业银行服务"三农"经济的组织因素分析

（1）弱化的合法性机制与效率机制相背离是造成组织目标与实际支农业绩不匹配的根本原因。

制度学派认为企业在受技术环境影响的同时还受到制度环境的影响，组织都是制度化的组织，是受法律法规、文化期待、社会规范和共享观念等多元制度性因素影响的组织。合法性机制是指那些导致或引致组织采取合法性组织结构和行为的观念力量，而社会的法律制度、文化期待、管理制度一旦成为被人们广为接受的社会事实，就具有强大的约束力量，并规范着人们的行为。由于合法性机制与效率机制在某种程度上存在矛盾，因此组织常常将内部运作和组织结构单独分离开来。在合法性机制的约束下，中国农业银行建立了较为完善的面向"三农"的组织架构和产品体系，如设立有"三农"政策与规划部、农村产业金融部和农户金融部等①，共有 20 多项面向"三农"的产品（见表 6-2），但支农业绩却十分令人担忧。从金融组织自身看，支持农业的盈利水平相对较低且风险较高。因此，在"农业"银行较为弱化的合法性机制和"商业"银行的效率机制相矛盾的情况下，农行将实际的内部运作与正式的组织结构实现了分离，正式结构只具有象征意义，对内部运作没有实质性作用，最终造成与产品体系或组织结构极不相称的支农业绩。

（2）追求组织利益最大化是出现农业贷款惜贷行为和信息披露投机行为的直接原因。

一是合法性机制视角下农行对农业贷款的惜贷行为明显。农行的支

---

① 详见中国农业银行 2011 年年报，组织结构图，第 136～137 页。

农业绩与其服务于"三农"经济的 20 多项产品的服务体系不相适应，与其"致力于建设面向'三农'、城乡联动、融入国际、服务多元的一流商业银行"的目标不相对应，更与农业大国的地位不相匹配。具有强制性的合法性机制理论告诉我们，组织行为一旦被主要的或普遍的社会组织关注，该行的惜贷行为是不能被社会共享观念所接受的。二是在追求组织利益最大的过程中，组织行为的投机性倾向表现也比较突出。农行作为上市银行，追求自身的商业利益最大化责无旁贷，但是将"县域金融业务"在一定程度上等同于"三农"经济业务①，这种"偷梁换柱"的做法属于利用金融组织自身的信息不对称优势欺瞒社会公众的投机行为。从信号理论看，全社会对农业金融之于国家的战略重要性尚没有形成较为明确的、可操作的习惯性关注路径，对金融组织的农业贷款余额严重偏低这个重要信号的敏感度也有待提高。

（三）社会关系网络视角下农村合作金融机构对农村政策性金融发展的影响

从农村合作金融机构的产生背景和发展历史看，无论是尚未改制的农村信用社，还是业已转制的农商行或农合行，毋庸置疑，它们都是农村政策性金融的重要执行者。具体说来，第一，服务的对象主要是以农村区域的农民为主；第二，合作制金融的产生与政策性金融的功能是同宗同源的；第三，农村合作金融机构在促进农村政策性金融的发展层面具有先天性亲近、便捷等优势。但是，农村合作金融组织也往往受到政治制度的影响，在中国则更多地受到地方政府的左右。社会学家刘世定（1999）的研究也指出，成立农村合作基金会之后，低层政府在政绩工程投资饥渴下，会表现出软风险约束的行为特征，因此带来的金融风险可以通过"借助行政手段吸收存款""向下届政府转嫁""向上级政府转嫁"来规避和转嫁。

---

① 详见中国农业银行 2011 年年报，第 59 页。

1. 结构洞视角下农村合作金融机构支持"三农"的独有优势分析

结构洞理论认为,社会关系网络是一种社会资本,如果人们能够成功地运用自身的社会网络,将更大程度地改变自身的生活际遇。社会关系网络具有以下功能:一是网络宽广的人们将会获得更多的信息;二是网络的大小决定了信息传递的速度和内容的完整性;三是网络具有推荐的作用。从效率的角度看,重复性的网络是低效率的,而在资源稀缺性的条件下,能够打通各种异质信息群体的信息源通常是有效率的,最有效的社会关系网络是充满了结构洞的网络,而结构洞是没有重复信息源的中心网络。从组织网络结构看,农合机构具有以下优势:一是规模大。2011年末主要农村金融机构(农村信用社、农村合作银行、农村商业银行)人民币贷款余额7.83万亿元,占全部金融机构人民币各项贷款余额63.0万亿元的12.43%。二是网点多。至2011年9月末,全国有农商行134家,农合行214家,农信社法人机构2914家,有近8万个农村信用社网点遍布乡镇。三是有充足的人手。截至2011年11月底,全国农村信用社共有机构网点7.7万个,约占全国银行业机构网点总数的39.5%,从业人员73.9万人,约占全国银行业从业人员的24%。四是贡献大。发放的涉农贷款占全国各银行业金融机构的1/3,发放的农户贷款达到全国的78%,承担了近80%的金融机构空白乡镇的机构覆盖。网点数量、从业人员、贷款覆盖面都高居各银行类机构首位。①

2. 嵌入性理论视角下农村合作金融机构支持"三农"的战略组织选择优势

嵌入性理论认为中型企业与两家银行合作的最佳组织结构不是完全依赖与某一家银行、同时完全不与另一家合作,而是与这两家银行保持着一家"亲密型"关系、另一家"疏远型"关系的最佳方案,也即完全的嵌入型的组织设计是低效率的。2003年以来农村金融改革建立了以省联社为主的管理机制,十多年来暴露出省联社在管理中出现了一定

---

① 此段数据来源于山东农村信用社联社理事长宋文瑄2011年在农村信用社60年发展历程暨金融服务产品博览会开幕式的讲话。

程度的缺位或越位等现象①。从嵌入性的视角看，农合机构可以在与省联社保持紧密型关系的同时，再与另外的组织保持疏远型的关系，而农合机构与生俱来的人手足、网点多等优势，实际上恰好同农业发展银行形成互补的优势，从服务客户的终端属性、目标定位和宗旨等多方面看，它们又有着惊人的相似，而不同的仅仅在于一个仅仅在县级及以下地域有经营和管理机构，一个又仅仅在县级及以上地域有经营和管理机构；一个是在具体某项业务层面缺乏具体的、更加可操作的或更高层次的统筹管理和指导，一个是没有乡镇级的分支机构可以指导和统筹，这些特点和共性都使得中国农业发展银行与农信社（农商行、农合行）的合作共赢是"命"中注定的。因此，农合机构最具备与中国农业发展银行合作互动的先天优势。

但应该指出的是，农合机构与中国农业发展银行合作的组织模式应该坚持权变理论为指导。权变理论的核心观点是：由于组织的最佳结构取决于组织具体的环境条件、技术、目标和规模等，在组织的内在要素和外在环境各不相同的情形下，不存在适用于任何情景的原则和方法。它通过对组织各子系统内部和各子系统间的相互联系以及组织与和环境间的联系进行分析，进而确定各种变数的关系和结构。全国来看，东中西部的发展层次与水平有较大差别，在区域内经济二元结构、南北经济发展不平衡等特征明显。如2012年底广东农信的存款余额超10000亿元，而山西农信不足5000亿元，"珠三角"的顺德农商行资产规模在1500亿元左右，而粤北的梅县信用社不足100亿元。从权变理论看，农合作机构与中国农业发展银行的合作模式应坚持因地制宜多元选择的权变决定模式。

3. 社会网络视角下"知根知底"的草根型农合机构在风险防范方面具有一定差异化优势

农村合作金融机构的信用活动大多是紧密的关系型借贷，在一定程

①　国内部分省联社对辖内具有独立法人资格的农合机构提出全省统一企业标识（LO-GO）等管理要求。

度上有利于中国农业发展银行信用风险的防范和规避。农村合作金融机构是直接面向广大农户的农民合作性金融组织，与农民有着天然的联系，具有广泛而稳定的社会关系网络。正如新经济社会学领军人物格兰诺维特于20世纪80年代提出的有关经济组织的社会学问题：社会关系总是渗透于各个经济企业间的，经济组织和个体经济行动者一样是受社会关系网络的限定。社会关系网络理论认为，人们的行为不完全是由追求利益最大化的目标而决定的，因为人们所处的具体的、产生有效影响的社会关系网络实际上更大程度地影响了人们的行为，更进一步地，社会关系网络的不同结构以及个人所处的网络位置的不同也会使人们产生不同的行为。博特认为，社会关系网络是一种社会资本，最有效的社会关系网络是充满了结构洞的网络。在农村金融资源稀缺性的条件限制下，能够打通各种异质信息群体的信息源通常是有效率的。因此，农村合作金融机构在长期以来建立起来的亲密型社会关系网络，能够有效地影响农户的信用行为，保障中国农业发展银行信贷资金的安全偿还。

（四）科层制组织理论视角下农村保险组织对农村政策性金融发展的影响

保险体系作为金融体系的一个重要部分，在日常的经济社会生活当中扮演者极其重要的保险和保障作用，这一点在广大的农村区域也毫不例外。但就农村社会的现实看，农村地区的保险却表现得很不给力。具体来说，一是普及面最大的2009年国务院启动试点工作的新型农村社会养老保险（以下简称"新农保"）；二是部分的商业性保险机构在农村开办的农业保险；三是少部分农民工在城市打工购买的城镇职工基本养老保险；四是少部分农民通过完全市场化手段购买的商业性保险机构的人寿保险。在此我们着重就前两者进行深入的讨论和分析。

1. 农村社会养老保险与农村政策性金融的发展

（1）对我国社会养老保险发展历史的简单回顾。

新中国成立以来，我国社会保障事业的发展主要可以分为三个阶段：一是以劳动保险为主的社会保障形成阶段（1949~1978年）；二是以社会保险为重点的社会保障改革探索阶段（1979～2002 年）；三是以统筹城乡为目标的全面发展和制度创新阶段（2003～2009 年）。尤其是进入 21 世纪以来，党中央、国务院提出了"到 2020 年，覆盖城乡居民的社会保障体系基本建立，人人享有基本生活保障"的目标。截至 2011 年底，农村新型社会养老保险参保人数为 32643.5 万人，总体覆盖面为 60%；基金收入为 1069.7 亿元，人均缴费 327.69 元。另外，全国参加城镇职工基本养老保险人数为 28391 万人，其中农民工参保人数为 4140 万人，比 2010 年末增加 856 万人。总体来看，农民参与保险体系的参与率不高，主要的原因一方面是由于意识相对落后，但更重要的还是缺钱，而缺钱的关键在于农村金融机构在金融创新方面的缺位。

（2）新时期部分农民在参加新农保时存在资金短缺问题。

2009 年 9 月国务院颁布了《关于开展新型农村社会养老保险试点的指导意见》，意见指出：第一，从 2009 年起开展新型农村社会养老保险（以下简称"新农保"）试点，2009 年试点覆盖面为全国 10% 的县（市、区、旗），以后逐步扩大试点，在全国普遍实施，2020 年之前基本实现对农村适龄居民的全覆盖；第二，新农保基金由个人缴费、集体补助、政府补贴构成。个人缴费标准目前设为每年 100 元、200 元、300 元、400 元、500 元 5 个档次，地方可以根据实际情况增设缴费档次。假设一个家庭三口人，每年每个人缴费 300 元，则全家在新农保的投入约为 1000 元，15 年共缴纳的新农保资金就大概为 15000 元。在实际推行过程中，这个额度对于部分贫穷的农民来讲，无疑还是比较大的一笔开支，一定程度上讲，资金短缺的问题也阻碍了新农保的进一步推广和国家惠农政策的进一步实施。可见，"新农保"在实际运行过程中所出现的资金短缺问题，实际上成为完善农村社会养老保险体系的中梗阻因素，用老百姓的话说就是"没钱，啥事也办不了"。

2. 农业保险与农村政策性金融的发展

近年来，农业保险在各级政府政策的大力支持下保持了较快发展势头。2003 年，党的十六届三中全会明确提出"探索建立政策性农业保险制度"，这标志着我国农业保险的第三轮试验开始。2009 年中央"一号文件"明确提出"加快发展政策性农业保险，扩大试点范围，增加险种，加大中央财政对中西部地区保费补贴力度，加快建立农业再保险体系和财政支持的巨灾风险分散机制，鼓励在农村发展互助合作保险和商业保险业务"。目前，政策性农业保险组织形式向多元化方向发展。在鼓励人保、中华联合等全国性保险公司积极开展政策性农业保险的同时，自2004年以来，保监会先后批准了黑龙江阳光农业互助保险公司等5家专业经营农业保险的公司。此外，浙江等地结合本地农业发展特点，在"政府推动＋市场运作＋农民自愿"原则的指导下，采用"共保经营"和"互助合作"两种方式，开展政策性农业保险试点工作。经营政策性农业保险的保险组织形式主要有：股份制的商业保险公司形式、专业农业保险公司、农业保险合作组织、政策性农业保险公司、外资或合资农业保险公司等。总体上看，政策性保险经营主体日益丰富，并形成向多元化发展的态势，推动我国政策性农业保险稳步向前迈进。但从数据上看，农业保险的发展却十分令人担忧。2011年，农业保险的保费收入为174.0亿元，占财险收入的比例仅为3.64%，赔款和给付支出为81.8亿元，赔付率46.99%。可见农业保险的发展规模较低，其原因还在于农业的高风险、高亏损导致的高赔付率，以及由此产生的低供给、低投保和低覆盖率等。

3. 农村保险组织的组织因素分析

（1）农业保险的高赔付率是导致其成为农村政策性金融发展短板的根本原因。

近年来，农业保险在各级政府的大力支持下保持了较快发展势头。2003年党的十六届三中全会提出"探索建立政策性农业保险制度"。2009年中央"一号文件"提出"加快发展政策性农业保险，扩大试点范围，增加险种"，并"鼓励在农村发展互助合作保险和商业保险业务"。但从数据看，在近20种财险中，农业保险的赔付率处于较高水平[1]。

（2）农村社会养老保险发展缓慢的根本原因在于金融创新相对

---

① 2010年该指标高达70.63%，为当年所有财产险种赔付率的最高值。

缺位。

21世纪以来，党中央提出了"到2020年，覆盖城乡居民的社会保障体系基本建立，人人享有基本生活保障"的目标。从实际情况看，农民对保险体系的参与率不高的原因，一是由于意识相对落后，二还是因为缺钱，而缺钱的关键在于农村金融机构在金融创新方面缺位。对此，笔者亲历了2009年广东省佛山市南海区政府通过与农信社积极沟通，通过金融模式的创新妥善地解决了部分居民一次性补缴社保金的资金短缺问题，说明破解农村社会养老保险发展缓慢的根本路径在于金融模式创新。具体的金融模式创新的选择路径将要在政策建议部分详细论述，在此暂不展开。

（3）等级森严的科层制组织是造成农村保险发展相对滞后的组织原因。

从以上关于农村保险的分析中我们可以发现，无论是农村社会养老保险还是农业保险，作为金融市场的需求方都存在金融需求无法满足的问题，这就说明金融供给方提供的金融产品或服务存在供给不足的问题。为什么一个群体的金融需求长期没被满足但金融供给方却一直迟于金融创新？回答这个问题可能需要我们回到韦伯的科层制正式组织理论来分析。从总体上看，我国农村政策性金融供给的组织主要是代表着国家利益或隐性国家利益的、具有正式组织的金融机构，诸如农业发展银行、农合金融机构或者"三农"类的保险机构等，这类机构虽然因业务领域不同而具有不同的组织结构，但是这些不同的组织结构的背后却有一个共同的特点，就是这类机构大体都属于正规的金融组织，具有较为森严的等级制度，属于真正的科层制组织。而科层制组织虽然在组织发展的初期起到了规范组织中各部门快速发展等作用，但是随着外部市场发展的日趋复杂和灵活多变，这种具有较为森严等级制度的金融组织，越来越不适应金融市场的需求，农村金融市场的变化也大体如此。因此，如何在现行的金融组织框架下，兼顾金融组织按照农村金融需求市场的变化而灵活、有效、快速地进行金融创新成为一个十分重要的课题。因为从组织结构上看，等级森严不宜变化的组织还是相对结构稳定但受市场变化较大的灵活组织，是区别于组织创新的显著性因素。

二、信号理论视角下政府组织对农村政策性金融发展的重要作用

斯宾塞（1974）认为有效的信号需要满足两个条件：一是不同类型的人的信号成本不一样，二是高能力的人愿意选择这种方式。周雪光（2013）提出组织趋同的两个条件：一是发出信号的成本和企业的地位、差异性（如规模）有关系；二是好的企业愿意采纳这一信号，因为它们对制度环境的压力更敏感。根据社会组织的职能，帕森斯将其分为四类：经济生产组织、政治目标组织、整合组织和模式维持组织。其中，政治目标组织是形成和部署社会的权力的组织，政府机关是其代表。政府组织包括中央和地方各级政府。因此，农村的繁荣发展离不开农村政策性金融的支持和促进，而如何应用金融的支持作用以最有效的方式发展农村经济，这本身就考量中央政府对农村政策性金融的金融战略意识和战略执行能力，同时也考验着广大农村区域地方政府的金融服务意识和区域金融的整合能力。

（一）中央政府对农村政策性金融的推动与发展

中央政府在善用信号理论对农村政策性金融进行引导和监管方面有较大空间。金融是一种资源，而且是一种战略资源，政策性金融作为与商业性金融平行的金融制度，在推动社会经济发展等方面的作用，从古今中外来看，都是十分重要的。从目前看，农村政策性金融实际上是缓解社会贫富差距、缩小城乡差距、实现共同富裕的最重要的支撑点和着力点。然而，从《中华人民共和国国民经济和社会发展第十二个五年规划纲要》、《全国现代农业发展规划（2011～2015 年）》等关于"三农"发展的规划性文件中可以看出，尚没有将"农村政策性金融"作为推动农村经济发展的必要的、不可替代的、战略性的金融资源性动力，甚至在诸如此类的规划中还没有明确地将"农村政策性金融"作为一个

名词提出来。近年来，虽然有提及通过金融支持经济的作用实现精准扶贫等政策措施，但总体上高层组织（如中央政府）对"发挥政策性金融在促进或改善社会合理性方面的重要作用（信号引导作用）"等类似这样的提法不多，并没有上升到社会持续发展和增进社会合理性的高度来认识这个问题。

从组织社会学信号理论的角度看，连最高层的组织（中央政府）尚没有采用"农村政策性金融"这个对农业、农村和农民发展起着十分重要作用的重要名词（信号），或没有将政策性金融的重要性提高到增进社会合理发展的高度去认识和实践这个问题，这无怪乎监管部门将更多的注意力倾注在了金融业自身风险，而较少关注涉农类贷款、县域经济业务视同于三农经济业务等统计指标的准确性和科学性等方面，更容易理解作为追求自身利益最大化的金融组织创新意愿不强、偷换支农贷款概念等行为的根本原由。因此，从组织信号的角度看，中央政府应该更多地关注政策性金融对于农业、农村和农民的重要的支持和支撑作用，并利用自身的、最强的影响力去引导全社会（包括社会学者、普通民众、金融组织和金融监管单位在内的）高度的、持续的关注。

（二）地方政府对农村政策性金融的推动与发展

地方政府在推动农村政策性金融发展的重要作用分析。地方政府的金融服务意识是该地方能否实现科学可持续发展的关键因素，一个在综合战略性管理上成熟的地方政府所必备的关键素质之一就是理解金融、懂得金融和善用金融。具体讲就是能够深刻理解金融与经济的互动关系、并积极探索具体的切入点和抓手，通过功能性载体的调整和选择来发展本地区社会和经济。更具体地说，目前通过如何支持当地的农村金融机构，发挥它们的支农积极性，是地方政府将不得不面对、不得不解决、不得不重点关注且具有历史使命意义的课题。尤其是在工、农、中、建行等国有银行大举股份制改革、产权升级并业已上市等大背景下，在广大农村区域坚守着支农作用的仅有农信社，而且农信社的产权总部就在当地。因此，作为地方政府应该积极支持当地农信社的发展，积极接洽县级中国农业发展银行分支机构与农信社的合作共赢，以踏踏实实的步伐支持农村经济发展、支持农民实现共同富裕、巩固农业地位的稳定。

三、交易成本视角下中介组织对农村政策性金融的独特作用

交易成本学派认为，由于有限理性、不确定性、投机性倾向和"小数现象"等因素的存在，组织往往比市场更有效率，这意味着承担农社会责任业务的农村金融组织比"看不见的手"的市场更有效率，交易成本也更低。威廉姆森进一步指出市场和组织间的选择实际上是随交易成本变化的。在农村政策性金融体系中，主要的金融供给方是中国农业发展银行、农行、农信社、农业保险等金融机构，而主要的需求者是广大的农民，而主要的规则制定和执行者是政府（包括其各相关的职能部门），而介于这三者之间的实际上还有涉足"三农"经济和金融的中介组织。一般来讲，在一个相对完善的市场经济体系中，行业协会或者商会等中介组织的作用是具有显著重要性的，由于其中间性、自发性、服务性和非营利性等特点，在市场经济中起着特殊的作用。它具体表现在以下几方面：首先，它能够维护市场秩序、保护会员利益；其次，能够弥补市场的缺陷；最后，能够防止政府失灵。

可见，在农村政策性金融的发展过程中，中介组织也应该发挥独特作用。就农业而言，中介组织是在农业市场化过程中产生的联结农户（家庭农场）与市场的非营利性的新型合作经济组织，通常包括各类专业性协会、专业学会（研究会）、经纪人协会和专业合作社等多种类型。从交易成本的角度看，中介组织可以有效地通过信息沟通、立场中立等特性，在农村金融市场，尤其是政策性金融市场上有效地降低金融交易的成本，达到供求双方最大限度的双赢局面。

第二节　农村社会组织协同助力农村政策性金融发展的对策建议

一、中央政府：用信号机制引导并增强全社会的注意力分配，并以此促进农村政策性机构在支农方面的组织趋同

制度学派不仅重点关注了合法性机制，还同时重点关注了组织趋同现象。这对国家或政府利用信号机制引导并增强全社会对农村政策性金融的注意力分配和一定程度的组织趋同也有很大的启示。迪马奇奥和鲍威尔对组织的趋同性进行了深入的研究，认为有三种机制导致了组织的趋同性。一是强迫性机制，这里主要是指国家或政府层面的法律法规的强制性；二是模仿机制，具体包括竞争性模仿和制度性模仿两种，其中，竞争性模范是指某领域中的组织迫于竞争压力向领先组织的模仿，制度性模仿是指组织对社会公认的组织结构的认同和模仿；三是社会规范机制，是指社会规范使得各类组织产生了共享观念或共享的思维方式，从而导致组织行为路径的趋同性和组织结构的趋同。农村政策性金融制度安排体现了一种关注、扶持和帮助农村弱势群体的社会责任，在市场经济趋利性机制存在的环境条件下，需要国家或政府通过倡导和实施一定的社会规范机制，增强对农村政策性金融组织承担社会责任业务的趋同性。

政府围绕政策性金融的良性发展，应该更多地通过顶层制度的设计，创新出体系化、制度化可操行强的对策措施。中央政府应在积极鼓励银行、保险等金融机构，通过金融模式创新的方式，进一步完善农村社会养老保险体系、构建政策性农业保险体系等方面，做好引导、有重点地倾斜、政策优惠等工作。具体而言，首先，中央政府要将"农村政策性金融"写入农业产业发展或金融产业发展的整体规划中，通过深刻

农村政策性金融与社会合理性之间的内在关系，并提高到增进社会合理性的高度，以最强烈的信号来积极引导包括农业专家、金融学家、社会普通民众、农业发展银行、农业银行、银监部门、保监部门和人民银行等相关组织利益者对该问题的关注。其次，中央政府要建立对农村政策性金融的相关职能单位或部门定期问责制。具体包括：一是对银监会、保监会和人民银行等职能部门在农村政策性金融层面的监管履职情况要特别给予注意或关注；二是中央政府要将农业发展银行的金融创新工作作为一项重要的管理事项给予特别关注，并要求按季度或半年为周期向中央银行或有关单位报备和汇报。三是要将农村政策性金融提高到与提高农村社会合理性的战略高度来制定相关的农村发展规划或举措，以实现社会合理性的全面提升。

二、监管部门：对商业银行农业贷款行为给予特别关注以确保农业贷款的根本地位

监管部门要针对农村政策性金融的发展规律和特征，有针对性地制定科学的监管指标和标准，以弥补目前以全面风险管理重点而忽视对"三农"经济支持的监督与管理。第一，银监会或人民银行要严格制定农业贷款的准确定义，严禁用涉农贷款、"三农"贷款和县域经济贷款等词来冒名代替，并在此基础上并加大对银行业农业贷款指标的监管，尤其是农业银行等与农业有着更强关联的金融机构。第二，对于农业银行发放的贷款要用"三个不低于"来约束：在原来银监会"两个不低于"[①]的基础之上，再新增一个硬约束，即农业贷款的增速不能低于各项贷款的增速；农行自身也要认真反思企业愿景与发展策略、外部监管与自身监管、产品多元与业务单一等方面的问题，只有真正认识并辅以行之有效地措施，才能成为真正面向"三农"、城乡联动、融入国际、

---

① "两个不低于"即：对于小企业信贷投放，增速不低于全部贷款增速，增量不低于上年。

服务多元的一流商业银行。第三，在此基础上再要增加一个特定行业或特定区域的存贷比的监管指标，即农村区域的存贷比不能低于城市区域的存贷比，尤其是农业大省的农村区域的存贷比严格（月均）不能低于非农业大省的城市区域的存贷比。第四，对于该指标的监管周期要由原来的每季度进行监管提高为每月进行监管，并对以上不能满足监管要求的机构要采取对主要负责人诫勉谈话、任职资格重新审核等措施。第五，要求各类商业银行将支持"三农"经济的具体情况作为信息披露（年报）的必要的专项报告内容。此外，金融机构也要充分认识并把握好自身定位与国家定位、短期效益与长期发展、农业发展与金融发展等多方面的关联关系，积极做好自身在产品创新、观念更新等方面的工作。

三、中国农业发展银行：通过机制体制的创新，实现在产品上要进一步丰富，在服务地域上要向广大农村覆盖，在目标客户群上要向兼顾中小微企业和个人客户转型

中国农业发展银行要在总行层面重构支农体系，包括产品或服务的品种上要进一步丰富，服务的地域要向广大农村覆盖，目标的客户群要由龙头企业、大企业逐步兼顾真正的中小微企业、个人客户等转型。在支行层面为将总行系统化、体系化的产品在乡镇级有效地发挥出来，最大限度地为"三农"经济提供金融供给，可坚持因地制宜的原则，即通过标准化合约的形式外包给当地的农信社（农商行或农合行）、邮政储蓄银行，或自身作为发起人吸引民间资本设立村镇银行等。

（一）与农村合作机构合作共赢的多元模式选择

从以上的讨论可以看出，农信社可以成为中国农业发展银行的在广大农村地区服务和营销的神经末梢。从笔者实际的调研看，初步的合作模式可以探讨以下几种：一是中国农业发展银行通过将自身服务于农民的产品和服务统一化、标准化、合约化，通过标准化的服务、统一化的

流程，以合约化的形式（约定收购价格、约定标准、约定质量、约定期限、约定目标客户群）外包给有条件营销的农合机构，由农合机构向对广大的农民销售和服务。当然初级阶段，可以探讨将管理水平较高、市场化程度较为发达地区的农信社或者农商行作为试点。二是中国农业发展银行通过入股正在产权升级中的农信社，通过实际控股的方式，实现其延长服务乡镇管理金融链条的目的。三是逐渐探索并组建自身在乡镇一级的分支机构，比如农业发展银行自身作为发起人吸引民间资本设立农发村镇银行等。四是在广大农村乡镇中心区域通过广泛地运用互联网技术远程监控和营销人员现场辅助营销相结合的"机器·人"模式，以创新的方式夯实"互联网＋"政策性金融模式的最佳落地。

（二）顺势而为，建立主动创新的机制

在中央政府发展农村政策性金融的强有力的有效信号的指导和影响下，中国农业发展银行更应该主动变革自身的组织结构，以适应监管、市场等多方面的要求。中国农业发展银行要在总行层面重构支农体系，包括产品或服务的品种上要进一步丰富，服务的地域要向广大农村覆盖，目标的客户群要由龙头企业、大企业逐步兼顾真正的中小微企业、个人客户等转型。具体可采取的路径有如下几方面：一是可通过引进国内外银行业在银行产品创新方面有一定经验的高端人才，从而提升自身的创新能力；二是引入国际上比较著名的银行业咨询管理公司，在专家们的指导下积极进行产品创新，三是主动建立与市场、监管单位互动沟通的平台，如定期公布自身在产品创新方面的阶段性成果、困难或需要社会给予关注或解决的问题等等。

四、保险机构：破解我国农村政策性保险体系发展难题的根本路径是金融模式创新

完善我国农村社会养老保险体系的关键在于金融模式创新，具体可以采取的模式如下：政府（government）提供专项资金担保、村委会协助（rural）、个人提供连带担保（personal）和农合机构择优支持（bank）的金融模式（称为 GRBP 模式）。

GRBP 模式的具体内容。一是资金用途。专项资金担保贷款仅用于该部分人群补交社保专项资金或缴纳新农保专项资金，由银行以受托支付的方式直接转至村（居）委会（小组）新农保或社保的专户。二是期限和利率。结合该贷款的特点，初定贷款期限在 3~5 年，建议利率执行同期同档次的基准利率。三是担保方式。农户个人以信用担保及其成年子女连带担保；村委会以协助划扣分红款作为担保；政府以专项担保资金作担保，其中政府专项担保资金的比例不低于贷款总额的 30%。四是还款来源。专项资金担保贷款的第一还款来源是农户自身的家庭收入，如务农收入、外出打工收入、分红款等等；第二还款来源是其子女或已提供连带担保的兄弟姐妹的收入、政府的专项担保资金。五是还款方式。初定的还款方式有以下几种可以供农户选择：第一，平均法，即参照按揭的还款计算方法（包括等额本息法和等额本金法）；第二，按月结息，按季度还本；第三，按月结息，每半年还本；第四，按月结息，每年还本；第五，按月结息，到期还本。

五、地方政府：引导和支持农村政策性金融发展

地方政府要积极提升对农村政策性金融的认识，积极利用农村政策性金融对农村经济的持续、强有力的支持作用发展农村区域经济的发展。要深刻认识并充分发挥行业协会、地方性商会的纽带作用，通过口口相传的方式提高并建立一套机制，确实起到市场为基础的、地方政府统筹为辅的政策性金融良性发展的顺畅体系，加大对农村金融的支持作用。

首先，地方政府应该积极利用政府资源的有效分配以达到支持农村政策性金融发展的目的。地方政府无疑是地方性银行、保险等金融机构的一个十分重要的客户，例如地方政府在财政性存款、平台公司贷款、财政性业务收付等方面都掌控着巨大的市场资源，因此地方政府应积极

利用公共资源的有效调配，适当地对发挥农村政策性金融的农信社或中国农业发展银行倾斜，实现支持地方上的农村政策性金融机构的发展，并在此基础上积极搭建包括农业保险、基金等在内的多元化的金融产品服务体系。

其次，地方政府应该积极通过与当地银监部门的互动性沟通，积极引导金融机构着力提升民众的市场经济意识。沟通的重点包括以下几方面：一是对金融知识宣传力度。即要通过鼓励金融机构深入农村村居，通过在农村路演宣传等方式积极培育农民敢用金融、善用金融、有借有还的信用意识，最终通过需求市场的逐步稳定扩容来提高农业贷款的贷款规模和占比；二是当地银监部门要积极关注本区域农业贷款的规模和占比情况，对贷款余额和占比逐年"双降"的金融机构，要实行定期问责或诫勉谈话。

最后，地方政府要高度认识行业协（商）会等组织的中介作用，积极引导中介组织的良性互动发展。地方政府在对经济和社会的日常管理过程中，由于人力、物力等方面资源的限制，客观上决定了不可能一切事宜都跟踪管理的很细致或很接地气，这就需要政府积极培育当地的合作社、行业协会、商会等中介组织来实现承上启下的信息传递和日常跟进管理。农村政策性金融的良性发展无疑也可以借用该类模式进行管理，结合当地的实际情况着力培育一些农业协会（如土豆协会）、农民之家、银行协会（农村政策性类型）等中介组织，并在地方政府的日常管理中，常规性考虑该类中介组织的意见和建议，中介组织也要建立健全运作机制，通过定期走访农户、农村调研等方式了解真实、全面的当地"三农"动态，定期或不定期向地方政府汇报跟进事宜和近日动态。

六、中介组织：在促进农村政策性金融发展方面发挥积极作用

通过实地调研，我们认为中介组织在促进农村政策性金融发展方面

的具体可行性路径可以选择以下几个方面：

第一，中介组织充分发挥自身的信息优势，积极在农村政策性金融市场上起到信息全面、真实、及时的传递。首先，中介组织可以通过当地银行业协会的纽带作用，请当地农村金融机构深入专业性协会，举行以金融知识宣传、农业信贷融资、金融安全支付等为主题的宣讲活动。其次，各类专业性协会、农民之家等中介组织也要定期举行金融知识、日常生产技术等研讨和交会会。最后，各类专业性协会应该对已获得金融支持的会员（农户）的生产情况、销售情况等信息及时、全面地以第三方的名义向放款银行提供。

第二，中介组织应充分发挥中立、亲民等优势提升农村区域金融资源的整合能力。首先，中介组织可以通过建议当地金融机构试点协会联保、农户个人连带等担保创新的融资方式，以中介人的身份促成金融交易。其次，中介组织应该在中国农业发展银行和当地农信社合作的过程中起到积极撮合、争取试点的作用。最后，中介组织应保持与当地政府、银监部门和金融机构的长效性沟通，做到有问题提问题，没问题常联系，以取得当地金融供给者和规则制定者的充分信任和理解。通过上述途径，最终降低农村政策性金融的交易成本，从而提高整个农村政策性金融体系的效率和整合能力。

第七章

社会控制与农村政策性
金融的依法治理

在农村政策性金融机构法律制度体系的生成与构造中，国家建设与非市场治理机制也具有重要的规制作用及影响。农村政策性金融资源配置的终极目标是社会合理性，有必要从社会学视阈分析社会互动、越轨、法律的社会控制作用与农村政策性金融机构立法之间的逻辑关系。我国政策性金融立法的呼声，从业界到学术界一直持续不断，不少专家学者从经济学、金融学和法学的角度，对政策性金融立法的理论依据、结构框架和国际经验等分别进行了先期研究。但是，从社会学视阈进行农村政策性金融机构的立法分析还比较鲜见，需要运用社会学原理尤其是法律社会学及经济社会学的理论和方法，对我国农村政策性金融机构立法的社会环境因素、社会控制的法律手段、法制体系及运作机制等进行探究。

为此，本章首先是基于社会学原理中的负向互动与越轨理论，阐述农村政策性金融法制生成的社会基础；然后基于法律社会学理论，研究农村政策性金融规范运作的有效社会控制手段；最后从构建农村政策性金融法制体系入手，分析实现农村政策性金融法治化的前提条件。我们认为，农村政策性金融机构业务行为中的负向互动及越轨既是阻碍其良性发展的关键因素，又是农村政策性金融法制生成的社会基础。而加快农村政策性金融专门立法，不仅是规范和正向引导农村政策性金融机构有序运作的有效社会控制手段，而且是实现机构依法监管治理和法治化的前提条件。

第一节　负向互动与越轨是农村政策性金融法制生成的社会基础

一、社会互动与越轨行为的产生

社会生活中的个人与个人之间、个人与群体之间、群体与群体之间无时无刻不在发生着相互作用，当双方基于某种目的，进行相互依赖的行为时，就产生了社会互动（social interaction）。社会互动也被称为社会相互作用或社会交往，发生在一定的具体情境之中。互动双方处于特定角色位置从而承担了相应的权利和义务，在一方采取某种社会行动的同时或之后，对方做出相应反应性社会行动，两个环节进行完毕之后，这一过程才算结束。由此看来，社会互动必然包含着三个因素：其一是有相互作用的多方主体，并不限定仅有两方，而且不对每方人数的具体数目加以限制；其二并非主体间的任何接近都能发生社会互动，而必须通过某种方式进行依赖性的接触，接触方式也不限于语言，还包含身体动作、感官等非语言形式，即一方通过某种"符号"将意思表示传达给对方；其三是互动中的各方主体都能理解每种"符号"所代表的含义，同时能做出相应的回应性行为。

社会互动主要形式包括：交换、合作、冲突、竞争和强制。交换基于互惠原则，旨在得到正效应，增进主体间的效益；合作的内在动力来源于互动各方主体间拥有共同的利益目标，而这种利益目标只有一致联合行动才能达到；冲突则是合作的对立面，强调利益目标一旦是社会稀缺品便将会通过打败对方取得价值，社会学家将冲突扩展到广泛意义层面上来，认为冲突既能带来正向效应，成为促进对方紧密团结的力量，也能导致社会变迁；竞争是社会互动中普遍的方式，指各方主体为了共同的利益目标遵循一定规则的争夺较量；强制是一种负向的社会互动形式，以一方使用物质力量或暴力威胁将其意志强加于对方。

负向互动极易导致越轨行为的产生。根据美国社会学家加芬克尔经典常人方法学理论（Ethnomethodology），社会各主体之间的互动是以一定背景知识和常规为基础的，社会成员需要依据一定的规则和程序进行互动，如果一旦忽视了这种大家公认的规则和程序，互动就会遭到破坏，难以进行，预期目的也就无法实现。这种共同认可的价值观、行为规范等构成了制约与影响达到各主体自身目标的外部环境。也就是说，在每一个情境下，各行动者只有在规范提供的相互影响框架内进行社会互动，那么这种互动才能得以持续；而一旦打破了规范，就会表现出负向越轨，互动难以进行，甚至被迫中断。如图7-1所示。

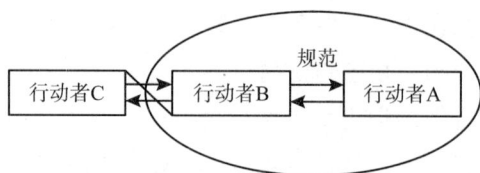

图7-1 规范与行动者之间的互动

社会各主体间的负向互动极易导致越轨行为的产生。越轨行为（Deviance）也称离轨行为或偏离行为，是指社会成员或社会群体、社会组织偏离或违反人们公认的现行社会规范的行为。美国社会学家罗伯特·默顿通过价值基准，将社会结构分为"文化目标"和"制度性手段"，"文化目标"是社会主体共同认可的价值目的，引导着社会成员行为；"制度性手段"即用控制性规范社会成员在追求目标过程中可以合法利用的手段。他认为越轨行为是文化目标与制度化手段之间矛盾的产物，即用不符合社会规范的行为来实现某一主体的文化目标，一旦目标与合法手段之间存在较大差距，极易导致价值瓦解，进而削弱控制性规范，产生异化状态，最终导致犯罪。

二、负向互动、越轨与农村政策性金融立法的必要性

我国农村政策性金融是在政府支持与鼓励下，以国家信用为基础，以农村金融资源配置的社会合理性为最大目标，以政府政策性扶植的农村地区强位弱势产业、强位弱势领域或强位弱势群体为金融支持对象，以优惠的存贷利率信贷、担保的可得性和有偿性为条件，在专门法律的保障和规范下而进行的一种特殊性资金融通行为和制度安排。现阶段我国农村政策性金融业务范围涉及农业农产品、渔业贷款，农业基础建设贷款，生态保护贷款，欠发达农业地区扶贫、助学贷款等，主要意图在于扶持粮食产业化建设发展，支持农业科技化发展，农村中小企业及民营企业发展，加强新农村建设，提高农民生活水平。对农村政策性金融立法，所要调整的金融关系包括农村政策性金融机构的业务关系和监督关系，尤其是前者。农村政策性金融机构在与其他金融主体（如商业性金融机构）之间从事业务活动而产生一定的经济关系，如融资关系、交易关系和中介服务关系等；监督关系则是指金融宏观调控部门和监督部门在组织和监督政策性金融机构过程中所形成的主体资格监督关系、业务监督关系以及由此产生的金融处罚关系等。

农村政策性金融领域进行互动的各主体之间基于资本供求相互联系，表现出合作和竞争的关系。行动者包括农村政策性金融机构和农村中小企业、农户等强位弱势群体。其中农村政策性金融机构是资本的供给方，有通过出借资金获得收益的权力；农村中小企业、农户等强位弱势群体是需求方，有自由选择低成本获取资金的目的。在政策性金融资源尤为稀缺的条件下，供需双方博弈过程中不断互动，整个政策性金融市场呈现出卖方垄断的特征，而供给方之间的互动关系则直接决定着需求方资金的可得性。若供给方之间选择合作的互动方式，相互配合，为达到共同目的发挥各自的主观能动性，不仅可以共同获利，还会增加正的外部性，这也正体现了政策性金融的倡导与虹吸的基础功能。农村政策性金融机构用直接的资金投放间接吸引商业性金融机构跟随其从事符

合国家战略意图的放款，当配套资金到位时政策性金融机构再转移投资方向，开始新一轮的投资循环；同时，在这一过程中，农村政策性金融机构的行动无疑释放出信号，表明了政府的扶持决心，这是隐性的国家担保，可以提高商业性金融机构的投资信心，降低其投资风险，两者协同投资的结果便会降低被投资地区和领域对政策性资金的依赖。若供给方之间在互动中形成对立的竞争性关系，基于各自的利益诉求运用各自权力相互排斥，会影响政策性金融资源合理有效的配置与可持续发展。农村政策性金融机构拥有的政府背景决定了其享有得天独厚的优惠待遇，如资金成本低、财政补贴、税收减免等，一旦政策性金融机构偏离政策性目标，无视经营原则，主动与商业性金融机构越位竞争于市场正向选择机制下的投资项目，盈利算其业绩，亏损由财政兜底，必然会产生将政策性亏损与经营性亏损人为加以混淆的动机。在这种负向互动下，需求方的融资需求不仅不会得到满足，资本反而会逐渐流向单一盈利目标下的投资项目。由此可以看出，行动者（资本供给方）之间的负向互动与农村政策性金融的宗旨背道而驰。按照机构设立的初衷，农村政策性金融机构作为政策性金融功能的主要载体，是国家为弥补商业性金融在宏观经济调控中内在不足的工具。若其经营运作偏离了国家政策性目标，强位弱势群体在市场经济中平等的发展权就难以得到保障。

从更深层次来分析，负向互动也极易导致农村政策性金融机构出现越轨行为。与个人越轨相较，组织、机构违反规范的行为即群体越轨对社会规范的破坏更大。就设立与经营目的而言，农村政策性金融机构因其性质及定位与商业性金融机构有着根本差异，业务范围理应依据明确的规范与之划清界限，充分发挥在各自业务领域中的比较优势，使金融资源的配置兼具效率与公平；尤其在当前改革与转型的重要时期，保持政策性金融机构足够发展动力和良性发展秩序的业务规范更是迫在眉睫。而当下，国内有的政策性银行的业务活动越位越轨即群体越轨问题相当突出，甚至个别政策性银行凭借其特殊背景和特殊待遇，断章取义、各取所需地将"市场化"与"运作"割裂，将市场化运作的手段同机构自身的根本性质、宗旨与职能割裂，不仅违法违规地同商业性金融机构展开不公平、不正当的市场竞争或曰"恶性竞争"，而且还将业务触角逐步延伸、扩张到其他政策性金融机构的业务领域。强调市场化运作是农村政策性金融机构的"金融性"本义本性，但不能断章取义地割裂政策性金融的宗旨和手段，更不能成为农村政策性金融机构越轨经营并一以贯之的借口。市场化运作表层之下更亟须深层的制度设计，要解决的不单是"有所为和有所不为"的问题，还有"可为和不可为"的难题，要从根源上防止越轨行为的产生。从约束和规范农村政策性金融机构行为的角度来说，为尽量减少与其他主体之间的负向互动，需要依赖一种稳定且持续的社会规范所提供的外部制约环境即法律制度。

第二节　法律是农村政策性金融规范运作的有效社会控制手段

一、法律的社会控制作用

个人或群体违反其所应遵守规范的行为是越轨行为，缺乏合理规则的竞争是不公平竞争，后者极有可能导致恶性竞争，并会直接或间接地破坏社会秩序（王思斌，2010）。越轨行为是对重要的社会规范的违反，而社会管理的目的在于惩罚违规者与消除不良行为，甚至防患于未然。社会控制（social control）作为社会制度的一项重要功能，旨在纠正社会成员（包括组织机构）的越轨行为，越轨行为也是社会控制的对象之一。美国社会学家 E. A. 罗斯在其 1901 年出版的《社会控制》一书中首次从社会学意义上对社会控制一词进行了阐释。作为社会学中的一个重要的专业概念，罗斯致力于研究在社会的进步发展中如何建立社会秩序和对社会成员的越轨行为进行控制。罗斯认为，在早期的人类文明中，人类受由亲属关系所组成的小型社区的社会强力控制，遵从相同的经历、信仰、价值及愿望；而人类天性中的"自然秩序"（natural order），包括同情心（sympathy）、互助性（sociability）和正义感（sense of justice）等约束着人们自身的行为以及调节着个人与集体的关系。然而随着19世纪末20世纪初美国工业化、城市化，大量移民涌入城市，初级社会群体迅速解体，人类失去自我约束和由此产生的越轨行为使社会秩序陷入混乱无序的状态。由此，罗斯指出，必须采用新的机制，即社会力量去维持社会秩序，并将这种社会力量称为社会控制。他认为社会控制是社会组织体系运用社会规范及与之相应的手段和方式，对社会成员的价值观念和社会行为进行指导、约束，对各类社会关系进行调节和制约的过程。社会成员基于各自的利益需要，在自身价值观的指导下引发多维度、多方向性的社会行动，同时又会在共同的社会生活中产生各种各样的社会互动，为使互动能在更大程度上朝着良性发展和得以持续，社会成员的价值观和行为方式在某种程度上需要有机统一。社会控制的基本功能便在于此，不仅能够为社会成员提供符合社会目标的价值观与相应的行为模式、制约彼此行为、协调互动关系，还能够明确规定出各自利益的竞争范围，调节其利益关系。

罗斯认为，"社会控制"是指由国家主导，政府自上而下推进的，为了达到一定的社会秩序，防止越轨现象的发生，运用政权、法律、道德、社会舆论、宗教和习俗等工具对社会成员的行为、思想及其价值观进行指导和约束的一种治理手段。从罗斯阐释的定义中来看，社会控制的手段包括习俗、道德、信仰、宗教、政权、法律、纪律、社会暗示、社会舆论和群体意识等。其中，法律作为一种主要的社会控制类型亦即正式控制，在现代社会中越来越占有重要的地位。美国社会学法学家罗斯科·庞德在其《通过法律的社会控制》一书中，对社会控制手段及法律在社会控制体系中的地位进行了详细论述，认为："在某种意义上，法律是发达政治组织化社会里高度专门化的社会控制形式——即通过有系统、有秩序地使用这种社会的暴力而达到的社会控制。"① 法律之所以成为现代社会中最权威、最严厉、最有效、最普遍的社会控制手段，在于法律是由国家立法机关制定，以国家政权做后盾，由强有力的司法机构保证实施的行为规则，并且对整个国家社会成员具有普遍适用性，这些恰是其他社会控制工具不同时具备的。从人类社会发展的过程来看，法律在社会生活中的作用在加强。社会生活的日益复杂化使得法律成为现代国家处理社会成员之间严重利益冲突的越来越重要的手段。所以，对我国农村政策性金融机构的社会控制，不仅需要商业道德、组织纪律、社会舆论、群体意识，以及一般的机构条例、规章等来进行规范约束，而且迫切需要尽快上升到法律的最高层次上。法律的真正权威和效力不仅仅在于制裁，关键在于警示。法律的制裁与警示作用对于依法保障和规范农村政策性金融发展也具有十分重要的作用。

二、基于法律社会学思想的农村政策性金融立法分析

之所以要对农村政策性金融专门立法，就是为了保障农业这一天然的弱质产业，保障农民获取金融资源的权利；以及防止农村政策性金融活动中各主体的越轨行为，为农村政策性金融发挥效力创造良好的生态环境。从法律的社会学视角来看，立法就必须要紧扣现阶段我国农村政策性金融发展的现实，制定"活法"。活法之"活"在于应紧扣立法的社会背景及与之相应的社会现实，而非脱离真实现象作抽象的解释。

农业是我国第一基础产业，但同时也是弱质产业，表现在农业生产对自然条件的依赖性大，而自然条件的变化是不可预测、不确定的；农业生产的周期性、地域性特点造成农村金融投融资活动周期长，资金运用风险大。自由市场经济条件下，金融资源受价格这一信号引导，自发地由低利润领域流向高利润领域。商业性金融以市场化方式运作，其投

---

① ［美］庞德：《通过法律的社会控制》，沈宗灵、董世忠译，商务印书馆1984年版，第22页。

融资活动以盈利为目标，追求资金流动性，自然不会主动选择周期长、风险大的农业领域；现存的本已稀缺的农村金融资源又有外流的趋势，农村金融需求缺口大与供给严重不足的矛盾，使农村发展陷入"失血"的困境。农村金融的"造血"功能必须由国家通过立法，成立专门农村政策性金融机构，强制性地规定资金投向，才会使农业农村的发展有资金保障。另外，农村中小企业及民营企业在获利的同时，有吸引外来资金、活跃本区域市场、解决农民就业等正向溢出效应，国家应予以支持和鼓励，然而农村中小企业民营企业融资难的问题一直没有得到有效解决，成为制约这些企业扩大经营最大的"瓶颈"。从这个角度看国家也应通过立法，成立专门解决农村企业融资问题的政策性金融机构；同时要在税收和贷款成本、贷款期限等方面给予农村企业以优惠。

另外，农村政策性金融机构，政府部门，监督管理部门及粮棉油收购、储备、调销企业存在诸多越轨行为，降低了农村政策性金融实施效果，甚至扭曲了国家意图，不利于我国农村政策性金融的开展。其一表现在农村政策性金融机构职能和市场定位上，职能定位是对不同类型金融机构的业务职责及其作用范围所进行的具体划分和界定，按照农村政策性金融的含义与国家的政策意图，我国农村政策性金融机构首要发挥政策性支农功能，在此基础上实现保本微利。但随着 1998 年国家开发银行向商业化转型，在开发性金融羊群效应的带动下，农业发展银行也开始热衷涉足农业商业领域甚至非农领域。其二，由于农村政策性金融与政府存在直接、天然的联系，政府不可避免对农村政策性金融干预过多，以致支农政策性资金配置效率低下造成社会福利损失，即出现"政府失灵"现象。尤其是地方财政在执行农业发展银行财政补贴款调拨时受地方利益驱动，将政策性资金作为基础货币供给给本地商业银行，来推动本地经济发展。其三，我国农村政策性金融受中国人民银行、财政部、农业部、发展改革委、商务部、银监会等部门监管，银监会审核农业发展银行高管任职资格及市场行为，国家财政部审核财务费用，相关业务由商务部相关职能部门监管。多头监管带来的结果是各部门出台的监管政策缺乏统一性、协调性；出于对本部门利益考虑，对农村政策性金融监管的相关问题存在分歧和部门利益争夺，造成农村政策性金融机构难以规范有序开展业务，增加了执行成本。最后，越轨行为还体现在粮棉油收购、储存、调销企业中。政策性粮棉油业务受市场制约因素多，当收购的农产品适应市场企业就会主动积极，反之市场饱和时就迟缓；粮棉油收购企业在享受农业发展银行的政策性资金存在"搭便车"现象，不符合贷款条件的企业借机提出贷款申请，加大了市场"噪声"；已得到资金的企业又为达到主营带副营的目的规避中国农业发展银行的监管，挤占挪用政策性贷款资金。因此，从法律是进行社会控制最有效工具的观点来看，只有加快农村政策性金融立法，使各主体有法可依，违法必究，才能最直接、最大范围减少越轨行为的发生。

现代国家不仅越来越多地将社会生活纳入法律的制约范围，而且法律的社会控制这一特点在发达国家农村政策性金融法律体系的构建中也体现得尤为淋漓尽致，其法律制度中普遍包含了农村政策性金融机构设立目的、法律性质、经营范围、资金来源、监管机制和法律责任等内容，为农村政策性金融机构实施内部管理和处理外部关系设定了严格的法律框架。以比较完善的日本政策性金融法律体系为例，1945 年 4 月日本颁布的《农林渔业金融公库法》中规定，其设立目的在于"在农林渔业者向农林中央金库和其他一般金融机构筹集资金发生困难时，提供低利、长期资本以增加农林渔业生产力"。在资金来源方面，该法明确规定了资本金由一般会计、特别会计、土地改良事业助成资金的投资组成，借款则由资金运用部和简易保险年金及特别会计提供；在资金运用上，主要为土地改良，道路、渔港等生产性基础设施建设提供中长期贷款，以及满足维持农业渔业经营、改善农林渔业生产条件所需资金。贷款利率、期限等按借款人信用水平给予不同程度的优惠。日本《中小企业金融公库法》第一条便开宗明义地规定："中小企业发展所需长期资金，一般金融机构难以融通时，本公库予以资金融通。"日本《国民金融公库法》中赋予了国民金融公库独立的公法人地位，保障了其政策性本质和经营的自主权；同时，该法律规定了责任主体需承担的经济、行政、刑事等法律责任，第三十二条规定，公库负责人及职员有下列情形之一的处 10 万日元以下罚金：（1）对大藏大臣认为有必要报告的事项不报告或虚假报告的；（2）超法律规定的业务范围经营的；（3）依法应进行登记而怠于登记或不如实登记的等。以此来规范、约束其机构负责人及从业人员的价值观念，用严厉的惩罚机制纠正越轨行为，使之更明确地贯彻政府产业意图，专业地履行支持农业、农村发展的职能。在规范政策性金融机构同商业性金融之间竞争方面，日本《政策投资银行法》第 20 条确立了不得与商业性金融机构竞争的原则："银行所从事的发放贷款、担保债务、购买公司债券、应政府要求取得资产要求权或进行投资等业务，只有在确认它们能产生利润以保证能够有投资回报的情况下，才能进行"。法律责任的追究和承担则严厉规定了政策性金融机构负责人和职员的经济和行政处罚，如日本《住宅金融公库法》第 32 条规定："公库的负责人在违反本法、融通法、保险法及基于上述法律发布的政令命令的，主管大臣有权将其解职。"

第三节　构建农村政策性金融法制体系是实现法治化的前提条件

党的十八届四中全会通过的《关于全面推进依法治国若干重大问题的决定》，提出依法治国的总目标，并强调要加强重点领域的立法。日前，国家开发银行、中国进出口银行、中国农业发展银行等三家政策性银行的改革方案已获国务院批复同意。推进政策性金融机构改革和研究建立新型政策性金融机构，也被写入党的十八届三中全会通过的《关于全面深化改革若干重大问题的决定》之中，并被列入中央全面改革的重要工作之一。我国农村政策性金融机构改革发展 20 多年来，运营中出现的种种问题，归根结底在于农村政策性金融法律的一直缺失、缺位及相关立法工作的严重滞后。所以加强农村政策性金融领域的专门立法，依法治理农村政策性金融机构，实现我国农村政策性金融运行、管理的法治化，无疑也是这一依法治国方略的题中应有之义。

一、我国农村政策性金融立法存在的问题及原因

1994年，根据中共十四届三中全会通过的《关于建立社会主义市场经济体制若干问题的决定》和国务院《关于金融体制改革的决定》，我国组建了中国农业发展银行等三家政策性金融机构。然而，在20多年的机构运行过程中，出现了诸如权力寻租、定位不准、不良贷款规模偏大、农村政策性金融资源配置分散等现象，甚至出现了超越政策性业务范围同商业性金融主动的不公平竞争的越轨行为等一系列问题。究其根源，在于我国缺少专门的法律约束农村政策性金融机构组织、运行和决策。仅靠内部规章和制度，难免出现无序运作、越轨经营、监管失效。"法者，治之端也"，法律是一种稳定、有力的社会控制手段，能够对农场政策性金融机构越轨行为予以强有力的惩罚并对规范行为做出正向引导。所以，农村政策性金融立法的国际惯例与国内立法缺失的历史教训，呼吁我国加快农村政策性金融立法步伐，高度重视并采用法律这一最为有效的社会控制手段，在法治的引领下推进政策性金融改革，在法治的框架内规范农村政策性金融改革。

我国现阶段农村政策性金融立法存在的问题，突出表现在以下几个方面：

第一，专门立法严重缺失与滞后。从现阶段我国有关对农村政策性金融立法可以看出，相较于商业性金融法律体系，农村政策性金融立法任重而道远。十几年前国务院发布的相关规定、通知、批注方案、章程等行政规范文件，至今未做任何修改与调整，与农村政策性金融在经济发展不同时期具有不同侧重点脱节，远不能满足农村政策性金融健康发展的需要。自1994年农业发展银行成立并承担农村政策性金融最重要职能以来，国家至今都没有出台一部完整、系统的《中国农业发展银行法》，中国农业发展银行在经营运作过程中只能"摸着石头过河"，业务越位缺位无法得到及时的纠正和补充；由于缺少法律的约束机制和处罚机制，农村政策性金融机构出现弄虚作假恶意骗贷，严重骗取、挪用

粮棉油收购贷款资金等一系列越轨行为。据审计署 2010 年 4 月 29 日的一份审计公告显示，2008 年中国农业发展银行违规经营问题资金达 93.84 亿元，其中内蒙古、辽宁、吉林等地分支机构工作人员违规操作、工作失职导致粮棉油收购贷款资金被骗取或挪用 52.99 亿元；截至 2009 年末，中国农业发展银行全行系统中粮油准政策性不良贷款达 157.01 亿元，不良率 21.5%。

第二，立法定位混乱。对农村政策性金融定位问题是立法首要解决的问题，准确清晰的定位是开展农村政策性金融业务的前提条件。我国农村政策性金融是弥补商业性金融的不足，充当政府支农、促进农业、农村发展的有力工具。然而学术界对政策性金融的认识尚存分歧，部分学者过分强调市场机制作用，认为开展政策性金融业务会干预资金有效配置，弊端大于获利。职能定位的混乱集中表现在政府对农业发展银行职能定位的随意性和不明确上。农业发展银行在成立之初专门负责政策性支农业务，如农业开发、农村扶贫等；1998 年政府将这两项信贷资金投放业务划转至农业银行这一商业性银行，农业发展银行仅仅承担单一的粮棉油收购、储备、调销贷款业务，退化为"粮食收购银行"。2001 年随着国家对重要农产品市场化改革，致使业务范围仅局限于农产品流通领域的中国农业发展银行资金运用空间更加狭窄，业务量也不断萎缩。过分提倡商业性营利性业务，片面注重农村政策性金融机构利润指标在一定程度上影响了其发挥对农村强位弱势对象支持、扶植的政策性导向功能。

第三，制度构建不合理。由于制度是相应法律在实际操作时制定的具体方法、手段，法律的缺乏不可避免造成配套制度的不健全。目前我国农村政策性金融主要局限在农村政策性信贷方面，尤其是粮棉油收购贷款，而政策性农业保险、农村公益信托、投资、贴息贴现、农产品出口信用保险、担保等业务尚未开展或发展；政府各部门管理分配政策性支农资金，导致资金使用分散，配置效率不容乐观。因此，无论从机构还是业务来看，我国现阶段农村政策性金融制度体系都是不完善的，不能充分发挥农村政策性金融对农村市场的补充功能。

第四，法律地位与业务界限模糊。农村政策性金融机构与商业性金融机构类似之处在于，两者在金融市场从事金融活动参与金融法律关系时拥有同等的法律地位与独立的法律主体资格；农村政策性金融机构法律地位的独特之处在于其是基于政府特定的支农目标设立，依据政府划定的行为边界从事经营活动，不主动参与同商业性金融的竞争，以社会整体效益为主要经营宗旨而不是以追求利润最大化为目的。中国农业发展银行的法律地位在《中国农业发展银行章程》第二条中有如下规定："中国农业发展银行为独立法人，实行独立核算、自主保本经营，企业化管理。"《民法通则》第三十六条对"法人"的解释是："法人是具有民事权利能力和民事行为能力，依法独立享有民事权利和承担民事业务的组织。"我国的法人分为企业法人和事业单位、机关、社团法人，中国农业发展银行是直属政府的机构，法律地位的"独立"性无从体现；要求农村政策性金融机构实行"企业化管理"，那么就必须"自主经营，自负盈亏，自担风险，自求发展"，这与农村政策性金融机构设立宗旨相矛盾。对中国农业发展银行的法律地位规定不明确导致中国农业发展银行业务经营界限模糊，中国农业发展银行在"自负盈亏，自担风险"的指导下，越位参与商业性业务的竞争，以求获得收益。

第五，外部法律关系不明确。一是与政府的关系。这里所说的政府，包括国务院及财政部、国家发展改革委、农业部、商务部等政府相关主管部门。农村政策性金融机构由国务院创建，承担着国家粮棉油储备和农副产品合同收购、农业开发等业务的政策性贷款，代理财政支农资金的拨付及监督使用等重任，旨在代替政府实现宏观调控目标；国务院制定农村政策性金融机构的职能、任务与融资范围，农村政策性金融机构接受国务院的监督管理及业绩考核。农村政策性金融机构在行使职能过程中与财政部等相关政府主管部门有着业务往来，主要表现在财政部为农村政策性金融机构提供资本金、贴息补偿资金等，还作为信用担保人为农村政策性金融机构发行债券筹资作担保；国家发改委、农业部、商务部等部门为农村政策性金融制定具体的规划，指导农村政策性金融机构选择融资项目、融资规模和贷款利率。可以看出，我国农村政策性金融机构与政府多部门有天然的联系，但在实践中又不可避免出现各部门难以做到统筹规划、统一协调，各部门出台的命令、决定等对农村政策性金融的指导性文件缺乏系统性，朝令夕改，增加了农村政策性金融机构的执行成本，不利于资源的高效、合理利用。法律尚未明确农村政策性金融机构与这些部门之间的关系，也没有理顺各部门的权力与职责，无法提高农村政策性金融机构的执行力。二是与中央银行的关系。中央银行职责的重点在于通过货币政策的制定和实施，将商业性金融机构的内在逐利动机外化为符合国家宏观经济目标的活动。农村政策性金融机构与商业性金融机构不同，不直接吸收活期存款，不具有信用创造能力；贷款项目也是专款专用，不通过信贷活动创造或收缩活期存款。农村政策性金融机构无法调节货币流量，也就无法传递中央银行的货币政策，因此，中央银行一般不直接管理农村政策性金融机构。目前，我国农村政策性金融机构资金来源之一为中央银行提供的专项基金贷款、优惠利率贷款、利息补贴及再贴现等，然而这些从中央银行流出的资金最终增加了整个金融体系中基础货币投放量，导致通货膨胀风险；中央银行在制订信贷计划时也要考虑农村政策性金融机构的投融资计划，在调节国家宏观经济走势和产业结构方面给予农村政策性金融机构指导，这将会降低农村政策性金融机构的发言权与自主权，造成农村政策性资金错配，甚至会出现农村政策性金融与中央银行之间非合作博弈的局面。法律同样缺少理顺农村政策性金融机构与中央银行之间关系的规定，影响了两者的合作性。三是与商业银行的关系。农村政策性金融机构与商业银行在职能与运行机制上有很大的不同，商业银行是中央银行货币政策的主要传导者，处在宏观金融调控的中间环节；农村政策性金融机构比商业银行更加直接、迅速地贯彻政府的经济政策，更有助于经济的持续、均衡稳定发展。具体就市场定位与份额而言，商业银行是主体；但就支农这一领域来看，农村政策性金融机构占据主要地位，补充商业银行支农作用的不足。运行机制上，商业银行以盈利最大化为经营目标，主动选择收益回报高的项目，而不愿涉足诸如农业投资额度大、周期长、风险高但社会效益好的项目；农村政策性金融机构具有财政"无偿拨付"和金融"有偿借贷"双重机制，表现在其对低息贷款或无息贴补性、对风险的硬性担保性和能够获取一定效益性上。因而两者为相辅相成而非竞争关系，但目前我国缺少对两者业务范围进行划分的法律规定，致使在实践中农村政策性金融机构利用财政拨款筹资成本低的优势，越位与商业银行展开竞争，抢夺客户；过度注重利润指标忽视社会效益，偏离了支农初衷。

第六，缺失有效的风险防范机制。农村政策性金融除了面临所有金融机构均有的市场风险、操作风险、政策风险、利率汇率风险和流动性风险外，更是面临着独特的道德风险。如农村政策性金融机构的经营者持有农村政策性金融以国家信用为保障、风险理应全部由政府承担的错误观念，盲目决策，不讲求效益滥用政策性资金；地方政府的行政干预严重导致政府信用支持的弱化，将获得的低息贷款商业化运作，谋取地方利益，忽视社会效益，加大了农村政策性金融风险。道德风险还存在于贷款对象中，农村政策性金融贷款对象多是商业性金融"避而远之"的群体，这个群体贷款资金额度大、期限长、盈利率低，因此政策性信贷资金质量低下。所支持企业为了持续争取农村政策性金融优惠贷款，通过其他途径筹集资金偿还政策性贷款以获良好的信誉，这种短期行为增加了农村政策性金融贷款风险滞后发生的概率。农村政策性金融立法的缺失造成对越轨行为判断标准及约束机制缺乏，使农村政策性金融机构难以有效防范风险。

第七，资金运行法律模式存在问题。农村政策性金融机构资金来源构成主要是国家财政拨款，渠道较为单一，资金构成以短期流动负债为主。中国农业发展银行成立之初200亿元的注册资金分别由中国农业银行和中国工商银行现有信贷基金划拨与财政部拨付。资金运行机制上，《中国农业发展银行章程》第七条对其经营和办理业务范围做出了规定，主要包括对主要农副产品的国家专项储备、调销贷款，粮棉油加工企业贷款，小型基础建设、技术改造贷款等。中国农业发展银行的贷款对象由国家统一确认，贷款规模则根据当年农业政策性收购、储备、调销量决定，贷款期限则与粮棉油库存、调销期限挂钩；贷款利率要遵守国家统一规定的基准利率执行，不得浮动。可以看出，在资金的投向上，中国农业发展银行只是被动地充当财政支农资金的放贷桥梁，贷款项目缺少自主选择权，造成资金流动性、盈利性差；中国农业发展银行的亏损由国家财政兜底，难以给予中国农业发展银行高效运用资金的激励；持续、稳定的政府财政对农村政策性金融足额拨付与稳定的资本增补机制尚未以法律形式确立，无法为农村政策性金融持续经营奠定坚实长效的资本基础，农业发展银行的信贷风险开始转化为财政风险。

造成我国农村政策性金融立法缺失及诸多问题的原因，可以从认识因素层面、自身因素层面和环境因素层面来分析。

首先，认识因素层面在很大程度上影响着我国农村政策性金融的立法规范性，我国理论界对农村政策性金融尚无统一的认识，政策性金融机构的目标、法律地位没有一个清晰准确的界定。一些学者片面信奉西方自由市场制度，以为洋人没有提出政策性金融理论、外国人鲜有政策性金融或政策银行这一提法，所以中国人就不能开创性地提出，甚至不加分析地将政策性金融片面地统称为传统政策性金融，不加区别地将政策性银行划入旧模式开发银行，并主张所有的政策性金融机构应当统统转型为综合性开发性金融机构，认为政策性银行既可以从事政策性业务，也可以凭借其优势和特殊背景扩张商业性业务，同商业性银行展开全方位竞争，以达到向商业银行转型的根本目的。这些学者没有看到世界各国，包括发达国家和发展中国家、转型国家中迄今为止尚在运用政策性金融手段完善市场机制的事实，更是忽视了我国农业和农村落后、农民不富裕，农村金融领域市场失灵的现状。我国政府的财政实力还不够强大，需要农村政策性金融扶持的强位弱势群体规模还很大，非但不能将"去政策化"作为农村政策性金融机构的改革方向，相反，当务之急是通过专门立法，把农业发展银行等农村政策性金融机构建成专业化从事农村政策性金融的机构。

其次，从自身因素层面来看，全国人民代表大会是我国最高的权力机关，其常设机关全国人民代表大会常务委员会行使国家立法权。农村政策性金融法律法规同样需经全国人民代表大会表决通过，由国务院颁布实施。我国立法机关的立法任务非常繁重，每一项立法草案需要经过立法论证、立法规划、立法起草等一系列环节，需要多位专家学者和法律实践工作者参与，相较于农村政策性金融法，当前可能有更加急需实施的法律要制定；另外，一项立法草案达到一定的成熟度才能顺利通过，农村政策性金融在实践中出现的各种问题仍需研究、协调和解决，可能会出现的问题要经过考察、科学的推论。因此，制定一部权威的基础性法律不是一蹴而就的，需要征集多部门意见。

最后，从影响农村政策性金融立法规范性的环境因素来看，我国金融法制建设总体进程缓慢滞后。从 1994 年三大政策性金融机构成立将近一年之后，1995 年 3 月 18 日，第八届全国人民代表大会第三次会议才通过了我国第一部金融大法——《中国人民银行法》。由此可以推测出我国政策性金融包括农村政策性金融专门立法的艰难性。究其原因，最主要是金融改革中关于法律适度超强、诱导、规范、限制、调整与长期滞后、各行其是这两种不同方法论选择的问题。另外，我国又是一个地域广阔、情况复杂、人口众多、资源有限、资源分布与发展水平的梯度性十分明显的发展中国家，农村政策性金融起步晚，面临着问题多、理论与实践探索不成熟的困难；农村政策性金融作为我国金融体系的一部分，立法的顺利进行也需要健康、良好的金融市场环境为依托。

二、构建我国农村政策性金融法制体系的思考和建议

市场经济是法治的经济，法律的指引、评价、预测、强制与教育功能为市场有效运转构建了一个有序的制度平台，同时提供了系统、完善的保障。立法的目的不仅在于对越轨行为的事后惩戒，而应注重事前的引导与警示。党的十八届四中全会基于社会主义市场经济本质上是法治经济的理念，重申和强调了依法治国的总目标，即建设中国特色社会主义法治体系，建设社会主义法治国家；建设中国特色社会主义法治体系，必须坚持立法先行，发挥立法的引领和推动作用，抓住提高立法质量这个关键。当前，一些市场亟须的基础性法律制度，如农村政策性金

融立法等法律制度安排仍然缺位，我国农村政策性金融现行的制度规则（主要是政府的政策性文件与政策性金融机构的内部章程）也已滞后于发展实践，专门针对农村政策性金融机构治理与运行的法律尚属空白，法律的系统性、体系性还不够强。建立健全农村政策性金融法律制度体系，是保障和实现机构法治的基础，要实行农村政策性金融机构法治，必须具有完备的农村政策性金融法制。法治也是法制的立足点和归宿，农村政策性金融法制的发展前途必然是最终实现农村政策性金融法治。从实现我国金融领域法治化角度来看，必须不加歧视性地将农村政策性金融上升到与商业性金融同等的法律地位。因此，当前和今后一个时期，应当重点做好农村政策性金融等领域的法规层级的完善和提升工作，全新构建农村政策性金融法律制度体系。

（一）充分认识农村政策性金融立法的必要性和实行的可行性

法律社会学家将社会学的研究方法贯穿到立法及司法过程中，强调立法要触及与之相对应的社会现实，并且注重分析法律的实施效果。针对当前阶段具体情况，首先必须充分认识到农村政策性金融立法的必要性，加快立法机关的立法进程。从以上的分析研究可以清楚地看到，我国农业发展的金融生态环境还十分脆弱，农业资金供求市场的不平衡性有增无减，并且农业在我国地域分布广、各地域经济发展梯度大，只凭借国家财政支农或商业性金融机构发放支农贷款来保障农业、农村、农民的发展是远远不够的。必须制定农村政策性金融法律，成立专门性的农村政策性金融机构，专业化经营运作，才会更直接、更有效贯彻国家支农政策意图。同时应该看到，如果仅成立农村政策性金融机构而无相应法律规范，经营运作无法可依，权责关系无法理顺。缺少法律这一有力社会控制工具，单凭规章、章程和国家命令，不足以带来严肃性、震慑性和警示性，不能有效规范与惩治越轨行为。

国外农村政策性金融发展的历史经验也在实践中证明了有法可依的必要性。只有法律作出规定，农村政策性金融机构才会有明确的职能定

位、法律地位、组织体制；才会建立起稳定、持续的国家财政资金投入
与补给机制；才会依据业务范围的规定经营运作，减少越位，发挥本质
作用；才会忌惮法律的惩治作用，各主体的权责关系分明，降低越轨行
为发生的概率。在一个良性发展的金融体系中，农村政策性金融法不可
或缺，对我国而言意义尤为重大。首先，农村政策性金融立法有助于完
善我国现行的金融法律体系。当前我国已经制定了《中国人民银行法》
《商业银行法》《证券法》《保险法》《银行业监督管理法》等商业性金
融法律，唯独《农业发展银行法》等政策性金融法律还迟迟未出台。
其次，农村政策性金融立法是巩固我国金融体制改革成果的需要。根据
1993 年国务院《关于金融体制改革的决定》，我国金融体制改革目标是
"建立由国务院领导下独立执行货币政策的中央银行宏观调控体系；建
立政策性金融与商业性金融分离，以国有商业银行为主、多种金融机构
并存的金融组织体系；建立统一开放、有序竞争、严格管理的市场金融
体系"。农业发展银行的成立，是我国金融体制改革的一大成果，为其
制定法律将会进一步加快金融体制的市场化进程。

　　同时，农业发展银行进行单独立法的条件相对成熟，构建具有中国
中国特色的农村政策性金融法律制度也具有一定的可行性。主要表现
在：（1）国家对金融法制建设的重视为农村政策性金融机构立法创造
了良好环境。我国法律的规范化与可操作性对在不断加强。《中国人民
银行法》和《商业银行法》的出台奠定了我国金融业的基本法制格局，
以《中国人民银行法》为基础和平台，农业发展银行法律、条例也被
不断提上立法日程，中国农业发展银行的管理条例已由中国人民银行牵
头起草。（2）农业政策性银行多年实践为立法提供了经验。自 1994 年
中国农业发展银行成立以来，在国家支持农产品价格、粮棉油收购调
销、农村水电水利建设和农村中小企业发展等支农领域起到了重要的作
用。这些宝贵的经验为农村政策性金融立法提供了现实依据，从而使根
据法律制定的机构业务操作规程更具可行性，处理农村政策性金融机构
外部法律关系更具有指导性。（3）国外立法实践为我国农村政策性金
融机构立法提供了优秀的示范。例如美国的《联邦农业信贷法》、日本

的《农林渔业金融公库法》、印度的《国家农业和农村发展银行法》等法律贴合国内农村政策性金融的发展现状，从立法观念层面到立法技术层面带给我们很多启发。比如需要基于农村政策性金融机构的法律地位设定相应的权利和义务；国家应以法律的形式确定财政补贴等优惠性机制。

另外，我国立法机构的立法观念、立法制度和立法技术也在日臻成熟。特别是 2000 年《立法法》的出台，我国立法的规范化程度、可操作性都有了明显的提高，对国外现行法律的移植和借鉴从观念到技术都成为可能。农村政策性金融机构、中国人民银行、银监会、财政部等立法参与者应尽快就立法基本问题达成共识，确定改革的基本走向。

（二）强化农村政策性金融立法的国家建设与非市场治理机制

影响竞争行为、过程和结果的重要因素是竞争的规则。根据庞德的社会控制理论的利益学说，社会生活中的利益分为个人利益、公共利益和社会利益，社会成员在一定的情境互动中，这三种利益不可避免会产生竞争甚至冲突，运用法律进行社会控制的关键在于承认、确定、实现和保障利益。即以法律的规定为依据，决定、承认哪些利益，在什么范围内对其进行保障，如何保障。法律的社会控制最终目的便是以最小的成本消耗获得整个社会利益的最大化。农村政策性金融机构的依法治理，不仅需要从经济有效性视角进行经济金融学分析，也需要从社会合理性视阈进行非市场治理机制的社会学分析。因此，农村政策性金融法律制度的设计上，要反映出社会公众认可的价值观念和各主体的利益需求，并实现社会的公平合理，这就要求农村政策性金融立法应该充分发挥政府干预或国家治理的主体性功能作用。著名社会学家诺思认为，国家是一种在某个特定区域内对合法使用强制性手段具有垄断权的制度安排，它的主要功能是提供法律和秩序。国家作为一种具有垄断权的制度安排，在许多方面不同于一些竞争性的制度安排，比如市场和企业。国家的独特地位决定了在任何关于长期社会变迁的分析中，国家的理论及模型都占据极其显要的位置；在人类社会产权制度的演变过程中，国家的角色和作用仅仅在那些统治国家的人的福利最大化目标的范围内促进和界定有效率的产权。组织制度学派也认为，国家治理与市场治理是一个互动的、不可分割的过程。技术进步和竞争使得市场经常处于不稳定的状态，而企业面临的一个重大任务是维持它在市场中与竞争对象、供应商以及雇员之间关系的稳定。市场经济交换过程中的社会关系一直处于非常波动的状态，交换的各方为解决这种不稳定性，最终总是将企业推向国家。任何一个资本主义为了建立稳定的市场都需要国家来制定产权结构、治理结构、交换规则和控制理念。国家可以被理解为由一列政策领域组成的场域。每个场域均构成政治行动的舞台。在这个舞台上，各方面的利益集团的代表制定并执行旨在为行动主体之间的互动提供稳定的规则和治理结构的政策。从这层意义上而言，市场治理离不开国家治理。国家创造市场稳定性的作用，少则体现在允许企业使用各种机制去处理竞争和冲突，多则通过直接干预市场行为以达到稳定的目的（高柏，2008）。由此看来，只有国家才能强有力地通过非市场治理机制公正地协调各方利益，避免社会风险，在宏观上对社会运行进行控制。尽管社会控制并不限于国家权力，但实际上，国家是最强有力的社会控制者的代名词。

（三）科学认识农村政策性金融立法的制度基础和立法宗旨

从认识层面承认农村政策性金融是纠正政府失灵、兼顾经济发展和社会合理性的特殊的金融制度安排，与商业性金融一并缺一不可。农村政策性金融制度的宗旨，就是充当政府经济与社会调节管理职能的工具，专门为关乎国计民生的各种形式的农村强位弱势群体提供资金、担保及保险等方式的金融服务，补充并引导商业性金融，促进这些特殊目标群体的经济增长与社会进步。农村政策性金融的性质，则体现的是一种非营利公共性和社会合理性的属性。经济转型时期，农村政策性金融机构的改革更应牢牢把握政策性或曰公共性的宗旨目标，所有经营运作手段都要围绕这个中心目标。从功能观点来看，农村政策性金融不单是政府财政的简单外延，而是具有信用性、有偿性和一定营利性的金融制度安排，通过资本流动、资金有偿借贷等过程，与商业性金融机构建立平等的合作关系，与"三农"、中小企业、国计民生领域等资金需求方建立平等的借贷关系。

同时，要在科学认识农村政策性金融制度的基础上，明确农村政策性金融立法的宗旨。立法宗旨是立法者创设法律所预期实现的目的。农村政策性金融立法，既不能偏离政策性金融制度安排的宗旨和性质，也要体现规范农村政策性金融机构运作行为和保障政策性金融可持续发展的目的，即权益和责任有机统一。尤其是必须坚持和体现国家政策导向与战略意图，持续发挥农村政策性金融机构在金融资源配置中的导向作用，履行扶持强位弱势群体的职能，弥补市场失灵。同时，立法还要处理好政策性金融机构已形成的各种利益团体的利益关系，避免成为立法进程中的阻碍。

（四）界定农村政策性金融机构的法律地位和法人治理结构

法律地位是法律赋予自然人、单位、组织等以一定的人格，限定其在法律关系中可以独立行使权力和履行义务的范围。农村政策性金融机构只有明确了的法律地位，才能够在法律规定的范围内进行各项活动，越过法律权限必然会受到相应惩罚。从建立目的和改革路径来看，农村政策性金融机构属于特殊公法法人，应采用公司制，按照职责明确、制衡有效、管理科学的现代企业制度要求，建立起由董事会、监事会和高级管理人员组成的法人治理结构。根据农村政策性金融机构履行职能的不同，其中董事会成员可由财政部、农业部、银监会等有关部委负责人和相关领域的专家组成，行使农村政策性金融各领域发展改革中对重大事项决策和协调的权力，直接对国务院负责。这种管理体制下易于处理好农村政策性金融机构同各主管部门的利益关系以及所有者和经营者之间的权责关系，减少行政干预，提高效率。

（五）规范农村政策性金融机构业务范围和考核制度

科学的监管体系包括监管主体结构设计和监督考评指标体系设计，要体现出对农村政策性金融机构的政策导向作用，减少其片面追求盈利的动机。农村政策性金融制度体系是包括农业政策性银行、保险、担保、信托、投资基金、资产管理等在内相互补充的机构体系和业务体系。农村政策性金融机构执行国家政策，贷款投向较商业银行更加注重社会效益，资产质量在很大程度上取决于政府的决策。因此，立法中要协调好农村政策性金融机构与商业性金融机构的经济关系，即明确界定农村政策性金融机构的业务领域，防止其业务因利益集团的利益而发生偏离，避免政策性业务与商业性业务的交叉重叠。对农村政策性金融机构绩效考核，应从执行国家政策和业务运作实际的角度设计一套专门针对农村政策性金融机构的监督标准和考核体系，并应以法律的形式作出规定。监督考核体系指标要从农村政策性金融机构的财务稳健度和国家政策实现度两方面设计，应是约束机制与激励机制的有机统一。首先要保证考核指标定量化、含义明确，可进行统计与横、纵向比较。指标要以农村政策性金融机构实现国家政策目标程度为基础和前提，将政策性贡献同工作业绩、报酬相挂钩。一般而言，要从两方面入手衡量农村政策性金融的业绩：一是农村政策性金融机构的财务稳健度，主要参考资产质量和利润两个指标，农村政策性金融机构要保证资产安全的同时在保本微利基础上实现非竞争性盈利，以求持续发展；二是国家政策实现度，主要包括农村政策性金融机构与政府的沟通协调度，信贷、保险、担保等活动对提高农业生产能力的贡献度，对本地区经济发展目标的实现度等具体指标。此外，要严格区分政策性金融机构的政策性亏损和经营性亏损，对于政策性亏损的部分，由政府财政予以补贴；经营性亏损部分必须依法追究相关人员的经济与法律责任。只有科学、严格的金融监管才能凸显国家赋予农村政策性金融机构的经营自主权，可以有效地督促农村政策性金融机构做到高效率配置资金、健全财务结构、树立正确的经营理念。

（六）建立健全农村政策性金融机构问责追责机制

责任追究是法律对越轨行为的惩治，体现了法律的强制性与震慑力。可借鉴日本对政策性金融机构的立法实践，单独增设罚则一章，具体规定政策性金融活动中各责任主体所要承担的行政或刑事处罚等法律后果，理顺各自权责关系。在立法规范和依法监管的基础上，真正形成从终端到源头的问责追责倒逼机制。另外，农村政策性金融机构是执行政府经济政策的特殊金融机构，因此要对政府决策失误与政策性金融机构执行失误严加判别，建立公平的追责机制也应是依法治理农村政策性金融机构的应有之义。

第八章

农村政策性金融制度变迁的
比较分析与本土特征

　　农业是我国经济发展的基础产业，由于其"弱势产业"的特征，它所涉及的相关生产经营项目很难得到商业性金融机构的有效支持。为了弥补市场失灵的缺陷，世界各国纷纷建立各自的农业政策性金融体系，用来为农业领域的生产、经营、贸易等活动提供政策性信贷与政策性农业保险、担保支持。每个国家都经历了不同的经济社会发展历程，它们的社会制度不同，农业发展状况参差不齐，农村社区的特征各有特点，农民的金融意识和接受程度也有差异，这就造成了每个国家都有自己的农村政策性金融制度的发展过程。所以本章基于经济社会学视角，在全球化及国际金融危机背景下，比较研究国内外农村政策性金融制度变迁的一般规律和特殊性；在历史、现实与未来的总体联系中，阐释中国农村政策性金融制度应具备的本土特征和承担的社会职能。

第一节　农村政策性金融制度
变迁的国际比较

　　在对各国农村政策性金融制度变迁进行比较时，笔者选取社会学中的"社区"这一视角，将各国农村社区的特征、社会关系结构及社区变迁等因素的不同融入农村政策性金融制度变迁，以谋求更深入的理解与分析。

一、基于农村社区视角的政策性金融制度演进国际比较

众所周知，人们都是生活在一定的地域空间之中的，空间不但是人们是现实的、实际的生活承载体，而且也具有社会意义。在现实的社会中，人们总是在一定的地域空间内与他人共同生存与发展的，这在社会学中属于"社区"这一范畴。社会学家滕尼斯（1887）认为，社区是两种不同的社会生活状态，其中一种是指由具有共同习俗的价值观念的同质人口所形成的、关系密切、富有人情味的社会组合方式；另一种是有契约关系和理性意志形成的社会组合。他用这两个概念来说明这两种社会组合中人们之间的社会关系性质的不同：前者是一种依存关系，即共同体状态；后者是利益关系，人们因谋求自己的利益而结合。滕尼斯认为社会在由前一种向后一种状态变化。由于各国的情况不同，学者们所分析的对象不同，所以对社区的理解也不完全相同。但是，几乎所有学者都认同它所具有的共同体含义，这也成为社区的基本内涵。在这里，共同体是指具有共同价值规范和一致追求的人组成的社会群体。也有相当多的学者同时强调它的地域含义，而且由于实际的社区研究总是以一定的地域为基础的，所以地域含义已经深深地进入社区概念之中。结合我国的情况，可以认为社区是聚居在一定地域内的、相互关联的人群形成的共同体。如果考虑到社区居民的活动特征、居民之间的相互关系、社区文化等因素，不同社区会有自己独特的生活方式，我们可以把社区简单地分为城市社区和农村社区。而我国则是农村社区最典型、最发达的国家。农村社区也称乡村社区，指的是主要以农业活动为基础聚集起来的人们生活的共同体。它可以是一个小的村落，也可以是由几个毗邻的村落组成的社会区域。

（一）农村社区的生存基础与农村政策性金融制度特征的
国际比较

在我国传统的农村社区居民生存的基础是耕种土地，或以其他方式
直接利用土地而获取生活资料。受自然条件的影响，土地的产出率比较
低，因此需要投入较多的劳动力，所以农村社区是大多数有劳动能力的
人从事农业劳动，并以此为主要生活来源的社区。相较于以人力劳动为
主，国外的农村社区的生产基础则要进步的多，无论是由于人口的先天
限制，注定了国外不能像中国这样拥有众多的劳动力进行农业耕作，还
是由于科学技术进步的快速发展，许多国家都以大面积的机械化农作取
代了单纯的人力劳动。

我们知道像农村政策性金融这种体制的产生并不是可以在任何一个
社会阶段都能出现的，只有当社会经济发展到一定程度，国家在经济发
展中的职能日益成熟，农业发展制约经济发展到一定程度以后，农村政
策性金融产生的可能性才能变成现实，从世界范围看，农村政策性金融
首先出现在那些经济较为发达的国家和地区，而像中国这样的发展中国
家则大多是在 20 世纪 60 年代以后才产生的。在资本主义发展的过程
中，尤其是 20 世纪初以前几百年的历史进程中，欧洲一直是世界经济
的龙头，所以农业政策性金融首先出现在这些国家就不足为奇了。而中
国如果按照专门的农业政策性金融机构产生为标准的话，也就是直到
1994 年才建立起专门从事农业政策性信贷的中国农业发展银行。

（二）农村社区的居住和群落特征与农村政策性金融制度
特征的国际比较

农村社区有三种形成方式：自然起源、社会组合及农村建设。自然
起源型社区是指由于农业家族的繁衍而形成的社区，这一般表现为历史
悠久的单姓村。社会组合型社区是由若干个农业家庭或家族联合而成
的，这些家庭因多种原因迁移聚居而成为社区，一般表现为有几个家族
的杂姓村。农村建设型社区是由于某地区的农业开发而形成的社区，为

了开发某一荒芜的土地，不同地区的人聚集于此，定居而形成社区。从区位结构的角度来看，传统的农村社区基本上采取了以村落为单位的家族聚居方式，即村落之间有明显的边界，居民在村内聚族而居。而在这方面国内外也具有较为明显的差异，像美国和日本这样的发达国家，主要采取以家庭农场作为土地生产经营的基本单位，政府则是通过采用信贷支持、政策引导、利息调节、价格补贴等经济手段，通过各种优惠政策，鼓励诱导家庭农场规模的适度扩大。再者，由于社会制度确立上的时间差异，也在某种程度上导致了中外农业政策性金融制度发展时间上的不同步，发展方式上的不一致。

在西方发达国家农业政策性金融制度的发展历程中，合作思想的诞生催生了政策性金融，且合作性金融为农村政策性金融的最早载体。合作性金融组织的最初形式是信用合作社，信用合作社的建立也标志着合作金融的诞生。信用合作社充分体现自愿、自助、平等、互利、民主、公平、团结等合作经济思想。信用社的根本宗旨与经营目标是一致的：不以追求利润为目标，而已为社员提供服务和帮助为目标，主要是为农民服务，为促进农村经济发展服务。法国虽然最早出现信用合作思想，但是真正的实践者还是首先出现于德国。1849 年，以个人名字命名的雷发巽信用社开始建立。1876 年，发生了合作金融史上具有里程碑意义的一件事，这就是德国各地的信用合作联合社联合起来组成了信用社的中央机构，称为德国农业中央储蓄金库，后来改成德国雷发巽银行。这一实践标志着信用合作的边界是广阔的，在这个意义上，一切分散经营都可以通过某种形式的联合组织起来，通过集体的力量以共同对付可能对单个组织成员所构成的威胁，这种群众性的互助合作组织体现着合作意义的真正内涵。

跟这种带有自然起源色彩发展起来的国外农业政策性金融相比，我国的农业政策性金融体制则是以政府主导型为主，也就是以社会学中所说的"人为设计"方式构造并发展起来的。20 世纪 90 年代初期，为了深化金融体制改革，实现国有银行的商业化，同时保证政府支持特殊行业和特殊领域的金融政策的实施。在农村金融体制方面，农业发展银行的建立，使原来的国有商业银行可以摆脱政策性业务的束缚，逐步走上真正商业化道路。

（三）生活特征与农村政策性金融制度特征的国际比较

农村人的生活特征是与其占统治地位的生产方式相联系的。农村社区居民的生活有如下特征：第一，自给性强。传统的农业生产以自给自足为特点，较少商品交换，自给自足也减少了农民对外部的依赖性，也带来了封闭性。第二，简朴。由于土地产出率低，农民又被束缚在土地上，所以农民量入未出，生活比较简朴。第三，比较保守。受自然经济的影响，农村居民比较相信经验，特别是直接经验，他们对新鲜事物的接受是谨慎的。第四，同质性高。由于同村或相近地域内的农民从事大体相同的生产活动，有长期居住在一起，所以在生活方式方面有较高的同质性，另外，由于同一社区的成员长期生活在一起，他们从事着相同的活动，所以其价值观在很大程度上是一致的。第五，生活节奏自然化。农村居民的活动受自然因素影响较大，其生产活动与生活活动受自然气候的影响较大，从而其活动带有时令的特点。

上述的特征是最典型的传统农村社区，随着农村产业结构的调整、农民经济活动的变化和城乡之间的交流，农村居民的生活特征也发生着明显的变化。我国改革开放后，市场经济体制的确立，促进了农村联产承包家庭经营体制的形成与发展，由此带来了社区劳动组织方式、农民生产资料占有形式、劳动产品分配方式，社区居民思想观念、文化素质、家庭功能以及产业结构的大变化，由此农民群体开始分化，出现了多样化的职业类型。长期以来，随着我国农村社会的变迁，农村社区同质性的劳动人口逐渐分化为异质性的各行各业的劳动人口。劳动人口群体的流动与分化，众多农民成为相对自由的，不必固守土地的社会流动群体，从而改变了原先僵化的社会关系结构，使乡村社会具有了多元性、复杂性的特质，有利于整个社会结构的调整。在我国的农村社区从较原始的生活方式向多元化发展的时候，各国的农业政策性金融也有了较为完善和多样化的发展。比较典型和有代表性的国家农业政策性金融发展情况如下：

1. 美国的农业政策性金融

自第二次世界大战以后美国的农村政策性金融体制得到了逐步的改革和完善。美国根据《农业信贷法》建立了一个分工合理、相互配合的政策性金融体系，现在的美国已经形成了一个巨大的网络且具有很强的独立性和自我发展能力，为农业生产和与农业生产有关的活动提供信贷资金和服务，并通过信贷活动调节农业生产规模和发展方向，贯彻实施农村金融政策，控制农业发展规模等。政府农业信贷机构包括农产品信贷公司，农民家计局，小企业管理局和农村电气代管理局四个机构，成为美国政府贯彻实施农业政策的主要工具。其资金主要来源于政府提供的资本金，预算拨款，贷款周转金和部分借款，资金运用主要是提供一些商业银行和其他金融机构不愿提供的贷款，在贷款对象上各有侧重。

2. 日本的农业政策性金融

日本的农业政策性金融体制在 20 世纪 50 年代以后也获得了巨大发展。在日本的农村政策性金融中，除存在大量的具有民间互助性质的合作金融机构外，还有由政府组织、推动或直接办理的政府金融机构。日本早在 1945 年依据《农林渔业金融公库法》，成立了政府农业政策性金融机构——农林渔业金融公库。目的是在农林渔业者向农林中央金库和其他一般金融机构筹资发生困难时，公库提供低利、长期资本以增加农林渔业生产力。它是日本唯一支持农林渔业发展的农业政策性金融机构，由政府财务部管理，与财政关系密切，资金主要来源一直是以邮政储蓄吸收的居民储蓄为主，这些资金通过财务资金运用部的"财政投融资"计划分配给日本农林渔业金融公库。日本农林渔业金融公库在资金运用上支持农业现代化，促进农林渔业全面发展，提高农业生产力方面颇具特色。后又根据新发布的《日本政策金融公库法》，在 2008 年 10 月 1 日，和国民生活金融公库、中小企业金库公库、国际协力银行（国际金融业务）以及冲绳振兴开发金融公库（将于 2012 年后实施兼并）合并为日本政策金融公库。原农林渔业金融公库的业务由日本政策金融公库（农林渔业事业部）继续承担。

3. 法国的农业政策性金融

早在19世纪末，法国政府就开始着手建立农业信贷机构，以融通农业资金、支持农业发展。1894年起建立起农业信贷互助地方金库，支持农民自发成立信用社开展活动；1899年又建立起农业信贷地区金库作为地方金库的联合组织；1920年成立专门管理地方金库和地区金库的国家农业信贷管理局。20世纪50年代以后，法国的农业政策性金融体制也不断完善。法国是欧洲农业最发达的国家，在农业发展过程中贡献最大的是法国农业信贷银行系统。其特点是"上官下民，官办为主"，与国家政策紧密结合，优先支持符合国家政策和国家发展规划的项目。资金主要来源于其在农村机构网络吸收的存款和发行债券。资金运用主要由提供与农业生产有关的普通和优惠贷款，此外还向农业经营乡村公路建设、农业组织等与农业有关的项目投资，以改善农村惯性，提高农业技术水平。

4. 韩国的农业政策性金融

韩国的农村政策性金融体制在20世纪70年代初也开始了系统的改革。韩国全国农业合作社联盟在经历了五个重要的发展阶段后，其全国的农业合作社联盟也形成了庞大的，综合化的农业金融集团。韩国的农业政策性金融机构依托农业协同组合而建立。1961年在原农业协同组合和韩国农业银行合并的基础上建立的农业协同组合中央会，作为农业合作社联合的中央机构。该组合的建立和业务活动均得到了政府的大力支持，是自上而下由政府的推动和支持层层建立的。全国农业协同组合中央会世界上充当了政府政策性金融机构的角色。

二、农村政策性金融社会功能结构的国际比较

农村政策性金融制度具有自身特有的社会功能，诸多功能要素共同构成一个完整的农村政策性金融功能体系。各种功能相辅相成、缺一不可，从而在农村经济与社会发展中起着其他金融中介不可替代的直接扶

植与强力推进的特殊作用。本节基于农村政策性金融制度的社会功能结构视角，对世界各国完善农村政策性金融制度社会功能的基本经验和做法，进行全方位的比较研究和理论分析，以期对我国优化和健全农村政策性金融功能结构有所启示和借鉴。

（一）农业政策性导向功能机制比较

农业政策性导向功能是最能体现农村政策性金融制度宗旨的基本功能。"政策性"主要体现在对农村强位弱势群体的政策性信用倾斜和扶植上。农村政策性金融作为政府强制性制度变迁下的一种正式制度安排，必须密切配合、服从和服务于政府在每个时期确定的一系列农村发展政策，实现农村金融资源配置的社会合理性目标。作为国家的一种强制性制度安排，世界各国的农村政策性金融都是紧密配合和服务于政府在不同时期的"三农"政策。加拿大是农业高度发达的国家，这与农村政策性金融的积极支持密不可分的。美国政府对农业采取了全面、坚定而持久的支持和保护政策，包括建立以美国农场信贷系统（FCS）为核心的强大的农业政策性金融支持体系，使农业成为美国在世界上最具竞争力的产业之一。根据 480 号公法修正案，美国可向农产品进口国提供美元优惠贷款，贷款期限更长（20~40 年）。这种政策性贷款紧密配合国家的农业发展政策，一般带有很强的政治色彩。南非土地和农业发展银行（LADBSA）被称为"农业发展的主要催化剂"。该银行自从1912 年建立以来，尽管经历了多次机构再构造，但一直与体现政府动机的一篮子农村可持续发展规划（ISRDS）相一致，以消除农业部门中的种族歧视、服务农村贫困人口和处于弱势不利的农村企业为使命。银行的未来发展目标仍要服从和服务于本国的农业发展战略规划，因为这是由该银行的政策性性质与职能决定的。诺贝尔和平奖获得者尤努斯及其创办的孟加拉国格莱珉银行，其贷款对象就是需要政策性信贷扶植的农村弱势地区的弱势穷人，也体现了政府的扶贫政策意图。菲律宾土地银行（LBP）作为政府所有的农村政策性金融机构，对国家的目标和前途做出积极响应，为追求国家利益而承诺其不变的忠诚和献身性服务。

(二) 农业生产扶植功能机制比较

由于农业生产的先天性弱势、弱质特征，如果按照纯粹的市场条件，农业生产活动所需的资金就不能得到应有的满足。在这种情况下，农村政策性金融就发挥着主动性、主导性和主体性作用，以改善农业生产条件，降低农业生产成本，提高农业的综合竞争力。国外农业政策性金融通过发放政策性贷款、提供农业生产保险及相应的专业性辅助和服务，为农业生产提供不同金融产品的特别扶植。法国政策性金融对农业生产的支持和扶植主要是采取提供大量的农业贴息贷款的方式。贴息贷款目前总体上包括两类，即涉及从事农业生产活动的安置贴息贷款和涉及农业生产设备的贴息贷款。贴息贷款的年利率很低，由国家承担资金成本与使用成本之间的差价，贷款年限也较长，一般在 9～15 年，还款年限也可延长 3～5 年。加拿大农业信贷公司在过去的 40 多年里，一直结合本国农业生产的实际，经常开发新的金融产品以满足农业的新要求，提供的贷款产品相当广泛。日本农林渔业金融公库目前还开办了专门针对特定农产品生产的 SUPERS 资金贷款。至 2007 年，公库主要为农业生产者提供融资品种主要有 8 种。印度针对粮食作物的生产性和季节性特点，国家农业和农村发展银行提供生产性信贷和季节性农业经营活动（SAO）融资。

(三) 农业基础建设开发功能机制比较

农村地区基础设施项目建设，如水利灌溉设施和中小型水电站建设、粮食储备基础设施建设、农村公路建设、生态保护配套建设等，资金需求规模大、周期长、缺乏抵押担保，是典型的农村公共产品或准公共产品，在政府财力有限以及商业性金融往往不愿首先介入的情况下，需要农村政策性金融的主动介入，给以巨额的、持续的、强大的金融支持。印度国家农业和农村发展银行的贷款期限多为中长期，一般只为较大的农业基本建设项目贷款，如兴修水利、推广农业机械、土地开发等。印度农业中间信贷和开发公司，也主要为大型农业基础项目提供贷款，其中以水利贷款为最多，农业机械贷款次之。日本农林渔业金融公库的资金运用，主要是对土壤改良、造林、林间道路、渔港等生产性基础设施建设资金提供贷款，以及对维持和稳定农林渔业的经营、改善农林渔业的基础条件所需资金提供贷款。贷款方式起初是通过其他金融机构委托贷款，后来逐步直接贷款，并且一部分贷款由农协转贷给需求者，贷款利率较低，融资期限定期内付款期为 2 ~ 20 年，偿还期为 10 ~ 45 年。20 世纪 80 年代以来，为增强国内农产品的市场竞争力，稳定农业发展，以顺应本国农业国际化、现代化发展要求，公库相应增加了强化农业经营基础资金等贷款。在农林公库资金中，SUPERL 资金占 46%，农业基础治理资金和农业设施资金分别占 19% 和 29%；在农业现代化资金中，个人设施和共同利用设施分别占 69% 和 31%。截至 2008 年 3 月末，公库贷款余额为 28232 亿日元（折合人民币 1976 亿元），其中：农业 14533 亿日元，占余额的 51%；林业 8080 亿日元，占 29%；食品产业 4986 亿日元，占 18%；渔业 632 亿日元，占 2%。美国的农民家计局对改良乡村社区，促进乡村建设和环境保护提供贷款，有些公益性项目给予无偿拨款。农村电气化管理局对农村非营利的电业合作组织和农场发放贷款，用于架设电线、组建农村电网、购买有关设备等，以改善农村公共设施和环境。1992 年，美国国会通过了农场信贷系统安全和稳健法案，国会还要求农业信贷在为农业生产流通和农产品加工企业服务过程中发挥更重要的作用，同时也要求其在农村的水利、排污贷款方面提供支持。作为区域开发性政策性银行的亚洲开发银行在拟定的农业贷款一系列政策中，其中之一就是支持农业基础设施的建设，将继续向灌溉、防洪、水土保持、土壤改良提供资助，以改善农业生产的基本条件。亚行还支持乡村公路网等有利于发展农村工业的基础设施建设。

（四）农产品价格支持功能机制比较

农产品的价值实现取决于市场供求状况，具有自然和市场双重风险。在需求弹性小于供给弹性的情形下，农产品价格波动较为剧烈，存在着很大的经营风险。因而在农产品流通领域，需要通过发放农业政策性贷款，支持农产品收购和储备，以平衡农产品市场供求，稳定市场价格，防止谷贱伤农，保护农民的生产积极性。针对农产品销售受季节性和自然性影响很大的特殊性，各国政府及政策性金融机构都采取积极的措施稳定农产品市场价格。美国的商品信贷公司（CCC）的农产品抵押贷款项目在贷款到期时，若农产品价格下降，抵押的农产品实际价值则低于贷款本息，此时，借款人可以将抵押品出售给公司，抵押品所有权转移给公司，相应地充作全额支付了贷款本息，实际上等同于按目标价格出售了农产品，避免了价格下降造成的收入减少。公司收不回贷款本息而取得抵押品，则不能追索贷款，因而这种贷款也被称为"无追索权贷款"。若农产品价格上涨，抵押品实际价值超过贷款本息时，借款人可随时将抵押品按市场价格卖给公司，或在公开市场出售，从而还清贷款本息并能获得额外收益。由此可见，这种贷款方式明显地反映出为农民提供价格支持和补贴的特点。泰国农业和农业合作社银行为根据内阁决议、政府机构计划或活动而设立的农业开发项目提供短期、中期和长期信贷支持，目的之一就是帮助那些参与某些特殊农业开发项目的农民，解决低生产价格问题以及自然灾害损失问题。为了支持和帮助农民客户销售农产品，该银行还专门建立了销售农业合作社和泰国农业有限责任公司，开展农产品延期销售贷款业务，避免在供给增多季节或价格低迷季节销售农产品，尽力为农产品生产和销售提供农业信贷。在印度，为了保护农民的利益，印度国家农业和农村发展银行为谷物交易提供再融资。这种贷款的目的是为了使农民能够持有农产品而等待有利价格的时机。

（五）农村扶贫开发功能机制比较

农村扶贫既需要财政的无偿拨款援助，也需要农村政策性金融的有偿开发式扶持，通过开展欠发达农业地区扶助脱贫、控制返贫、抗灾救灾、康复和助学金融业务，提高农民生活水平和自身素质，提高有限的政府金融资源的使用效率，也体现了政府的扶贫政策意图。因而农村贫困地区是政策性金融最能直接发挥其特殊功能作用且最能体现其价值的领域和舞台，金融扶贫开发也是农村政策性金融的一项长期而重要的基本功能。世界各国的农村政策性金融组织普遍通过有偿而无利或保本微利的非营利性融资，促进扶贫开发的有效性。印度国家农业和农村发展银行积极参加各种农村扶贫计划，特别注重对东北地区几个州等欠发达地区和落后部门的支持。对这些贫困地区所有机构以及区域农村产业计划（DRIP）下所有区域的再融资比例都是100%。尼泊尔农业发展银行于1975年就设立了旨在支持穷人和弱势群体的小型农民发展计划。它也是联合国粮农组织/联合国开发计划署（FAO/UNDP）联合项目"农村改革发展亚洲调查项目"（ASARRD）的结果，这项调查项目承认必须为支持穷人和弱势群体付出特别的努力。南非土地和农业发展银行接受政府的指令，同时法律也规定该银行要"满足农村贫困人口和贫穷农民的资源需要"。为此，银行开发了一种专门针对这些历史上处于劣势的贫困群体的特别抵押担保计划，主要是为帮助弱势人群第一次购买土地而获得特别抵押贷款。加拿大农业信贷公司设有社区投资分部，该部门的工作之一就是对改善某些社区的饥饿贫困状况提供援助等活动。泰国农业和农业合作社银行从1998年开始，已经实施了针对极端贫困客户（extremely poor clients）的小额信贷计划的实验工作，提供的金融产品种类繁多，包括营运资本贷款、教育贷款、支票提现贷款、存折储蓄、定期存款、特殊事件存款、老年储蓄、年轻人储蓄、健康保险、自然灾害保险、人寿保险等。该银行还帮助穷人或微型农民客户设计了特殊农业开发信贷项目，主要是指一些长期的农业项目投资，这些投资必须得到泰国农业和农业合作社银行董事会的批准。这种把小额信贷嫁接在农业政策性金融机构上的做法在南亚国家十分盛行，尤其以孟加拉国最为著名。孟加拉国格莱珉银行因为是争取和维护穷人贷款的基本人权的公平性、专门为穷人服务的银行。尽管理论界对格莱珉银行的属性问题（是政策性银行还是商业银行）还有不同看法，但从其贷款支持的强位弱势群体来看，该银行从事的是政策性金融业务，是农村政策性金融制度承载体之一，因而应该属于政策性金融制度的范畴。

（六）农村专业性服务与协调功能机制比较

农业政策性金融可以充分利用自身特有的专业性强而广博的优势和有利条件，提供诸如农民技能培训、农业投资咨询、农村企业经营情况诊断、农村市场信息发布等系列性专业化的金融衍生服务，全方位地服务于农村社会经济发展，保障农业政策性投融资项目的顺利运作和资产安全性。因为农村政策性金融具有很强的专业性特征，在该领域积累了丰富的经验和专业技能，聚集了一批精通业务的专业人才，有能力为"三农"提供全面而地道的专业性服务。此外，农村政策性金融机构长期在农业领域活动，可以参与政府有关农村发展规划、农村经济政策尤其是农村金融政策的制定和协调乃至代表政府组织实施，成为政府在这一方面的得力助手。这种基于宏观视角的准政府机构的规划、协调与实施功能，也是任何商业性金融所难以充当或完成的。韩国全国农业合作社联盟（NACF），除了承担政策性贷款外，还为农民提供技术教育、农业管理、法律服务，以及从事一系列环境保护活动等专业性服务。NACF还承担政府农业发展政策的实施和协调，如政府农业生产结构调整计划，农产品收购计划和推广农业技术等主要是依靠该联盟及其基层农协组织来实施。还对政府农业贸易政策、政府在农村部门和地区政策中的潜在影响等进行战略研究。印度政府高度重视并授权国家农业和农村发展银行（NABARD）负责印度农业和农村地区经济活动的信贷领域的政策、计划和经营等所有重大问题。还负责对邦合作银行（SCBs）和地区农村银行（RRBs）的监管职能，采取多种措施保证机构建设和改善农村信贷系统的服务能力，监督、恢复和改组信贷机构、培训人员；协调参与基层开发工作的所有机构的农村融资活动，并协调与印度储备银行和其他国家机构之间的关系；促进在农村金融、农业和农村发展方面的研究工作等。新修订的《泰国农业和农业合作社银行法》第31章规定，在银行的借贷活动中，对于提高农民的知识水平、农民的生活质量和对农民辅助活动的贷款总量在总贷款量中的比例最高为

20%。加拿大农业信贷公司的社区投资分部，一直从事着鼓励农业安全、对客户进行粮食生产提供教育等活动。菲律宾土地银行（LBP）通过提供及时的金融和技术支持、投资信息、咨询援助等专业性服务，以持续地提高农民和土地所有者的社会经济地位。秘鲁农牧业发展银行还为农牧业提供技术援助。

（七）农业政策性保险（担保）功能机制比较

农业是一个风险性相对巨大的基础产业，这不仅体现在农村资金的可得性问题上，也体现在自然灾害的损失补偿方面。因而农村政策性金融提供的保障性功能，也具有保障农业持续、稳定、健康、安全发展和农村社会稳定的社会管理职能，包括分散和化解农业风险、防灾防损和经济补偿的政策性农业保险和融资担保功能。许多国家一般是通过两个途径来切实履行和实现农业政策性保险（担保）的功能。一方面，建立政策性农业保险和担保机构，专门从事农业保险与担保及相关业务。例如，美国的农业政策性金融体制包括农村信贷体系和保险（担保）体系两部分。农场信贷系统保险公司（FCSIC）就是由国会创立、政府控制的非营利性质的政策性保险公司。美国农产品信贷公司和进出口银行也可为农产品进出口商提供信贷保证。美国农业信贷管理局还向政府确定的急需发展而又风险较高的贷款对象和部门，提供联邦政府的农业保证贷款。菲律宾政府还专门建立了具有鲜明政策性特征的菲律宾谷物保险公司。另一方面，在现有农村政策性银行等信贷机构内的业务经营中，集政策性信贷与保险（担保）于一体，构建银保互动机制。加拿大农业信贷公司除了发放贷款外，还为农民提供各种类型的农业保险，可以对借款人自己、借款人的经营以及借款人的家庭起到保护作用。2000年6月1日，通过合并重组而成的韩国全国农业合作社联盟经营的信用担保系统也得到了相应调整，以最大限度地为农民和其他相关客户提供信贷担保和其他现代金融服务，包括提供非营利的保险服务，以补偿农民无法预料的损失。该联盟目前正在大力发展针对农业、林业和渔业的信贷担保基金。按照《南非土地和农业发展银行法》第26章"业务和安全安排指导"的规定，南非土地和农业发展银行可以提供相当广泛的各种业务，包括在其业务范围内提供保险业务，但提供保险业务时不受1998年长期保险法和1998年短期保险法等商业性保险法规定的限制。另外，该银行不仅对农民、黑人和妇女等弱势群体提供特别抵押担保计划，而且还对公司客户与农业活动相关活动的债务提供担保，支持其与农业相关的业务活动以及保险费担保。泰国农业和农业合作社银行除了提供自然灾害保险等险种外，也提供抵押和担保服务。

（八）农村金融市场补缺性功能机制比较

农村金融市场也是一个存在市场失灵的不完全竞争市场，成本、风险与收益的不对称，导致了商业性金融的嫌贫爱富，所以如果完全依靠市场机制就可能无法培育出一个农村所需要的金融市场，农村金融供求矛盾与农村资金严重不足问题就永远得不到缓解。因而有必要采用农村政策性金融这种非市场因素，对农村金融市场进行补充完善。这种补缺是建立在农村商业性金融按照市场原则进行正向性选择基础之上的一种逆向选择，并非完全替代或包揽一切农村金融活动和业务，而且这种逆向选择是一个不断变化和调整的动态过程。日本农林渔业金融公库一直以来严格秉持一个理念："进入别人不愿意进入的领域，干别人干不了、不愿意干的事。"甘当实施政府政策的马前卒，甘当商业性金融功能的全局性补充角色。对于具备从民间金融机构融资的企业原则上退出公库资金支持视线，如曾获得公库资金支持的全日渔业企业、全国规模最大的ECHl年存栏700万只蛋鸡养殖场等大型食品生产加工企业，已先后退出，为后来符合条件的从农业者腾出更多的政策性融资空间。在巴西，政府为了使金融资源能够流向农村和农业领域曾经做出强制性法律规定，即商业银行必须将农业信贷的一定比例发放给中小农业生产者。但是，商业银行还是选择了那些较好的客户或质量较好的项目进行信贷支持，而那些真正需要扶持的项目仍然得不到资金支持。最后这一责任只能落到巴西农村政策性金融机构身上，因为政策性金融就是要选择那些市场不予或滞后选择而又对社会发展有重要意义的领域。1999年，泰国农业和农业合作社银行的计划和政策部门做了一项题为"泰国农村金融体系：一个信贷提供的案例分析"的专题调查，结果发现在泰国农村，农业信贷风险不仅来源于农业生产的不稳定性、农产品价格的不稳定性，而且其经营成本也是相当高的，因此，私人部门机构一般不愿意为农业部门提供信贷。这一调查结果也证实了泰国农业和农业合作社银行弥补市场机制不足的积极作用。印度为了弥补农村金融市场的不足，为穷人提供低成本的金融服务，在农村建立起一种新式银行即政策性的地区农村银行（RRBs），其目的是为农村人口中的那部分弱势群体提供金融服务，弥补农村金融市场的缺陷。

（九）首倡诱导与虹吸扩张性功能机制比较

首倡诱导与虹吸扩张性功能，即农村政策性金融率先以较少的政策性资金进行倡导性投资，然后在此基础上以小博大、间接地引致更多的商业性金融从事符合政府"三农"政策意图的贷款、投资和保险活动。一旦商业性金融的投融资热情高涨起来，农村政策性金融再转移业务方向和业务领域，开始新的另一轮诱导性金融循环。农村政策性金融的诱导性功能，更能体现农村政策性金融制度的精髓所在，也更为符合市场经济规则的基本要求，因此世界各国的农村政策性金融都注重发挥其诱导性功能作用。美国农产品信贷公司1979年以来实施信贷保证计划，吸引和诱导商业性金融机构从事农产品贷款活动。泰国银行（泰国的中央银行）要求所有的商业银行至少把其存款的20%投资于农业上，可以直接投入，也可以通过泰国农业和农业合作社银行的诱导性贷款来实现。商业银行大都选择了后一种方式。印度国家农业和农村发展银行主要职能之一就是为那些在农村地区提供开发性生产信贷和投资的机构提供再融资安排，发挥再融资的杠杆性作用。摩洛哥农业发展基金专门负责处理国家对私人农业项目投资资金的诱导性资助事务，鼓励私人对农业开发的投资；后来为加大对私人投资的资金支持力度，又建立了国家农业信贷银行（CNCA）。这样，通过建立健全包括国家农业信贷银行和农业发展基金的摩洛哥农村政策性金融体制，从银行信贷与政府补贴两个渠道鼓励和诱导私人投资。南非土地和农业发展银行的具体使命之一，就包括对私营部门向农业部门投资起到杠杆作用，引导商业性金融投资进入农业部门。

（十）有限金融性功能机制比较

农村政策性金融具有信用性、有偿性和盈利性的金融中介基本属性，否则，既无异于财政的无偿融资职能，也难以保证这种制度的生存与可持续发展。然而，农村政策性金融的金融属性又完全不同于商业性金融，而是一种对自身业务行为、营利性动机及业务领域有所限制与约束的金融属性，具有有限金融性功能。如不能片面追逐利润最大化，不能主动竞争抢客户而有损于商业性金融的利益，因而是一种非主动竞争性的自然盈利，否则，就无异于商业性金融，也没有其存在的必要性。国外农村政策性金融机构大都在专门立法的保障与规范之下，恪守有所为、有所不为的非竞争性中立原则，实现政策性与非主动竞争性盈利的有机统一。在日本农村政策性金融法律中，规定了政策性金融机构不得通过业务经营与其他银行及非银行金融机构竞争。日本农林渔业金融公库有特定的贷款客户，服务对象原则上限定在农业协同组合（农业合作经济机构）系统内部作为会员的农户和农业团体，而且不以盈利为目的，不主动参与商业银行之间的客户竞争，通过经营活动挣得的利润也被持续地返还给其成员。在加拿大，与商业银行选择设立在那些交通发达、经济金融条件较好的地区不一样，加拿大农业信贷公司（FCC）积极响应联邦政府要使联邦机构更加贴近其服务人群的号召，把公司总部从繁华的大都市迁移到一般城市，更好地服务农业和农村地区。该公司并非单纯追求利润指标，在其成立近 20 年的时期内一直处于亏损的状态，但是政府并没有因此而撤销该机构或转型为其他性质的机构，而是逐步调整和改革，在促进农业发展的同时尽量做到有一定盈余，维持其可持续发展。出现这种情况的原因就在于加拿大政府对农业政策性金融性质、功能和职能的充分认识。这一点也很值得有些国家学习，尤其是那些过分强调农业政策性金融机构盈利的国家更应当借鉴其经验。印度国家农业和农村发展银行、地区农村银行等政策金融机构的分支机构，重点设于经济不发达地区和农村信贷机构稀少、商业银行分支行网点缺乏、农村金融活动较为薄弱的地区，向这些地区注入资金，促进这些地区经济金融发展。在这些地区的分支机构数占所有商业银行总网络分支机构数的37%。各国政策性金融机构开展业务活动的目的之一就是弥补商业性金融机构的不足，只不过这一特征在印度表现得更为典型而已。

三、农村政策性金融与合作性金融耦合机制的国际比较

从一般意义上讲，合作性金融是指劳动群众为改善自己生产、生活条件，自愿入股联合，实行民主管理，获得服务和利益的一种集体所有和个人所有相结合的资金融通形式（范静，2006）。农村合作性金融与商业性金融和股份制金融不同，但同政策性金融在某些方面具有相同或相似的特征。农村合作性金融既是经济上的弱者，也适合于商品经济相对落后地区的弱者，而且不以营利为唯一目的。评价农村合作性金融组织经营业绩的优劣，也要以它对社员的服务质量如何作判断。农村合作性金融的非营利的互助共济特性及其社会互助功能，使得农村合作性金融与政策性金融具有相互配合、融合与合作共赢并形成一种特殊耦合机制的天然基础和条件。从世界各国的相关比较研究中也发现并证明了这一点，而且这种联系是农村合作性金融所独有的。

通过比较研究，我们发现，无论是发达国家还是发展中国家的农业政策性金融机构，无不与本国的农业合作经济组织（特别是农村合作性金融机构）有着千丝万缕的联系，而且这种联系是独有的，是诸如开发性政策性金融组织或者是进出口政策性金融组织等不具有的。农村合作性金融与政策性金融的密切协作关系是由农业服务对象的分散性和业务运行成本决定的。农业合作社这一特殊农业生产组织的存在，在某种程度上可以有效替代政府完成某些农业政策的执行，事实上，农业合作社是在农民与政府之间一种很好的桥梁和纽带。国家通过对农业合作社的

支持就可以达到支持农业的目的，而这一过程可以有效地减少农村政策性金融的运行成本。这也是为什么许多国家的农村政策性金融机构无法离开农业合作社的根本原因。有些国家的农村政策性金融本身就是合作组织，这并非巧合，而是反映了某些规律性的东西。

（一）合作性金融成为农村政策性金融的最早载体

合作性金融组织的最初形式是信用合作社，信用合作社的建立也标志着合作金融的诞生。信用合作社充分体现自愿、自助、平等、互利、民主、公平、团结等合作经济思想。信用社的根本宗旨与经营目标是一致的：不以追求利润为目标，而已为社员提供服务和帮助为目标，主要是为农民服务，为促进农村经济发展服务。法国虽然最早出现信用合作思想，但是真正的实践者还是首先出现于德国。1849 年，以个人名字命名的雷发巽信用社开始建立。1876 年，发生了合作金融史上具有里程碑意义的一件事，这就是德国各地的信用合作联合社联合起来组成了信用社的中央机构，称为德国农业中央储蓄金库，后来改成德国雷发巽银行。这一实践标志着信用合作的边界是广阔的，在这个意义上，一切分散经营都可以通过某种形式的联合组织起来，通过集体的力量以共同对付可能对单个组织成员所构成的威胁，这种群众性的互助合作组织体现着合作意义的真正内涵。

同时，由于合作性金融的巨大发展以及合作金融较适合于农村分散经营的特征，所以政府也看中了通过合作性金融系统实施某些政策的可能性，从而使合作性金融成为一种联系政府与农民的政策通道。政府的某些带有政策意图的金融行为也就通过合作金融系统来实施，因而合作性金融成为政策性金融的最早载体。这一创举一直持续了一个多世纪。目前世界上大多数国家的农村政策性金融仍与合作性金融有着某些特殊的联系，有些国家政策性金融与合作性金融是交织在一起的，实际上合作性金融仍然作为农村政策性金融的重要载体。在政策性金融的具体形式中，只有农村政策性金融选择了这种形式，而其他形式的政策性金融都不与合作性金融具有这种关系。农村政策性金融的这一特殊性与农业生产的分散性特征是有关的，因为政策性金融一般具有确定的边界和资源数量，它不可能也没有必要处处建立政策性金融机构，那样运行成本太高，白白地浪费国家政策性金融资源，无论对国家还是对农民都没有好处。相反国家仅仅建立一些宏观性的机构，而具体的农村政策性金融业务完全可以由合作性金融机构代理，或者政府直接对农业合作性金融机构提供支持，也就变相地、非直接地支持了农业。

（二）有些国家的农业政策性金融机构本身就是合作经济组织

有些国家的农业政策性金融机构本身就是合作经济组织。而这其中，又包括具有单一金融服务职能的机构和具有复合功能的机构。前者如西欧国家的一些合作性质的农业政策性金融机构；后者比较典型的就属韩国的农业政策性金融机构。西欧国家的许多农业政策性金融机构起源于合作金融组织，只不过后来经过发展演变，政府赋予了其农业政策性金融的职能。比较典型的就属法国的农业信贷银行。韩国的农业政策性金融机构包括全国农业合作社联盟（NACF）和全国渔业合作社联盟（CFFC）。其中，后者是渔业合作社的联合组织，1962 年 4 月 1 日成立，目的在于改善渔民生活条件，提高海产品加工的带动生产率。中央联合会和各渔业合作社通过其信贷部为渔民、地方政府机构、非营利机构提供银行服务，为渔民和有关企业融通资金，并充当政府机构的代理人。全国农业合作社联盟是地区性农业协同组合的中央组织。在过去的几十年中，该联盟通过执行其不同的业务活动，一直支持农民、农村社区和农业。全国农业合作社联盟的建立和业务活动均得到政府的大力支持。它与日本、法国等其他国家农业合作社的一个重要不同之处在于它的全国系统不是自下而上组织联合形成的，而是自上而下有政府的推动与支持层层建立起来的。全国农业合作社联盟实际上是充当了政府政策性金融机构的角色。据统计，政府对农业发放的低息政策性贷款，90% 以上是同通过中央及各级农协转贷给农民的。

（三）有些国家的农业政策性金融机构建立在农业合作经济基础之上

这些建立在农业合作经济基础之上的农业政策性金融机构，其主要特征是：农业合作经济组织参与农业政策性金融机构的股份；农业政策性金融不提供或很少提供零售性业务，而是通过对农业合作经济组织的支持实现其职能；农业政策性金融机构与农业合作经济组织之间具有相对独立性。这种情况以日本的农林中央金库最为典型。日本农业政策性金融体制的核心是日本农林中央金库，该金库是日本农业、林业和渔业的合作社系统的中央银行。它从合作社成员那里可以得到持续的资金供应，并通过对各种农村金融产品进行投资而执行高效率的资产管理策略。2001 年修订后的《农林中央金库法》，强调了关于日本农林中央金库和某些合作社进行重组和强化信贷业务两个方面的内容。另外，美国的农场信贷系统也是建立在合作金融基础之上的，对合作金融组织的贷款是其业务的重要组成部分，但是美国对获得农场信贷系统借款的资格做了详细的规定。菲律宾土地银行对合作社的贷款是一种批发性信贷便利，这种贷款可以作为个人用途的生产性贷款，也可以用作合作社的一些盈利目的。通过对合作社银行贷款也可以达到对农业支持的目的。

（四）有些国家的农业政策性金融机构是通过对合作经济组织的支持完成其职能，并设置了专门的支持计划

为了减少农业政策金融机构的运行成本，有些国家的农业政策性金融机构在提供政策性业务时，是通过对农业合作经济组织的支持实现的。这种情况包括两种：一种是全部业务都通过农业合作经济组织来实现；二是部分业务通过合作经济组织来实现。韩国的农业政策性金融机构基本上是通过合作经济组织来实现的，印度国家农业和农村发展银行则是通过邦合作银行以及合作社完成其部分业务。

合作经济组织在某些国家的农业生产中发挥着重要的作用，如何实现对农业合作经济的支持也是政府农业政策的重要组成部分。政府建立

农业政策性金融机构以后，可以通过两个渠道对农业合作经济组织提供支持：一是对各种各样的非金融合作经济组织提供支持，如各种生产合作社及供销合作社等；二是对农村合作金融组织的支持，如合作银行、信用合作社等。在印度，农业政策性金融机构就是通过这两种渠道对农民提供支持的。印度国家农业和农村发展银行对短期合作组织（州合作社银行、区域中心合作银行、农业信贷初级社）提供的信贷业务包括：短期（谷物和其他贷款）；中期（转换）贷款；投资目的的定期贷款；为农业生产和交易目的的融资；通过州合作社银行为邦手摇织机发展公司的营运资金融资。

四、中国农村社区社会关系结构及农村政策性金融制度演进

血缘关系是农村社区中占支配地位的社会关系，社区居民大多数可以在本社区内找到与自己有血缘关系的人。这种血缘之间的联系可能是直接的，也可能是间接的，同祖同宗是这种血缘关系的基础。在传统的农村社区，相邻而居的地缘关系常常与血缘关系想重合，这是由世代繁衍和同族相邻而居的传统造成的。血缘关系在社区的经济、政治和社会生活中发挥着重要作用。一般地，血缘关系的亲属对人们的经济活动、政治活动的去向有明显的影响。在社会生活领域，血缘关系的作用表现得更加明显，许多日常生活是以家族为基础来组织的。社区居民之间有无血缘关系、血缘关系之亲疏影响着人们的行为取向和特征，这种基于血缘关系之亲疏而形成的，人们在经济和社会生活方面关系有差别的现象称为"差序格局"。

农村经济改革后，市场经济的大潮冲击着千百年来形成的以血缘为纽带、小农经济为根基的社会关系，传统的封闭的乡村社会向现代工业社会转变，田园农耕式村落社区的结构开始分化。在经济快速发展的农村，形成了独特的与城市不同的工业、农业、商业、建筑、运输、服务业齐全的产业结构，以及特有的开放化的社区结构。

　　随着科学技术的发展和城市的影响，农村社区也会发生或快或慢的变迁。农村社区的变迁是经济、政治、社会生活以及社区文化的全面变迁。一般来说，农村社区变迁由经济活动的变化导入，但是政治因素、局势动荡对农村社区变迁的影响也不可忽视。总体来说，农村社区的变化表现为：农村的产业结构发生了重大变化，非农化现象十分明显。在发达地区，农村居民的居住方式和生活方式发生了显著变化，表现出城镇化特征。商品经济逐渐取代了传统的自然经济，由此带来农村经济的非农化趋势和乡镇企业的发展，突破了旧有的农村经济的封闭式的生产格局。市场经济中，社会分工是商品经济快速发展的基础，每种产品的生产都需要由专门的部门来完成，劳动分工越细，生产的社会化程度越高，产品的规模效益越能体现，社区内外的经济联系也日益频繁。城市发展乡镇企业、私营企业与个体工商业为离开土地的农民提供了新的载体，由此农民从单纯的种植业这一经济活动中解脱出来，走向更加广阔的农、工、商、贸多种经营的生产与生活空间。

　　我国的农业政策性金融在农村社区变迁的历史长河中也逐步形成了其具有自身特色的组织系统①，其中，既包括专门组建的农村政策性金融机构体系，也包括其他组织或机构自愿承担的农村政策性金融业务体系等。哲理，组织系统是指实施社会制度的社会成员、群体和组织机构。任何行为规范都有其行为主体，即行为规范的实践者。正是依靠他们对规范的实践，规范才会发挥作用，社会制度才真正发挥了其应有的职能。在具体的社会活动领域，成员们是以不同的方式相互联系在一起的，他们之间形成相互支持、相互制约的权利、责任和义务关系。这些群体和正式组织接受、认可制度规范的程度，他们实践这些规范的能力直接影响着社会制度的实施和发挥作用的情况。

----

　　①　组织系统是指实施社会制度的成员、群体和组织结构。任何行为规范都有其行为主体，即行为规范的实践者。在组织系统中，既有社会制度规范的直接实践者，也有制度实现状况的监督者，后者可能是潜在的、有权威的社会关系网络，也可能是正式的有权威的组织，如各种各样的行政管理机构。

(一) 中国农业发展银行

1994年4月，国务院批准并成立了中国农业发展银行，成为直属国务院领导的我国唯一的一家农业政策性银行，主要职责是按照国家的法律、法规和方针政策，以国家信用为基础，筹集资金，承担国家规定的农业政策性金融业务，代理财政支农资金的拨付，为农业和农村发展服务。目前，农业发展银行已经改变了过去单一的支持粮棉油购销储备业务局面，形成了以粮棉油收购信贷为主体，以农业产业化信贷为一翼，以农业和农村中长期信贷为另一翼的"一体两翼"的多方位、宽领域的支农格局，为确保国家粮食安全、保护广大农民利益、提高农民收入水平、促进农业和农村经济合理性发展发挥了不可替代的作用。事实上农业发展银行也没有完全承担起所有的农业政策性金融功能，也没有全力操作农业政策性金融业务。目前，财政部的支农周转金、各种农业补贴；农业部对农村农机户发放的农机补贴、良种补贴；水利部门的农田水利补贴；农业开发部门的各类农业开发财政性投入等，都属于农业政策性金融机构应该介入的领域。

(二) 财政支农

财政支农是指政府为巩固农业的基础地位和促进整个国民经济的协调稳定发展，通过财政投入、农业税收、财政补贴等政策手段，实现对农业的指导、鼓励、帮助和管理。多年来，我国财政支农政策紧紧围绕党和国家在不同时期的战略部署，积极推进农业农村经济的改革和发展，促进农民持续增收。近几年，财政支农资金连续稳定增长，资金结构不断优化，资金投入的针对性、灵活性和有效性得到提高，农业发展形势良好，农民的收入和生活水平明显提高，促进了农村社会的和谐稳定。但是财政支农的主要问题是资金运用的错位和无效率，在市场经济条件下，财政投资以公共支出为主，促进公平。但目前大量的财政支农资金进入经营领域而抑制了农村投融资市场体系的发育。所以财政支农必须定位在这方面的改善上。由于农村金融环境的弱质性，单纯的商业性金融不可能在市场框架下改善农村投融资体系的功能性缺失，因此必须发挥政策性金融的筹资功能，改善农村投融资缺口。

（三）农业政策性保险

农业保险是指为农业生产者在从事种植业和养殖业生产过程中，遭受自然灾害和意外事故所造成的经济损失提供保障的一种保险。它是一种事前风险控制，是分散农业风险、减轻国家负担不可或缺的手段，是国家对农业无偿预防和救助计划的重要补充。目前已有 40 多个国家建立了政策性农业保险体系。农业保险作为扶持农业发展的一项有效地政策性工具，是保护农业生产和提高农民收入不可或缺的手段，是解决中国"三农"问题的一项重要措施。在当前经济全球化的背景下，发展农业保险不仅可以分散中国农业生产的自然风险，对农业生产实施产前产后的经济补偿，稳定农民收入，还可以改善农业经营主体的信用水平，促进农村金融体系稳定，提高农业生产经营水平和国际竞争力。

目前我国的全国性政策性金融保险仍缺位[①]，农业政策性信贷担保体系尚未建立。我国现今存在的农业性保险大多是商业性保险，而政策性农业保险和商业性保险在举办主体、经营目标和承保机制等方面是截然不同的。政策性农业保险所针对的一般都是农业生产和生活中风险大、利薄甚至亏本的，但又关系到国计民生和社会安定的项目，应由政府专门成立专业性保险公司进行承保；农业政策性保险公司应当是遵循非盈利目标的，虽然也进行经济核算，但是必须兼顾甚至注重社会的宏观经济效益，在亏损项目上由财政给予适度支持或兜底。

（四）商业性金融的社会责任

农村商业性金融机构（包括合作性金融机构）承担的社会责任业务，也属于政策性金融业务的范畴。中国农业银行和农村信用社目前也

---

① 上海成立了第一家政策性农业保险公司——华安农业保险公司，各省市也纷纷成立政策性农业保险公司，仅仅作为政策性保险公司的试点，未形成全国性的政策性农业保险体系。

从事了一些服务农村弱势群体的政策性金融业务，但力度和范围有待进一步提高。

农业银行作为商业银行，其经营的本质特征是不断追求利润最大化，在农村其服务区域主要集中在县城及标准集镇。农业银行现在已经成为一个与农业联系越来越弱的银行，农业贷款只占10%。如果让农业银行经营农业政策性金融业务，难以做到政策目标与效益目标的统一，势必弱化农业政策性金融支持的力度，影响农业银行参与国际竞争。当初国家设立政策性银行的重要目的，就是要实现政策性金融业务与商业性金融业务的分离，提高商业性金融业务的经营效率。

农村信用社是农村金融的主力军，在支持农村经济的发展中发挥着十分重要的作用。然而，农村信用社作为社区性金融组织，其服务的区域和对象都具有很强的社区性。而且，农村信用社具有融资力量小、以短期资金融通为主的资金供应特点，难以满足农业和农村日益增多的资金需求量大、投入期较长、跨区域项目的资金需求。

第二节　我国农村政策性金融制度建设的本土特征及社会职能

通过上一节我国与国外农村政策性金融体制的比较分析，我们不难总结出我国农村政策性金融制度建设的本土特征，并通过对本土特征的理解以及背后产生问题诱因的深层次分析，进而将我国农村政策性金融的社会职能予以准确的定位。

一、农村政策性金融制度建设的本土特征

在新中国成立初期，我国重点发展农业以解决广大人民的温饱问题，农业支出占有绝对比重，支农发展成了当时金融机构的重要任务。为了更好地支持农业发展，1979年成立了中国农业银行，主要目的是

为农村建设提供金融服务，农业银行成为支持农业发展的国家专业银行，为农村建设起到了不可磨灭的作用。1994 年 4 月，成立了中国农业发展银行，承担国家规定的农业政策性金融业务，筹集农业政策性信贷资金，代理财政性支农资金的拨付，为农业和农村经济发展服务。1952 年，根据第一届全国农村金融会议提出的自下而上广泛组织农村信用合作的决议，全国各地纷纷组建了农村信用社。多种类的农村金融机构在很大程度上都为我国的农村政策性金融发展做出了贡献，加之我国农村社区的独特特点，形成了具有中国特色的农村政策性金融的本土特征。

（一）机构形式产生特殊

中国的农村政策性金融是在特殊历史时期和特殊政策背景下产生的。我国的农业发展银行的成立除了与当时"三农"形势有关，也与中国的金融体制改革息息相关。国有专业银行商业化改革是当时金融体制改革的主要任务，而将国有商业银行中政策性业务与之分离成为改革的必要步骤。对于农村政策性金融，每家商业银行都有不同程度的经营，但以中国农业银行为主，所以在建立中国农业发展银行以后，四大国有商业银行承担的农村政策性金融业务顺理成章的划归到了农业发展银行。并且由于农村信用社组织上的群众性，管理上的民主性和经营上的灵活性，也使其成为农民的合作金融组织，形成了我国农村政策性金融体系的基础和运作的重要载体。

（二）职能定位模糊

在中国的农村社区中，聚集着农民、中小企业和农业这些弱势群体的产业，而且中国的"三农"问题的历史悠久的、特殊的、复杂的。比如：小城镇建设进展缓慢，对农村富余劳动力的吸纳能力不足；农业产业化程度不高，农产品加工转化水平偏低；农村生产经营过于分散，农业综合生产效率不高；农业专业化程度偏低，比较优势难以充分发挥；生产技术和手段落后，农业生产效率不高；农村社会化服务缺乏，农户获得各种服务的渠道比较单一，主要依靠自己解决生产经营中的各种问题；农村金融服务落后，农民贷款难的问题已经成为影响农业和农村经济发展的重要因素。这也就从客观上决定了，中国的农村政策性金融应该是多样化的，逐步变化发展以适应解决这些问题的，但是事实并非如此。在过去的十几年中，农业发展银行的职能始终没有得到明确的定位，其业务受政策影响较大，而政策往往具有很大的随意性，职能定位不明，对农业发展银行自身的发展很不利，也不利于其作用的发挥。

（三）农村政策性金融体系缺位严重

从广义的角度讲，农村政策性金融应该包括政策性的信贷、保险、担保和保障等机构，但是中国目前的农业政策性金融仍以农业发展银行一枝独秀，且其业务也存在严重缺位；政策性农业信用担保机构也刚刚成立，但尚未形成体系；即使已经有农业政策性保险机构的出现，但也尚未形成规模，不足以覆盖全国的农村社区。这与那些农村政策性金融体系发达的发达国家和发展中国家相比，差距是巨大的。

（四）农村政策性金融运作机制不完善

以农业发展银行为例，第一，其资金来源渠道单一。政策性银行的资金来源一般有三：财政资金（财政借款、财政贴息、税收减免）、中央银行借款、市场融资。财政资金援助是政策性银行区别于商业银行的独特手段，构成了政策性银行长期稳定的低成本资金来源。1994年中国政策性银行成立以来，除财政拨付的资本金外，其信贷资金来源，除了向中央银行借款外，主要通过人民银行下达指令性派购计划，由商业金融机构定向购买其发行的金融债券筹集。但是，农业发展银行向中央银行的再贷款量在逐渐减少。农业发展银行在大大减轻了粮棉收购贷款不断大量增加给中央银行货币政策运用带来压力的同时，也减少了该渠道的资金来源。1998年下半年开始，政策性银行信贷资金主要通过市场发行金融债券筹措。以后年度的市场化筹资额度逐渐扩大。市场化筹资成本高，政策银行本身难以消化。如何还本付息，又成了政策性银行的一个大问题。

第二，资金来源的短期性与贷款的长期性之间存在矛盾。在通过市场发行金融债券的方式成为政策银行募集资金的主要方式后，政策银行又面临着资金来源期限短的问题。国家开发银行、农业发展银行、进出口银行近年发行的金融债券期限大都在 5 年以下，还有一部分期限在 1 年以内。客观上形成了政策性银行资金来源的短期性。另外，政策性银行的特点决定其功能主要是贯彻国家中长期产业政策、地区经济发展政策，贷款投向主要是一些社会效益好，但自身经济效益低、投资周期长、数额巨大、资金回笼慢的项目。它前瞻性地构造了经济基础，但同时造就了贷款占用期限的长期性。资金来源的短期性与贷款的长期性矛盾的存在，加大了政策银行的经营难度。容易造成政策银行支付困难，增加了其经营风险。

第三，业务范围涉及政策性银行金融风险的缓解问题，在一定程度上也增大政策性银行的盈利可能性。中国农业发展银行实际上仅是单纯的粮棉收购贷款银行，业务仅限于支持粮棉流通，根本无法充分发挥支农作用。即使在支持粮棉流通方面，也同样存在突出问题。棉花购销已经市场化，随着粮食购销市场化程度的提高、种植业结构的调整、粮棉购销主体的多元化，国有粮食购销企业收购量明显下降，以购销信贷为主的农业发展银行的贷款资产业务也出现规律性明显下降。现行农村政策金融制度运行成本太高。从某种程度上讲，快速增长的不良资产、日益增加的亏损，甚至已成为政府的沉重负担。业务单一，且逐渐萎缩，有较多的基层农业发展银行，人浮于事、费用高、且资产闲置，浪费较大，不能实现政策金融机构自身的可持续发展。

第四，中国农村政策性金融运作的本土特征还可以进一步归纳为：没有营造出一个所有农村政策性金融需求主体均能享受到政策金融服务的制度环境；忽视资本充足率，资产规模扩张缺乏基础；政策性银行存在"通病"即金融品种太少，以长期贷款为主，服务手段也非常有限等。

（五）规则体系上存在缺陷

行为规范是一定社会中指导人们行为的准则，它们是人们在长期的共同生活中选择、积累起来的经验，是人们在共同生活中认为是合理的、合适的东西。现代社会的社会生活中，各个领域都有大量约束和指导人民的法令、规定，它们告诉人们应该怎样做和不能怎样做。从人类社会发展的过程看，法律在社会生活中的作用在加强。现代国家，越来越多的将社会生活纳入法律的制约范围。

农村政策性金融作为国家宏观调控的工具，要充分发挥作用，就必须有其运行的制度环境，而这些制度环境主要是由国家来提供的。农村政策性金融的规则体系主要体现在，应该建立健全一套特殊而独立的法律法规和规章制度体系。国外的政策性金融机构是自主决策、自主经营、自担风险的独立法人，相关法律明确规定各政策性金融机构的资金来源、资金运用、业务范围或领域、组织机构等，它们在政府支持的产业方向和范围内独立决策和经营，这样，不但保证了政策性金融机构经营的稳定和规范，也有利于政府宏观层面的管理。而包括农业发展银行在内的中国的三家政策性银行的法律建设至今还只是停留在规章制度的层次上，唯一的法律性文件即各自的章程，缺乏严格意义上的法律保证和规范，层次不高，保障与约束力不强。

作为政策性金融机构，既具有银行的一般属性，又具有特殊性，现行金融法律、法规都不能概括和解决中国政策性金融机构的性质和定位问题。对政策性银行的经营范围、运行规则、违规处罚等都没有明确规定，一直游离于专门立法之外。政策性金融在无法律制度明确约束的情况下运行20年，带来明显的负效应，使监管无法可依、流于形式，很多问题长期得不到解决，隐藏着极大的金融风险，同时也制约了政策性金融机构的职能发挥和自身发展。

另外农村政策性金融机构这一特殊的机构形式，也应有特殊且针对性强的监督机制与之相配合。中国目前针对政策性金融领域仍没有专门的监督机制，现行的监督管理也绝大部分参考甚至照搬商业银行的监督管理机制，不利于农村政策性金融的健康和持续发展。

（六）商业化运作的趋利化导致农村政策性金融的异化问题突显

2007 年，中央提出政策性银行要推行商业化运作，这是依据政策性金融的特有功能要求，对政策性银行固有的经营方式和手段的肯定或归位，是为了合理地利用政策性金融资源，更好地发挥政策性金融的功能作用，以取得更大的社会效益和保障自身财务稳定及可持续发展的举措，但并非意味着政策性银行质的"商业化"。目前在我国，市场化或市场化运作正在错解、误解、滥用，要求"市场化"和"商业化"的声音充斥在政策性金融的领域。其实，商业化运作或市场化运作，只是政策性金融制度承载体微观经营、运营、操作管理的一个重要原则，但不是最高原则，市场化运作必须服从、服务于政策性金融基本宗旨和职能定位定性这一最高原则。

二、农村政策性金融制度的社会职能

功能和职能密不可分，笔者以为，尽管功能和职能的含义有某种广义上的重合与交叉之处，但从更为确切的或狭义上的理解，二者还是有一定属种概念的区别的，即：作为属概念的"功能"，应定义为事物从总体或基础而言的一般功效、效用、效应、效能或作用；作为种概念的"职能"，则是影响功能发挥的作用范围和职责义务，是功能的具体延伸和体现；"功能"与"职能"这两个不同概念相互之间体现的是一般与具体、内容与形式的属种概念关系。据此，本节首先阐述农村政策性金融的功能（包括正功能和负功能），然后探析农村政策性金融的社会职能。

（一）我国农村政策性金融的正负功能

功能是经济社会学的功能学派在分析社会结构时常用的基本概念。

该学派认为社会是一个体系，它的各部分相互依存，因此，任何一个部分的存在对整体的存在和运行都具有积极的意义。首先，我们只有了解并正确认识了我国农村政策性金融所发挥的功能，才能对我国农村政策性金融制度建设的社会职能进行准确的定位。

1. 农村政策性金融的正功能

社会结构的各部分相互依存去实现社会整体目标。部分对整体的支持作用被称为发挥功能，在这里，功能的意义是积极的，被称为正功能。农村政策性金融的正功能主要体现在以下几个方面：

（1）农村政策性金融是连接政府与"三农"群体的桥梁，是介于财政政策和金融政策之间的一种政策工具，是连接产业政策、金融政策和财政政策的一种有效形式。农村政策性金融以其特有的功能，在构建和谐社会中发挥独特的作用，中国现存的利益不均衡和社会非和谐正在受到政府与社会的普遍关注。协调利益关系，缓解社会矛盾，是政府的重要职责，农村政策性金融是政府有效供给的利益均衡制度，是增进社会和谐因素和建设和谐社会的重要条件。

（2）农村政策性金融能够有效促进农村产业经济的协调发展。"三农"发展需要建设更多的基础设施，但是市场本身无法有效地为这些基础设施的建设提供金融支持，金融体系的缺陷是社会资金难以流向基础产业和基础设施建设项目。因此，需要政府使用政策性金融手段进行政策干预，保证"瓶颈"产业发展和相关领域良好的资源配置，加大对农业综合开发项目、农业产业化项目和农副产品加工项目等先行支持，促进城乡经济协调健康发展。

（3）农村政策性金融在促进区域经济协调发展方面发挥有效作用。对处于工业化进程中的不发达国家，经济发展通常会带来区域间的不平衡，造成国民经济不均衡增长，国内不同地区更多地出现"回程"效应。中国经济发展区域差异明显，东部、中部、西部呈阶梯状排列，且差距有逐步扩大的趋势。在实施区域协调发展战略中，除了市场诱导和商业性金融支持外，还需要加强农村政策性金融对中部、西部地区和东北老工业基地的支持力度，形成区域协调发展的局面。农村区域发展不平衡需要农村政策性金融的专门支持。

2. 农村政策性金融的负功能

在社会系统中并非部分对整体的运行总是发挥积极作用，某一部分行动的后果降低了整体（系统）的适应力和活力的现象为负功能，即指它的消极作用。农村政策性金融的负功能主要表现为，如果不合理或过度地滥用农村政策性金融资源，如行政干预过度、设租寻租、非市场化运作等，则会影响到农村政策性金融资源的合理有效配置和不可持续发展，影响到其功能作用的正确有效地发挥。

中国现存的农村政策性金融制度是在政府的强制作用下逐渐发展起来的，是自上而下的政府主导的结果。在这种情况下所建立起来的农村政策性金融服务的供给并不是相对于农村金融需求的，是不能够真正从根本上改善农村经济发展落后的状况的。有人认为社会中的许多制度是社会的强势群体制定的，社会制度反映的是这些强势群体的利益而不是真正的社会利益，这就对社会结构功能的合法性提出了质疑。

（二）我国农村政策性金融的社会职能

1. 我国农村政策性金融体制的价值系统职能

价值系统是指社会制度存在的意义系统，即某一社会制度的理由和价值。任何社会规范体系、社会制度都有其存在的理由，即都是为了实现某种社会目标而存在的。

第一，我国农村政策性金融的理论价值系统职能。农村政策性金融制度的存在和发展有着坚实的理论基础和深刻的经济、社会根源，它是政府为了促进经济发展和弥补市场失灵，用来进行金融干预，辅助资源配置的工具；它是微观性与宏观性、财政性与金融性、市场性与公共性、市场失灵与政府干预、有偿性与无偿性巧妙的结合体与统一体。当市场不完备、信息不完全、竞争不完全时，市场经济运行往往偏离帕累托最优状态，无法达到资源配置的最佳状态。这就为政府干预提供了广阔的空间。在"三农"领域，由于农业生产经营和自身发展的长期性、风险性、波动性等特点，一般银行普遍认为经营农业贷款风险大、成本高、不确定性强，一般会忽视弱势群体的需求。因此，这一切，都需要政府发挥职能，进行干预，弥补与纠正市场失灵。

公共物品具有非竞争性和非排他性的特性，是介于纯公共物品和纯私人物品之间的准公共物品的供给。准公共产品，是指具备非排他性和非竞争性两个特点之一，另一个为不具备或不完全具备；或者两个特点都不具备但产品具有较大的外部收益的产品。一方面，如果准公共产品完全由市场供给，就会产生消费不足的问题；另一方面，如果单纯由政府财政机制配置这部分资源，就会导致其内部直接经济效益的降低。由于市场失灵和外部性等问题，供给主要由政府来承担，或政府通过多种形式来供给。农村政策性金融是政府财政手段与金融手段的巧妙结合的表现形式，是政府供给实现的主要途径和方式。这就为政策性金融在这一领域发挥作用提供了必要的空间。

第二，我国农村政策性金融的现实价值系统职能。农村政策性金融体系具有对农村强位弱势对象的融资倾斜和强力扶植的政策性特征。农业政策性金融是整个农村金融服务体系的重要环节，其建立旨在为农村强位弱势群体提供优惠的、可得的融资服务和金融咨询。要构建"功能完善、分工合理、产权明晰、监管有力"的农村金融服务体系，要不断加大支农力度，不断提高支农质量，不断完善支农功能，实现支农效果不断显现，就必须要充分发挥商业金融、农村合作金融以及政策性金融机构的综合力量。同农村商业性金融经济效益最大化的目标不同，农村政策性金融进行社会资源配置的目标是提高以社会效益为核心的社会合理性，是为了维护农村机会均等、社会公平和安全稳定。高效的、稳定的、健全的农村政策性金融制度有利于社会经济的整体性、协调性和可持续发展。

在目前新的经济发展形势下，如何通过有效途径完善职能、健全机制，推进农村政策性金融体制改革，达到促进农业和农村经济发展，发挥社会合理性资源配置的功能，成为一个急待研究和解决的重要课题。提出我国农业政策性金融改革发展的建议和构想，对于完善我国农业政策性金融管理体制，推进农村经济增长、农村社会进步，加快消除"二元经济格局"，实现城乡统筹发展，推动社会主义新农村建设具有重要的理论价值和实践指导意义。

2. 我国农村政策性金融体制的社会金融职能

第一，我国农村政策性金融体制应满足广大农民的金融需求。从社会学角度，不论是自然形成的还是人为设计的，制度都是为满足人的需求而存在的。人的需求是多样化的，不同社会成员的需求可能有冲突，为了满足大多数人的需求并有利于社会的发展，人们制定了制度。制度能有效地满足相关人员的需求，这从经济学的角度来看被认为是降低了社会（交易）成本。任何制度都有实际的社会背景，在特定背景下能够保障社会成员的需求的合理满足，同时不至于因为这种满足而伤害整体利益。笔者认为我国农村政策性金融体制在满足广大农民的金融需求属于其社会金融职能的基础职能，即服务功能和中介功能。农村的政策性金融在基础职能上并不扮演主要的角色，这是由其特殊的目的与业务对象、特殊的运作机制、特殊的外部组织结构等原因使其难以扮演主要角色。政策性金融机构通过其负债业务，吸收资金，再通过资产业务把资金投向所需单位或项目，与其他金融中介一样都是作为货币资金的借入者和贷出者的中介人来实现资金从贷出者到借入者间的融通。所不同的在于它一般不接受活期存款，因而一般不参与信用创造活动，不具备派生存款或信用创造功能。

第二，我国农村政策性金融体制应具备导向职能。从社会化的角度来看，制度具有行为导向作用。真正能实施的制度绝大多数具有相当大程度的现实合理性，从而能够指导人们的行为。制度的这种导向职能并不能够保证所有成员都会模范地实践某种制度规范，而主要是向人们指出行动的合理方向。至于这种导向的实际效果，则要看人们对制度价值的认同程度、人们去实践这些制度规范的主客观条件。

我国农村政策性金融体制的导向职能可以看作是一种倡导与诱导性功能。这种功能是指政策性金融机构的直接的资金投放导致间接地吸引民间或私人金融机构从事符合政策意图或国家长远发展战略目标的高风险新兴产业或重点产业的放款，充分发挥其首倡性、引导性功能。在这个过程中，政府政策性金融机构首先倡导性先行投资，民间商业性金融机构随之投资，政府政策性金融机构再转移投资方向，并开始另一轮循环。这就形成一种政策性金融对商业性金融投资取向的倡导和诱导机制。这种功能更能体现政策性金融制度的精髓所在，也更为符合市场经济规则的基本要求，因而是政策性金融诸多特殊功能中最基本、最核心、最重要的主导性功能，也是协调政策性金融与商业性金融相互关系的基石和主导性功能。

在农村政策性金融功能体系中，加大农村政策性金融的诱导性支持保障力度尤为重要。发挥农村政策性金融的诱导性功能，能够顺应农村金融不同需求主体多元化的市场融资需求。农业投融资的首倡诱导功能，更能体现农村政策性金融制度的精髓所在，也更为符合市场经济规则的基本要求，因而是农村政策性金融诸多特殊功能中最基本、最核心、最重要的主导性功能。一方面，受政府财力资源的限制，我国农村政策性金融机构的资本和资金规模相对于商业性金融机构而言极为有限，所以农村政策性金融机构利用自身拥有的信息优势，先期优选政府支持的农业产业项目并投入少量资金以小博大，可以虹吸更多的商业性或民间社会资金积极参与农村政策性投融资领域，使商业性金融机构能够利用农村政策性金融机构审查能力（即信息生产能力）强的信息"溢出效应"和信贷决策机制，"免费乘车"，参与融资，从而有利于降低市场上信息不对称的平均水平。另一方面，现代经济金融是以商业性金融为主要载体的市场经济金融体制，强调诱导性功能，可以充分调动和激励商业性金融的融资积极性，扩大其融资规模，增加其盈利机会，降低农村政策性金融对金融市场的过度介入和不必要的、过多的政府干预。因此，农村政策性金融的业务行为不能有悖于市场经济基本原则的要求，即使在商业性金融不予选择或滞后选择的产业项目，而需要农村政策性金融开始唱主角时，也要尽可能地注重发挥农村政策性金融对商业性金融的首倡诱导与虹吸扩张性功能。

为此，作为农村政策性金融制度主要承载体的中国农业发展银行要立足于倡导投资方向，加强与中国农业银行和其他商业性金融机构开展多形式的业务合作。例如，在农业产业项目的政策性贷款方面，选准和扶持能够带动千家万户的农村龙头企业及农产品商品基地，通过直接或间接的资金率先投放，改善投资环境，降低投资风险，可以增强其他金融机构、经济组织和个人的投资信心，吸引和诱导商业性、合作性银行和其他社会资金从事这些符合农业政策意图的农业产业贷款和投资，从而对政策扶持项目的投资形成乘数效应，以较少的政府财政资源推动更多的资金投入农业产业化领域，达到既定的农业产业化政策目标。在农村政策性项目的保险、担保方面，通过为农村"龙头企业"或其他农村中小企业、规模经营的农户提供贷款担保或者贴息，帮助服务对象向商业银行贷款，为商业性金融和社会资金投入农业和农村创造条件，并以此促进农村信用体系建设，改善农村社会信用环境。此外，中国农业发展银行开展多年的粮食信贷业务，使其内部聚集了一批熟悉和精通粮食产业运作和市场规律的信贷人员，在政府和企业关于粮食经营和市场发展方面能够提供专业的服务。譬如，结合粮食期货市场的状况和走势，对贷款企业的经营提出买进或卖出的建议，就使粮食企业受益匪浅。所以，中国农业发展银行要发挥其农村专业性服务与协调的特殊功能；还要重视开展扶贫性金融业务，承担其农村扶贫开发的基本功能。

第三，我国农村政策性金融体制的整合与控制职能。整合是社会制度的基本职能。整合是社会系统内部达到协调的过程和状态，社会制度的整合功能是以制度规范之间的良好配合、协调为基础的。一个成熟的社会制度是人们长期共同生活实践的结果，在这种实践中，大家共同认可的规范被固定下来，那些本来相互冲突的行为找到了解决的办法，预示社会制度的规范体系内部达到了较高的协调性。当这种社会制度在社会中发挥作用时，自然会导致社会的协调和有序，这就是社会的整合状态。笔者认为这与农村政策性金融的资源配置功能异曲同工。

农村政策性金融作为农村社区金融体系不可缺少的组成部分，在政府的参与或指导下进行资源配置。农业是我国基础性产业，更是弱质性产业，必要时需要政府采取直接的财政补贴和政策性金融予以大力支持，以行使其直接扶植与强力推进功能，这种政策性金融本身的直接性信贷的作用是非常强而有力的。而在市场机制不予选择或滞后选择或无力选择时；在单纯依靠市场机制的自发作用它们将得不到或不易得到充分的资金和应有发展时，政府通过行政机制由政策性金融发挥逆向选择职能。但是，政策性金融的选择是建立在商业性金融选择的基础之上的，随着时间的推移及客观环境和条件的变化，政策性金融的选择会随商业性金融选择的变化而进行相应的调整与变化，即政策性金融的市场逆向性选择是结果，商业性金融依市场机制的正向性选择是前提，并且是一个不断变化和调整的动态性过程。

农村政策性金融体制整合职能的独特性，要求中国农业发展银行和其他农村政策性金融制度承载体的业务职能，不仅体现在支持农产品价格功能方面，还要体现在扶持农业生产功能、扶贫开发功能、农业项目配套服务功能等方面。支持农业产前和产中领域以及区域扶贫开发，为提高农业的综合生产能力，实现农业现代化提供全方位、多形式的支持，加速农业可持续发展。其核心是加大对农业产前和产中环节的资金投入，特别是投入农业生产环节上那些投资大、周期长、直接经济效益低、商业银行不愿投资，而对整个农业发展又是至关重要的项目。例如，为农村兴修水利工程、整治土地、保护生态环境和农业基本建设发放贷款；支持农业科技开发、推广和利用，推进农业机械化、良种化；鼓励农村文化青年务农和掌握农业生产技术，以提高农业生产水平等。从业务职能上补充商业银行的业务空缺，即做商业银行不能做的业务，而不做商业银行能做的业务，从根本上协调和处理好农村政策性金融与商业性金融的业务关系。针对我国农业保险市场失灵问题、不同层次农村金融需求主体的融资难问题，当前还要根据农业政策性保险（担保）功能的要求，建立专门的农业保险经营机构和融资担保机构，加快发展政策性农业保险（担保）制度。

而控制也是制度的一项重要职能，社会制度不但为社会成员的合理需求的满足提供途径，而且对不符合规范要求的行为进行约束和控制。这就要求我们对于前文中阐述的农村政策性金融的负功能予以控制。

第四，我国农村政策性金融体制的扩展职能。政策性金融一般都依据特殊法规或政策，在特定领域或行业进行融资活动。这使其具有很强的专业性特征，在该领域积累了丰富的经验和专业技能。它必须既关注商业性选择又关注非商业性选择。这就使它对经济金融领域比商业性金融有更系统的了解与分析，它聚集了一批精通业务的特殊专业人才，可以为相关产业或企业提供全面而地道的金融与非金融服务。如财务结构分析、投资咨询、经营情况诊断、经济金融信息提供、联系与沟通等。此外，由于政策性金融机构长期在某一领域从事活动，成为政府在某一方面的金融顾问或助手，参与政府有关规划的制定乃至代表政府组织实施。

另外，农村政策性金融还有一些补充性辅助性的职能，主要表现在：对技术性、市场性风险较高的"三农"领域进行引导性投资；对前景不十分明朗、不确定性较大的农村产业项目或领域进行倡导性投资；对投资回收期较长、收益率较低的农业项目进行补充性融资；对于成长中的农村优质产业提供优惠利率贷款；以间接的融资活动或担保来引导商业性金融对农村的资金流向与规模；针对商业性金融主要以提供中短期资金融通而产生的长期资金融通不足这一情况，提供中长期乃至超长期农业贷款等。农村政策性金融的功能及其具体职能始终是补充而不替代，更不取代，进而完善一国金融体系的整体功能，增强其在社会经济与金融发展中的积极作用。

第九章

我国农村政策性金融制度
社会建构的路径设计

本章在上述研究的基础上，主要是秉承着经济制度的社会建构性理念，探究我国农村政策性金融制度功能及组织体系的完善、生态环境建设、农村金融组织的规范整合、模式创新等具体方式方法，并提出实现农村政策性金融制度社会建构的政策性建议，以推进农村社会金融公平公正地协调互动与和谐发展。

第一节　农村政策性金融制度创新与
社会建构的路径选择

农村政策性金融是农村金融体系中不可或缺的一个重要组成部分，是国家保障农村社会强位弱势群体金融发展权和金融平等权的特殊制度安排。在我国农村政策性金融领域，仍然面临着一系列亟待解决的问题，如农村政策性金融制度功能不足及其同商业性金融的业务冲突、同合作性金融的协作缺位，"越位"与"缺位"并存，以及社会控制不足，农村社会金融不适应金融需求和金融机构多层次的要求等社会金融问题。因此，破解农村金融难题和困境，充分发挥农村政策性金融的主动性作用和诱导性功能，不仅需要从经济有效性方面进行研究，也需要探讨其深层次的社会诱因并进一步寻求制度创新和社会建构可选择的路径。本节通过借鉴国内外的相关理论和成功经验，从多个视角比较分析农村政策性金融制度的社会建构与创新的路径模式，以充分发挥政策性金融制度的特有功能及社会职能，为我国的农村政策性金融制度创新与发展合理化政策建议的提出奠定基础。

一、基于功能视角的农村政策性金融制度建设模式

功能是经济社会学的功能学派在分析社会结构时常用的基本概念，该学派认为社会是一个体系，它的各部分相互依存，因此，任何一个部分的存在对整体的存在和运行都具有积极的意义。农村政策性金融是政府和"三农"之间的桥梁，以其特有的功能对整个社会经济的发展建设起到部分对整体的支持作用。我国农村政策性金融严重缺位，并没有在推进农业、农村发展过程中充分发挥本应具有的先导性、主动性和主导型作用，主要原因是以中国农业发展银行为代表的农村政策性金融机构的职能定位不明确，政策性金融功能不健全，长期以来导致农村政策性金融功能弱化的状况。有学者提出农村政策性金融应当具有十项特有的功能，包括农村政策性导向功能、农业生产扶持功能、农产品价格支持功能、农村基础设施开发功能、农村扶贫功能、农业开发服务功能、农业政策性保险功能、农村金融市场完善性功能、诱导与虹吸扩张性功能、有限金融性功能。而目前我国的农村政策性金融制度存在着上述一些功能的缺失，主要表现：首先，中国农业发展银行的职能定位和业务范围不明确、不合理，出现与商业性金融之间的竞争造成的"功能越位"，同时本该由农村政策性金融承担的业务却没有承担出现"功能缺位"；其次，制度体系不完善和业务单一，目前农村政策性金融业务的开展主要在农业政策性信贷方面，而农业政策性保险、担保、信托、投资等方面尚未有效开展；最后，农村政策性金融立法缺失，目前我国农村政策性金融发展中面临的最大问题就是金融立法的缺失、金融法律制度的滞后，包括农村金融机构中存在的诸多尚待解决的问题也均有其相

对应的法律缺失。鉴于以上诸多方面表现出来的农村政策性金融制度出现的功能性缺失,我国农村政策性金融制度在进一步的发展和创新的过程中,迫切需要解决的问题就是农村政策性金融功能的完善。

世界各国在完善农村政策性金融功能方面的经验和做法都具有各自的特点,有值得我们去借鉴的地方,在农业政策性导向功能、农业生产扶持功能、农业基础建设开发功能、农产品价格支持功能以及农村扶贫开发功能这五个方面,对我国农村政策性金融功能的优化和健全具有启示和借鉴作用。有学者对印度、巴西、法国、日本和美国五国的农村政策性金融机构的职能和业务开展进行了比较研究:首先,国外农村政策性金融机构形式多样,既有政府的金融机构如美国的农民家计局,印度的国家农业和农村开发银行,日本的农林渔业金融公库,也包括日本农林中央金库这样的民间互助合作金融机构,还有政府和民间合办的金融机构,比如法国的农业信贷银行。其次,国外的农村政策性金融机构筹资的渠道也呈多样化模式,美国、法国和韩国等国一般采用发行由政府担保债券的方式,而法国农业信贷银行则采用吸收存款的方式,还有一些国家采取向中央银行和世界银行等借款来筹集资金。最后,在支农业务和范围方面具有防范性的特点,生产领域贷款、流通领域贷款、加工领域贷款、扶贫贷款和农业担保保险业务等,都在农村政策性金融机构扶持的范围之内。同时他们的农业政策性金融活动都会灵活地依据相关的法律和法规进行及时的调整。

从国际比较的视角对农村政策性金融所具有的补缺性功能、首倡诱导与虹吸扩张性功能、农村专业性服务与协调功能、农业政策性保险功能和有限金融性功能进行研究,我们发现世界上很多国家都有很多值得我国借鉴的具体手段。在农村政策性金融补缺性功能方面,由于商业银行出于信贷风险和收益的考虑,很多农户的项目得不到资金支持,大部分国家政府都会将这一责任放在农村政策性金融机构上,去选择哪些市场、不选择或者滞后选择,却对社会经济发展有重要意义。在首倡诱导与虹吸扩张性功能方面,美国农产品信贷公司通过实施信贷保证计划,吸引和诱导商业性金融机构从事农产品贷款活动。泰国中央银行要求所有商业银行把存款的 20% 通过农业合作社银行的贷款投向农业部门。摩洛哥还专门成立农业发展基金和国家农业信贷银行来负责处理诱导性资助事务。在农村专业性服务和协调功能方面，韩国的做法是全国农业合作社联盟不仅承担政策性贷款，还为农民提供技术教育、农业管理、法律服务以及环境保护这样的专业性服务。印度国家农业和农村发展银行协调参与基层开发工作的所有机构的农村融资活动，协调与印度储备银行和其他国家机构之间的关系；促进在农村金融、农业和农村发展方面的研究工作等。在农业政策性保险功能方面，农村政策性金融提供的保障性功能具有保障农业持续、稳定、健康、安全发展和农村社会稳定的社会管理职能，包括分散和化解农业风险、防灾防损和经济补偿的政策性农业保险和融资担保功能。美国农产品信贷公司和进出口银行为农产品进出口商提供信贷保证。加拿大农业信贷公司为农民提供各种类型的农业保险，可以对借款人自己、借款人的经营以及借款人的家庭起到保护作用。韩国全国农业合作社联盟经营的信用担保系统经过相应调整，能够最大限度地为农民和其他相关客户提供信贷担保和其他现代金融服务，包括提供非营利的保险服务，以补偿农民无法预料的损失。有限金融性功能方面，农村政策性金融并不片面追求利润，也不主动与商业性金融竞争。国外农村政策性金融机构大都在专门立法的保障与规范之下，秉承非竞争性中立的原则，实现政策性与非主动竞争性盈利的有机统一。例如日本把政策性金融机构不得通过业务经营与其他银行及非银行金融机构竞争直接写在农村政策性金融法律中。加拿大农业信贷公司将总部设在一般城市更好地为农村地区服务，即使 20 多年来一直处于亏损状态政府也没有撤销机构或将其转型，这更加体现了农业政策性金融机构并非以营利为第一目标的职能定位。

经济社会学的结构功能主义观点同样适用于对我国农村政策性金融制度功能完善的理论依据。农村政策性金融与其他性质的金融机构一道，共同组成了我国农村地区相对完善的金融网络。第一，科学的认识和高度的重视农村政策性金融制度的特有功能，农村政策性金融是一国金融体系中不可缺少也是不可替代的重要组成部分。第二，强化农村政策性金融的首倡诱导与虹吸扩张性功能，农村政策性金融机构利用自身拥有的信息优势，先期优选政府支持的农业产业项目并投入少量资金以小博大，可以虹吸更多的商业性或民间社会资金积极参与农村政策性投融资领域，引导商业性金融机构资金主动投向原本不愿涉足的农村金融业务。同时也可以充分调动和激励商业性金融的融资积极性，扩大其融资规模，增加其盈利机会，降低农村政策性金融对金融市场的过度介入和不必要的、过多的政府干预。第三，农业政策性担保和保险是农村政策性金融运行形式中两个重要的部分，政策性担保能为商业银行做风险担保有效解决农民与商业性金融机构出现的信息不对称问题，而农业政策性保险能促进农民的积极性与主动性，解除投资者向农业生产经营投入资金的后顾之忧。为了解决农村涉农企业贷款担保难的问题，可以遵循"自主经营、自负盈亏"的市场化营运规则建立县市级信用担保体系。同时通过成立农业政策性保险公司提高农民抵御自然和市场风险的能力，可以参照巴西不保收成保农业生产总成本的做法。农业部门单纯实行商业性保险无法为农业发展建立安全保护屏障，需要政策的扶持，实施政府导向型的政策性农业保险，其中包括建立专门的非营利性政策性保险公司，统一进行农业保险的经营和管理。第四，中国农业发展银行在其业务职能上要尽快全方位地"归位"，重新回归于农业政策性金融本应有的独特职能定位，从职能上明确区别于商业银行，做商业银行不能做的农业政策性金融业务。考虑取消中国农业发展银行支农范围的限制，允许办理所有涉农贷款业务，同时由地方政府出资成立农业政策性保险和农村小额贷款担保基金，分担灾害和贷款风险。农业发展银行除了继续保证粮棉油储备收购资金的供应外，还应支持农业产业化发展、农业基础设施建设、农村公共事业发展、农村环境建设、农业科技成果推广应用及扶贫开发等公益性项目。

二、基于组织视角的农村政策性金融制度建设模式

组织机构安排既是农村政策性金融制度的承载体和实现形式，也是

农村政策性金融制度的保障，组织机构设置合理与否直接关系到农村政策性金融制度的运行效率。西方国家的农村政策性金融机构形式多元化，从机构性质上看既有政府掌权的，也有政府与民间组织共同建立的，相对比我国农村政策性金融融资手段、资金来源单一的现状，这种多元化的农村政策性金融机构组织形式非常值得借鉴。例如建立农村信用社与农村政策性银行合二为一的农村政策性金融新体制，无论是从理论上看，还是其他国家的经验做法来看，农村政策性金融与合作金融的关系日益密切，合作经济在农村政策性金融运营中的作用不可忽视。把农村政策性金融与农业合作经济组织结合在一起，或者说，把政策性金融的职能嫁接在农业合作经济组织上面，已经在很大程度上解决了交易成本问题，解决了农民的分散性问题，还解决了农村信用社改革举步维艰和中国农业发展银行功能不完善、体系不健全的问题。中国农业发展银行现有的分支机构与农村信用社相结合，构建上为中国农业发展银行，下为农村信用社，形成"上官下民"垂直合作的组织机构，是中国农村政策性金融机构组织模式的现实选择，也比较适合现阶段的具体国情和经济金融运行环境。这一组织机构安排模式可以使中国农业发展银行和信用社形成优势互补，扬长避短，共同发展，提高中国农村政策性金融制度的运行效率。既有助于解决中国农业发展银行"基层无腿"和农村信用合作社"群龙无首"的问题，也能够节约组织安排上的交易费用。

另外，农业政策性金融业务单笔业务量小、整体业务量大、收付频繁而且遍布整个农村地区，但是目前中国农业发展银行的分支结构设立到市县一级，尤其是在西部和部分少数民族地区还没有设立机构，因此为完善政策性金融支农机构体系还应将农业发展银行机构下设到乡镇一级，并成立村一级代理机构，增设基层支行或派驻信贷组，解决支农不济的问题。

三、基于需求与供给关系视角的农村政策性金融制度建设模式

我国在经济体制改革的过程中，对农业政策性金融存在着巨大的需

求，一方面由于我国在加入世界贸易组织后需要利用"绿箱政策"增加对农业科研和农业基础设施建设的投入，这就要求农业政策性金融机构对农业发展提供政策性金融服务。另一方面随着农村经济的快速发展融资的规模和科技含量不断增加，农信社和民间借贷无法满足这些项目融资需求，而农业政策性金融制度创新供给缺明显滞后。政府应该满足高速低成本的供给，同时让农业政策性金融机构建立自我约束机制，避免过度干预。

为了解决对涉农部门的资金投入不足的问题，需要加大政府政策性资金对农业的投入，可以借鉴美国的做法，美国农村政策性金融发展中财政是政策性金融机构的资本金、补贴和亏损的全部承担者，解决了农户的资金困难，并对冲了农村金融供给者的风险还带动了商业性金融的供给。我国很多学者也认为应该拓展农业发展银行的资金来源渠道，其中增加财政资金对农村政策性金融机构的支持是现阶段的可行之举，还可以考虑把农村邮政储蓄资金作为中国农业发展银行的资金来源。而从长远来看，农村政策性金融机构可以逐步减少对中央银行的资金依赖，拓展自身的融资渠道，增加农村政策性金融的供给，比如可以通过发行农业金融债券的形式，寻求境外筹资和农业发展基金、农民共同基金等合作伙伴，国家用于农业发展的基金存入农业政策性银行统一管理。

四、基于运行机制重构视角的农村政策性金融制度建设模式

为了更好地发挥农村政策性金融在支持农村建设中的重要作用，有必要对我国农村政策性金融运行模式进行创新性重构，国际上农村政策性金融的机制创新模式体现在八个方面，包括产权多样化、完善资本金拨补机制、资金来源渠道多元化、完善利益补偿机制、健全法人机制、完善风险管理体制、严格金融监管和完善法律约束体系等。我国农村政策性金融的运行模式的创新，首先要进行政策性金融机构内部经营管理的完善，包括建立稳定充足的资金来源渠道，通过中央银行再贷款、发

行金融债券、财政资金补偿、境外筹集资金以及建立合作型基金等多种形式获得，完善治理结构，建立健全风险防范和补偿机制。其次是采取竞价投标的方式作为我国农村政策性金融的激励激励模式，它体现的是一定的竞争性和供求匹配性。这也是我国农村政策性金融供给的一项重要创新方式，具体操作中分为三步走：第一步将农村政策性金融业务划分成具体的产品实行分别拍卖；第二步由各家金融机构对金融产品进行投标，政府选取最具竞争力的金融机构作为该项政策性金融产品的供给者；第三步竞标成功的金融机构将获得政府的利益补偿，为农村提供金融业务。再次是农村政策性金融的约束模式创新，建立监管机构依法监管、金融机构内部控制、行业自律与社会监督有机结合的农村政策性金融监管体系，全面提高监管能力。

同时，还要完善保障我国农村政策性金融良好运行的金融生态环境，尤其是加快农业政策性金融专门立法的步伐。我国农村政策性金融组织法律制度存在包括法律制度缺位、法律地位模糊、法人治理结构不完善、经营活动缺乏有效监管在内的诸多问题，应该从农业政策性银行法律制度的建立、中国农业发展银行功能地位和完善法人治理结构几个方面来对农村政策性金融组织进行法律制度的构建。农村政策性金融在运行机制等方面存在明显不足，我国农村政策性金融机构要颁布专门性法律法规，农村政策性金融监管也要立足于农村实际，同时积极发挥基层合作金融组织的作用，完善自身治理机构，加强内部监管。要充分发挥政府在农村金融生态环境建设中的主导性作用，着重推动农村金融法制建设和农村信用体系建设工作，同时政府要减少对信贷资金配置的干预。

五、基于社会学视角的农村政策性金融制度建设模式

近年来一些学者开始从交叉学科、经济社会学角度，从社会学的视角研究农村政策性金融制度问题。新经济社会学认为经济活动是"嵌入"社会结构中的，农村政策性金融可以看作一种社会建构，它嵌入在

农村社会金融网络之中。如果将农村政策性金融的运行和发展置于农村地区的社会网络中，它与农村弱势融资群体、农村商业性金融机构和农村合作性金融机构之间会产生社会互动，现阶段要逐步完善农村政策性金融法律法规，鼓励和引导它们之间的良性互动，加强协作、互补，同时约束恶性竞争，及时纠正农村政策性金融发展中的错误和偏差。在社会学分析基础上从社会组织的角度阐述农村社会组织对于农村政策性金融发展的作用和相互关系，并得到组织目标的理性原则被满意原则替代、科层制组织结构等级森严、合法性机制与效率机制相背离等是造成农村政策性金融创新不足、发展滞后的组织原因，而对农村政策性金融的注意力不足和政府政策的信号不强是造成其发展滞后的直接原因，要通过发挥中央政府、监管部门、中国农业发展银行、保险机构、地方政府和中介组织等农村组织的支持和服务作用，促进农村政策性金融的发展。经济社会学认为市场不仅取决于社会—政治构成，也取决于文化、社会价值、社会规范、法律和市场外部的社会关系。从新经济社会学的"制度嵌入性"视角出发分析各主要的社会条件和社会因素对农村政策性金融的制度建设的影响与作用机理，提出农村政策性金融制度的发展与创新过程中要完善农村的信用体系，建立多层次多主体的农村政策性金融服务体系，逐步建立农业发展银行的基层机构，加快农村专业合作组织及社会网络建设，并推进农村政策性金融立法的进程。

第二节 实现农村政策性金融制度 社会建构的政策建议

农村政策性金融制度的完善与发展不仅需要从经济合理性角度进行分析，还需要从社会性视角和经济社会学视角进行探索研究。本节在比较分析基于不同视角探讨农村政策性金融改革发展路径模式的基础上，秉承社会建构性理念，从完善农村政策性金融的社会功能，组织体系协同发展，法制保障和社会生态环境的营造等多维角度，提出实现农村政策性金融制度社会建构的合理化政策建议。

一、秉承农村政策性金融制度的社会建构性理念

经济社会学理论认为，市场不仅取决于社会—政治构成，而且还取决于文化环境、社会价值、社会规范、法律原则和市场外部的社会关系[①]。经济系统是社会系统的一个子系统，社会系统的各个子系统之间互相提供功能满足，使社会的阶级阶层结构与经济发展水平相适应，经济行为嵌入到社会关系网络之中。社会网络理论中有"场域"的概念，它指的是以各种社会关系联结起来的、表现形式多样的社会场合或社会领域，也就是一张无形的但却以各种社会关系联结起来的社会关系网络，任何个体和组织都不是孤立存在的，均具有社会性，共同存在于这个社会网络之中。农村地区的金融网络就是由农户、农业企业、农村商业性金融机构、农村政策性金融机构、农村合作性金融机构、法律法规等共同构成的特定的场域，长此以往它们形成一种稳定的关系，进而构成农村社会金融网络。农村政策性金融作为一种社会建构，是嵌入在农村社会金融网络之中的，社会网络是社会资本的载体，社会互动形成社会网络，是网络中的人与人、群体与群体之间通过接触和信息的传播而发生的相互依赖性行为的过程，社会网络影响或制约着社会互动。

根据新经济社会学中的网络理论，社会网络的主体之间存在着关系的嵌入，网络是社会资源的载体，资源嵌入在社会网络之中，处于社会网络中的个体、组织等可以通过社会联系与社会关系传递社会资源，最终达成目标的实现。经济行为是被社会性地限定的，是"嵌入"于社会网络的。文化可以通过信仰、理念和习惯、或者自然的假设、或非正式的规范系统来影响经济。"文化嵌入"（经济行为嵌入文化之中）、"政治嵌入"（经济行为总是在特定的政治斗争情形下进行的）、"认知嵌入"（人类思维受其心理活动的影响）等同样是经济生活中不可忽视

---

① 弗兰克·道宾：《经济社会学》，上海人民出版社 2008 年版。

的因素。

首先，社会关系对政策性金融融资活动具有影响。社会网络与社会资本是微观与宏观联结的核心，按照马克思的观点：社会关系不是指个人间的关系，而是指两种不同属性的人们之间形成的社会交往的形式，社会关系是以不同属性的社会成员之间的共同的交往活动作为基础的。通过这种社会交往与社会关系来实现目标具有重要性，能够有效促进个体、社会群体、组织及社区的目标的实现。社会网络的结构和形态，以及社会资源在网络中的嵌入方式，都决定了网络中的不同成员在获取社会资源的过程中存在着差别，有强势、弱势，优势、劣势之分，弱势群体在获得和利用资源方面存在着劣势。"三农"涉及的农业、农村、中小企业、乡镇政府等，在我国整个社会网络中处于天然弱势地位，天然的弱势角色决定了它们在获得社会资源包括金融资源方面是最低端的群体，这也是为什么要积极建立完善政策性金融制度的原因和基础。

其次，社会认知程度影响政策性金融作用的发挥。交易是维持与促进社会关系的手段，制造了社会信用和社会债务，并积累了社会认可。社会认可是借方维持与贷方关系的必要行动。一方面，借方获得了有效的社会资本，用于社会资源的积累；另一方面，这又使贷方在更大的社会网络或社区中变得更加引人注目，从而提高了贷方的名声。对于政策性信息的了解，除了通过日常接触最频繁的电视、广播、期刊、报纸，还通过邻里、朋友、家人这一社会关系的渠道来获得。这说明嵌入在经济生活中的桥梁和结构洞体系，在相关信息的传播与宣传中发挥着不容忽视的作用。同时，相关人士指导和宣传资料、手册选项占比很低，意味着虽然政策性金融和政策性金融机构是切切实实存在并发挥应有的作用，但是其真实的影响覆盖率是有限的，宣传与引导不到位，使其作用的发挥存在遗漏。这就大大削弱了政策性金融的作用。社会公众对农村政策性金融的性质、职能、战略地位与不可替代的巨大作用认识不足，存在不少误解；农村政策性金融机构本身对自身的实践缺乏有力宣传以及系统、超前的研究，不积极参与占领政策性信贷市场份额，没有广告宣传的迫切性和激励。中国农业发展银行应加大对信贷政策的宣传力度，通过多种渠道到农民中去宣传农业贷款的发放条件及相关政策，有效突出政策性金融服务的优势条件，提高农户对正规政策性金融机构信贷政策和金融服务的认知程度。

最后，均衡的政策性服务需求与供给有利于政策性金融履行应有职责。政策性金融制度的建立，本质上是为了更好地发挥政策性金融对强位弱势群体的扶持作用，这就涉及了政策性服务的需求与供给是否均衡的基本问题。只有需求与供给处于一个均衡的健康发展的水平，我们的政策性金融制度才能真正履行应有的职责。在我国农村地区，对政策性金融的需求主要集中在存款服务、贷款服务、农业保险、担保服务、非营利性的政策性金融服务和金融咨询服务等几个方面。而唯一现存的正规政策性金融机构——农业发展银行虽经历了从代理制到自营经营，到专司粮棉油收购资金供应，再到目前扩大业务范围全面支持农业发展，可是业务范围的扩大仍无法覆盖农业经济发展对它的需求。现阶段农业发展银行的业务领域具有明显的狭隘性，主要以支持粮棉油政策性收购为主，原先界定为农业政策性金融业务的农业综合开发贷款、林业治沙贷款、扶贫及扶贫贴息贷款，又转为商业银行代理，大大缩小了农业政策性金融的业务空间，使农业政策性金融转为所谓的"农副产品收购银行"，这种业务的狭隘性极不利于农业政策性金融的发展，银行手段和职能将越来越滞后于商业金融和合作金融，久而久之导致其在银行业中处于劣势地位。部分农业政策性金融业务转为以追逐利润最大化为目标的商业性业务，已造成大量政策性贷款的流失，形成新的金融风险，如果又划到中国农业发展银行，中国农业发展银行的信贷资产质量必将进一步恶化，继而会影响中国农业发展银行经营目标的顺利实现，实际上又加大了金融体制改革的成本，这严重影响了农业政策性金融功能的发挥。

二、完善农村政策性金融制度的社会功能及组织体系

我国的农村政策性金融在社会功能的定位上是有别于发达国家的，一方面要体现政府意志，弥补农村金融的"市场失灵"，满足在广大农

村地区涉农资金需求量较大、周期长、短期效益不显著但同时又是农业农村发展必不可少、非常基础重要的领域。这些都是以利益最大化为经营目标的商业性金融不愿意触及的项目，也恰恰是农村政策性金融需要充分发挥作用的地方。另一方面，"诱导和虹吸"功能更为重要。农村政策性金融的服务对象是"三农"中的"强位弱势"群体，它们不能得到充足的金融支持和服务，而通过农业政策性金融业务的开展，利用财政资金先行，充分体现政府的意图和发挥宏观经济政策的导向作用，提高商业性金融机构的投资积极性，引导商业性金融机构的资金和民间资本投向农村经济，促进相应产业的升级和转型，达到"筑巢引凤""以小博大"的目的。

在国内外的农村金融改革实践中，我们已经清楚地看到农村政策性金融作为政策性金融制度体系中不可缺少的重要组成部分，同时它也是农村金融体系的重要组成，是实现农村金融制度均衡的必然途径。然而目前与农业金融发展较为发达的国家相比，我国的政策性金融机构体系不够完备，甚至可以说是残缺不全的，业务上更多的种类尚待开展和运作，现在还不能有效的发挥农村政策性金融对农村市场的补充完善性功能。

(一) 确立农业发展银行的主导性地位

农业发展银行作为我国唯一的农村政策性金融机构，以国家信用作为筹集资金的基础，承担着农业政策性金融业务方面的重要任务，经过近年来的不断改革优化，逐渐形成以粮棉油收购信贷为主体，以农业产业化信贷和农业、农村中长期信贷作为支撑的支农格局。但在支农实践中农业发展银行并没有完全承担起所有的农业政策性金融功能和农业政策性的金融业务。一方面，近年来政策性制度定位不准确涉及营利性的商业性业务，与商业性金融机构存在竞争的现象；另一方面，农业发展银行在农业政策性金融业务方面还有大量未介入的领域，比如支农周转金、农业补贴、农田水利补贴、农业开发财政性投入、农村农机户发放的农机补贴、良种补贴等。同时，基层的机构没有深入到广大农村地区，远离农民和农户，不能更好地为他们提供更完善的金融服务和政策性资金支持。

第一，中国农业发展银行的政策性地位绝对不能动摇。中国农业发展银行是农村政策性金融组织体系的正式结构，也属于非营利性组织（NPO）。农业发展银行的创立初衷即是贯彻落实党和国家农村的产业政策和经济政策，支持"三农"的发展，弥补商业性金融机构对农业领域资金支持不足的"市场失灵"问题。但由于近些年农业发展银行不规则地扩大业务范围，职能定位不清，与商业性金融形成了竞争态势。因此，农业发展银行务必合理界定业务范围，突出政策性功能定位，坚持以政策性业务为主体，避免业务领域上与商业性金融机构争抢市场和客户形成的职能"越位"，同时也要弥补农村扶贫开发、农业补贴等业务的"缺位"。

第二，增加农村政策性贷款，积极开展小额信贷业务，满足农户生活和生产性借贷。中国农业发展银行应逐渐成长为真正适合农村特点的金融组织，不仅要对农村企业和其他社会组织授信，还要逐步转向对农户群体的政策性金融服务，针对农户认知水平差异对农户借贷的影响，建立和完善以农户金融需求为导向的农村金融体系。根据不同的金融需求主体，提供相应的金融服务，灵活调整信贷规模和期限，适应农户对借贷资金的不同要求；加快农村金融产品创新步伐，开发农村非农信贷业务，实现农户生产的非农化和规模化、产业化；大型农田水利、电网改造、农村公路建设等农业基础设施建设方面的政策性贷款由农业发展银行承办更为合理，发挥农业政策性金融改善农业基础生产条件方面的优势；农业科学技术研究具有正的外部性，每一次重大的突破都会给农业生产带来巨大的飞跃，但由于科学研究的风险性和不确定性，私人部门和商业性金融机构是不愿涉足的，农业科技投入严重不足，因此需要中国农业发展银行应在农业生产技术研究和改良等高新技术方面给予有力的资金支持；在农林牧副渔方面，特别是生态农业的建设，周期长、投资大、社会效益高而个人收益低，短期内无法见效的长期工程，光靠财政投资是不够的，还需要中国农业发展银行长期低息的政策性信贷资金的支持；探索和发展农业保险，改善农村金融服务，提高农民抵御自然和市场风险的能力。

第三，深化内部改革，加强风险评估、预警、监测和管理体系建设，严格执行审慎会计制度和信息披露制度，建立市场化的人力资源管理体制与激励约束机制等。明确资本补充计划，逐步建立资本充足率约束机制，对两类业务实行差别化资本充足率标准。中国农业发展银行在发展自营性业务中要采取审慎性原则，对政策性业务和自营性业务实行分账管理、分类核算的办法。

（二）建立健全政策性农业保险组织

农业是我国国民经济的基础，是工业生产资料的重要来源，是人们生活必需品的主要来源，农村经济能否稳定发展关系到全社会经济发展的可持续性，也关系到社会的和谐稳定、国家的长治久安。而农业又是一个受到自然条件影响十分显著的行业，收益具有非常大的不确定性，一旦遭遇自然灾害所造成的损失，绝大部分是由农户自身来承担的，来自政府部门的临时性救济、社会保险的补偿和社会各方面捐助是远远不够的。因此，政策性农业保险制度的构建，政策性农业保险公司的建立和运作是非常必要的，能够对农业生产和农村经济的长足稳定起到关键性作用。农村保险应当保农业生产总成本，使承保农户在遭受"不可预见、不可抗拒"自然灾害造成重大经济损失时能够及时得到补偿。农民以较少的保费获得更好的保障，将生产中承担的风险转嫁出去，更安心放心地投入到种植生产中，减少后顾之忧。而且政策性农业保险是政府对"三农"的正当途径的支持，并不违反世界贸易组织关于政府对农业补贴方面的规定，是世贸组织允许各国政府采用的"绿箱政策"，它的使用使我国的农产品在国际市场上更具有竞争力，这已经成为 WTO 成员方支持本国农业的重要手段和方式，我们应该充分地加以利用。

近年来我国政府对政策性农业保险制度和政策性农业保险公司的建立和发展非常重视，各省市也做了很多有益的尝试，建立政策性农业保险公司需要从我国实际情况出发，根据国家和地方的经济发展水平，农业的发展情况和保险业发展的具体情况等因素综合考虑。借鉴国内外农业保险发展的成功经验，我国各省市可以根据实际情况采取地方政府为主导的商业保险公司经营的政策性农业保险模式，或者是专门设立股份制农业保险公司享有政府政策支持。

第一种模式由政府引导，商业保险公司按照市场化原则直接经营，可以充分利用商业保险公司现有的机构和人员等资源，发挥其专业性，而政府起到主导作用，制定相关农业保险的政策法规，宏观调控管理，中央财政在农户和地方财政自主自愿的前提下，对农业保险提供保费补贴等相关政策支持，政策性农业保险出现结余不参与保险公司的利润分配，出现亏损也不由保险公司的利润弥补。政策性农业保险的对象强调那些受到自然条件影响大，关系到国计民生的大宗农产品，政府给予财政补贴，农户只需缴纳少量保费即可。

第二种模式是设立专业的股份制农业保险公司，经办政策性农业保险业务。2007 年以来我国很多省市展开了这样的试点，比如上海安信农业保险股份有限公司、安徽国元农业保险股份有限公司、四川锦泰保险等均是政策性农业保险业务的经办机构，保险公司经办的涉及政策性业务的险种享受相关政策支持，而其他险种按照商业模式运作，所获得的收益可以用来弥补政策性农业保险业务出现的亏损。

（三）构建辅助农村政策性业务的地方政策性银行

农业发展银行主要承担着农业政策性金融业务，但绝大部分业务集中在收购贷款方面，对农业开发、农技改造和农田水利等基本建设方面的涉及非常少，农村地区的投融资需求和农村金融服务等难以得到满足。同时农业发展银行由于其网点较少，特别是在县域以下的地区尚未设立办事处，为"三农"提供更全面更切实的金融服务也因此受到一定的局限。因此，可以考虑依靠财政资金，由各级地方政府组建区域性或地方性的政策性银行，农业发展银行可以以区域性或地方性政策性银行作为政策性服务途径，将政策性金融业务传递到更广大、更偏远的农村地区，辅助中国农业发展银行的政策性功能，体现国家扶持意向和扶持力度。同时，利用这些地方政策性金融机构的金融服务，向农民传递国家针对"三农"的政策性扶持和政策性政策，在一定程度上对农村基础设施建设、农业生产和农户增收起到金融政策的指导性作用。充分发挥网络优势，代理国家财政支农资金拨付、结算以及由财政部门承担的外国政府和国际组织对我国农村的转贷款业务。

最初阶段可以采取政府独资的方式，目的是保证政府的绝对控制权和决策权，这样可以最大限度发挥银行的政策性作用。等到地方政策性银行的运行稳定、规范、成熟之后，可以再根据地方政府财政和银行的实际情况，严格制定准入标准，允许符合条件的资金参股，但政府在资本结构中依然具有绝对的控制权，体现商业性和政策性的结合。

也有学者建议将农村信用社办成准政策性银行，由农民和个体工商户入股，产权关系明晰，兼具准政策性、社区性和地方性的金融企业。通过立法规定农村信用社在农村地区吸收的存款必须用于支持"三农"的发展，用于发放粮棉油等产品的种植、收购和加工贷款，扶贫、开发贷款等。

（四）完善农业政策性担保体制机制

随着农业适度规模经营的发展，各类农业经营主体对信贷资金的需求日益增加，而与之相矛盾的是农村地区有效的信贷投入长期投放不足，其中非常重要的原因在于我国的农村信贷担保体系不健全，信贷担保中介组织发展极为落后，同时政府部门对于信贷担保的政策性支持力度不够，面对原本就缺少有效抵押担保物品的农户和农村中小企业，农村金融机构为了防止信贷风险的增加只能减少贷款的投放，造成"三农"贷款贵、贷款难的局面。而对于农村金融机构来说，确实也由于发放的信用贷款居多，增加了信贷机构的风险系数，建立有效的信用担保制度也让信贷机构的信用风险得到分散，减少他们的顾虑和后顾之忧。2015 年我国财政部、农业部、银监会开始启动政策性农业信贷担保体系的建立，农村信贷担保体系的建立可以有效地缓解信贷资金供需之间的矛盾，补充农户和中小企业的信用不足，也分散了金融机构的信用风险。农业信贷担保机构的建立可以分三步走，第一是省级农业信贷担保体系的建立，2015 年以后全国各省把中央财政支持粮食适度规模经营的资金投入主要放在建立省级农业信贷担保体系上面。尤其是粮食主产区所在省和农业大省。第二是稳妥的建立市县级农业信贷担保机构。第三是建立全国农业信贷担保机构。在农业信贷担保体系的建立过程中，要加大财政的支持力度，特别是在建立初期需要以政府出资或者参股的形式为主，逐步通过政策性担保机构的诱导作用吸引更多的商业性资金进入。支持民间资本组建担保公司，鼓励担保机构的多元化发展，逐步形成政府资本、社会化资本和民间资本共同参与的格局，市（县）政府可运用财政专项资金，对担保公司担保贷款实行贴息，对形成的呆账进行一定比例的补贴，以建立合理的补偿机制。加强农业信贷担保机构的市场主体地位，增强其市场竞争和市场运营方面的能力，同时建立健全农业信贷担保机构的风险内控机制和考核标准体系，在有关部门监管下防范农业信贷担保的经营风险。

三、规范整合农村金融组织的协同互动与和谐发展

依据交易成本经济学视角下的组织理论，由于有限理性、不确定性、投机性倾向和"小数现象"这几方面因素的存在，承担农村政策性金融社会责任业务的农村金融机构组织比纯粹的"看不见的手"市场更有效率，交易成本也更低。包含各类金融组织的多层次农村金融服务体系能够更好地满足农村地区多层次，差异化的需求，目前我国农村金融体系已经基本形成了包括政策性金融、商业性金融、合作性金融在内的三维金融架构体系，各类农村金融组织都是我国农村金融领域中的重要力量，而它们之间在提供金融服务的过程中必定会产生大量的互动联系。这些联系当中必定有良性的、互相促进的，这将有利于不同金融机构的功能作用得到更充分的发挥；当然联系之中也会有冲突不利的、互相影响的，这会导致组织的功能失调，甚至恶化农村的金融生态网络。因此，要通过建立完善的农村金融法律法规作为约束和规范，鼓励

和引导农村金融各组织之间产生更多的良性互动，相互协作、互补，相互约束，纠正彼此在提供金融服务过程中的偏差，弥补各自功能的缺陷，协同互助，和谐发展。

第一，农村商业性金融与政策性金融之间的互动。目前农村商业性金融由于利润最大化的目标驱使，离农现象还比较明显，本身也存在不良贷款率高、资本结构不合理的经营问题；而政策性金融机构当前业务覆盖面窄，基本的金融资源配置功能还不能很好发挥出来，对商业性金融和合作金融增加对农业投入的作用的诱导作用效果不明显。同时，近年来由于政策性金融的商业化，与农村商业性金融产生较多的业务竞争和摩擦，"越位"现象明显增多，而且这种竞争有失公平，往往是政策性金融更占优势，但也正是由于与商业性金融的竞争，本该由政策性金融支持的产业和农户得不到应有的信贷支持和金融服务，造成"缺位"。

农村政策性金融机构要扩大自身的业务覆盖面，根据国家和地方的经济发展目标和产业政策，选择农村地区中的优质产业和企业，为他们提供优惠的信贷支持和担保。农村商业性金融机构看到政策的导向后自然会跟进，为这些优质客户提供后续的资金支持，农村政策性金融机构资金有限正好在此时及时撤出，开始锁定新一轮的优质项目，农村商业性金融机构继续跟进，这样形成良性循环，将商业性机构和政策性机构的优势都充分地利用，而在它们良性的互动下，农村地区的产业得到充分的资金支持，经济将进一步发展。

第二，农村政策性金融与合作性金融之间的互动。世界上诸多的发达国家和发展中国家，农业政策性金融机构与农业合作性金融机构都具有非常紧密的联系，与其他类型的金融机构相比较，农村合作性金融和政策性金融在经营目标上是一致的，都是不以追求利润为目标。合作性金融机构能够协助政府在农村地区实施某些政策，它可以在农民与政府之间起到纽带和桥梁作用，政府对这些组织的支持可以间接达到支农的目的，同时有减少了业务运行成本，合作性金融是政策性金融最早的载体。以农村政策性金融机构中国农业发展银行和合作性金融机构农村信用社为例，中国农业发展银行和农村信用社可以形成优势互补，具体的政策性金融业务可以由合作性金融机构办理，政府提供支持和优惠，这样既可以解决中国农业发展银行在县级以下无办事处的切实问题，节约了运行成本和交易费用，也使农村信用社有了政策导向，更早地掌握产业政策导向和优惠政策等信息，并且它作为基层组织，对企业和农户的具体信贷需求和资信状况有更加充分的了解。

第三，农村政策性金融与商业性金融、合作性金融之间的互动。农业发展银行在县域以下的基层机构体系可以依托农村信用社和邮政储蓄银行的基层网点，开展农村政策性金融的委托代理业务，完善政策性金融服务的组织体系。鉴于以上两个单位的机构组织结构特点，在农村地区拥有更多的经营网点，与"三农"的联系更加紧密，农业发展银行可以以它们作为政策性服务途径，将政策性金融业务传递到信用社和邮储银行，诱导其发挥出商业性功能和合作性功能以外的政策性功能，体现国家的扶持意向和扶持力度。同时，利用这两个金融机构的金融服务，向农民传递国家针对"三农"的政策性扶持和政策性政策，在一定程度上对农村基础设施建设、农业生产和农户增收起到金融政策的指导性作用。充分发挥网络优势，代理国家财政支农资金拨付、结算以及由财政部门承担的外国政府和国际组织对我国农村的转贷款业务等。

总体来看，目前我国农村金融"三维架构"体系整体运行效率低，功能发挥不健全，更加重视单个金融机构的改革，忽视了农村金融机构整体的协调配合，更加重视组织形式改革，忽视了功能的提升。因此在农村地区应尽量建立起农村政策性金融、商业性金融、合作性金融相互补充、相互协作农村金融服务体系，实现对"三农"支持的多种农村金融形式并存、共同对"三农"支持的局面。农村政策性金融机构目前仅包括农业发展银行，它制定整个体系的发展规划，是总体协调者，它主要负责农村经济领域中出现市场失灵的公共物品和准公共物品的领域，对其进行大力的支持和扶持，例如，农业发展银行的县支行可以作为支持农村基础设施建设和政府重点工程的落实，同时也通过诱导功能吸引商业性金融流入农村；商业性金融是金融体系的主体，包括农业银行和中国邮政储蓄银行，它们在农村经济中由于经济发展水平和特殊性，商业性主要趋向于向较为发达的农村经济主体提供相应的信贷支持，同时也在政策性金融的优惠政策引导下对政策性金融提供金融支持。例如，以农业银行为代表的商业银行可将重点放在中小型农村龙头产业和企业上面，而邮政储蓄可将业务重点放在促进农村地区工商户发展上面；农村合作金融机构包括农村信用社、农村商业银行和农村合作银行，比如农村信用社主要的定位是农户、农民合作社，根据农户和农民合作社的要求，积极发放农民消费贷款，农民养殖业贷款，农民新型种植业贷款等等，促进农民增收；另外还有近些年成立的新型农村金融机构包括村镇银行、农村贷款公司和农村资金互助社，共同形成对农村信贷需求和金融服务的有力支撑。

四、文化教育是农村政策性金融长足发展的社会基础

(一) 文化对农村政策性金融发展的影响

文化是社会的重要组成要素。随着社会经济的诞生与发展，社会文化就与经济产生密切的联系，农村文化内涵丰富并且具有一定的层次性，它不仅包括农村文化设施、文化组织、文化活动、文化人才等实体性文化，还包括以道德伦理、公共规则、公共舆论为主体的规范性文化和以价值信仰、宗教信仰为主体的信仰性文化。农村文化建设需要农村政策性金融的大力支持，同时社会文化的发展也对政策性金融的发展提供了更加优质的经济环境并起到促进作用。我国农村社会的法律制度不断完善，并通过宣传教化构建起一整套道德规范，但是由于传统观念的根深蒂固，还是有很多的农村地区道德伦理和社会风气存在突出问题，部分农民被束缚于狭隘保守与急功近利等小生产意识下，对农村文化发展缺乏战略眼光，看不到村文化发展的重要性与必要性，还有一部分农民受传统的小生产方式与生活方式的影响，部分农民宗族意识强烈，而

法治观念淡薄等。文化的缺失和落后会导致我国农村政策性金融特有的功能和作用无法得到充分的发挥。所以加速农村文化建设也是建设农村经济金融发展的重要组成部分，只有农民的文化水平提高了、觉悟提升了、技能长进了，才能解决目前所面临的文化基础薄弱不能满足经济发展需要的难题，更是为政策性金融的长足发展扫清障碍。

同时农村政策性金融的发展也对农村文化的建设起到推动作用。在农村公共文化产品的生产供给方面，存在着"政府失灵"和"市场失灵"的双重困境。一方面，农村公共文化产品属于具有"非排他性""非竞争性"的公共产品，而且很多服务产品的生产周期长、投资规模大，以"追求利润最大化"为经营目标的一般企业很可能对某些农村公共文化产品的生产供给缺乏足够的进入动力，另外由于农村文化产业缺少稳定的抵押物和面临巨大的风险，难以获得金融机构的信贷和其他投资主体的金融支持。这个被称为"公共文化产品的市场失灵"；另一方面，在市场经济条件下资源配置的有效性带来一定的社会不合理性，需要政府宏观调控的补充，组织、管理农村公共文化服务的生产供给无疑是政府责无旁贷的职责。国家明确规定，农村文化建设的经费来源于国家省、市、县各级政府的财政支出，除国家统一调拨的财政支出外，农村文化建设的余额部分均由各地方政府负担，这也意味着地方政府的财政支付能力决定了农村文化建设的经费投入水平，财政支付能力强的地区用于农村文化建设的财政支付力度必然高于财政支付能力较弱的地区。因此，在农村社会文化建设中，农村政策性金融应该积极填补农村商业性金融机构不愿经营的空缺，制定有效支持农村文化建设的政策，积极引导商业性金融支持农村文化建设发展，发挥政策性银行首倡诱导和虹吸扩张性功能，间接引致商业性金融从事农村文化建设的贷款、投资和保险活动。另外，农村政策性金融可以充分利用自身特有的专业性强而广博的优势和有利条件，提供诸如农民技能培训等金融衍生服务，以此提高农民的文化技能。由于农村政策性金融一般依据特殊的法规或者政策，在特定农业领域进行融资，具有很强的专业性特征，在该领域积累了丰富的经验和专业技能，聚集了一批精通业务的专业人才，也有能力为农业、农村、农民以及相关农村企业提供全面而地道的服务，农村政策性金融的发展推动农村文化的发展与进步。

（二）教育对农村政策性金融发展的影响

教育是传承社会文化的基本方式和载体，并体现为人力资本的优化和提升。人力资本投资理论由美国经济学家舒尔茨提出，他认为人力也是一种资本，人力资本是通过投资而形成的，这种投资表现为正规教育、培训、健康和迁移等。拥有较丰厚的人力资本者可以获得较多收益，因为他们会获得更广阔的选择范围。人力资本投资理论认为，个人和群体之间收入上的差异在很大程度上是由于其在人力资本投资上的差异所造成的。在人力资本投资中，教育资本投资有很重要的作用，因为增加教育投资，能够让劳动力获得更高的知识和文凭，在信息不完全的劳动力市场，高文凭是一种高能力的体现，因此可以获得更多更优的工作机会；通过增加教育所获得的知识可以让劳动者掌握更多的知识，进而提高自己的能力；另外对于文化知识的学习也可以开阔他们的眼界，让广大农民朋友更加了解国家的各项政策包括政策性金融这一领域，发自内心地接受政策性金融给他们带来的好处。同时，随着文化素养的提高，与外界沟通的平台也会逐渐增加，那么政策性金融的各类投融资信息也会更快的被村民所了解，这样当村民由内而外的了解认同政策性金融运作的方式及其体制，对于政策性金融在农村的推进和发展将起到至关重要的作用。

农村政策性银行应该弥补商业性金融和市场机制作用不足，为农村兴办基础设施建设提供优惠贷款，积极投身农村教育发展，农村政策性金融发挥其导向和调控作用，吸引更多的商业性资金和民间资本投入，鼓励兴建民办学校或教育培训机构，形成民办和公办共同发展相互促进的新机制。鼓励商业银行向办学机构提供贷款，鼓励企事业单位作为股东投资办学。政府应该出台相关政策大力发展政策性金融弥补农村金融市场缺陷、解决农村金融问题，如为农村贫困学生提供无息贷款，确保每个孩子都有权利有机会享受教育；兴办技能培训机构，抓好农村职业教育和成人教育、职业教育，以就业为导向方便学生工学交替、半工半读和职前职后分段完成学业。

五、农村政策性金融立法先行是社会建构的法制保障

法律社会学最早是由意大利社会学家安奇洛蒂提出的，他在1982年所著的《法律哲学和社会学》一书中，首次使用了法律社会学这一学科术语。法律社会学是将法律置于其社会背景之中，研究法律现象与其他社会现象的相互关系的一门社会学和法学之间的边缘学科。我国农村政策性金融发展，也需要学习和运用法律社会学的基本思想。建立健全农村政策性金融法律制度体系，是保障和实现机构法治的基础，要实行农村政策性金融机构法治，必须具有完备的农村政策性金融法制。法治也是法制的立足点和归宿，农村政策性金融法制的发展前途必然是最终实现农村政策性金融法治。首先，法是由国家制定并认可的，它是对社会关系和社会生活发生实际作用的社会规范。我国农村政策性金融方面的法律归属于国家不受个人支配。那些在功能上与法相似或相同，对法起着辅助作用的社会规范，可以称之为准法，但却不能归属于法的范畴；那些仅仅停留在书面文字上，长期不对社会生活发生实际作用的规则和原则也不能算作法。因此对于我国农村政策性金融方面的立法也是一样，如果法律法规不能对我国农村政策性金融发生实际的促进作用，那么就不能算作法，我国应该根据我国的具体国情出台有关于农村政策性金融方面的单独立法，以此促进我国经济的发展。其次，法是一种体制，包括硬件和软件两部分。我国农村政策性金融中，则硬件就指的是对我国农村政策性金融机构进行立法的国家机构，例如国务院；而软件就是针对我国农村政策性金融的各种法律法规。如果权利和义务的分配是由一定的国家机构按照事先确定好的规则和程序进行的，那么这种法定权利和义务的配量就具有权威性和合法性。再次，法是一种秩序。秩序意味着在社会生活中存在着某种程度的行为的规则性，关系的稳定性，进程的连续性，结构的一致性，人身财产的安全性和事件的可预测

性。我国农村政策性金融必须制定相关的法律法规来保证在农村政策性金融市场上秩序的存在，只有出台相关专门立法，才会有良好的市场秩序得以产生，我国农村政策性金融才能向着正确的道路发展。最后，法是实现一定社会目的或价值的工具，授予政府合法权威，使之能够公平地、有效地配置社会资源，促进经济增长与社会福利增加。之所以迫切需要出台有关我国农业政策性金融的专门立法，就是为了根据法律的规定，使我国的社会资源可以得到合理的配置，并且在政府的指挥下，促进经济快速发展，保障我国农村政策性金融得到良好的发展。

我国在党的十一届三中全会以后对农村金融实行了一系列的改革措施，农村金融得到了非常巨大的发展，但是农村金融的法制建设在农村金融发展的过程中没有得到同等的重视，没有实现齐头并进发展。我国农村金融法律制度的不健全严重地制约了农村金融和经济的发展，农村政策性金融立法的滞后性更是影响了政策性金融机构对"三农"的支持和服务效果。目前我国农村政策性金融发展中面临的最大问题就是金融立法的缺失、金融法律制度的滞后，包括农村金融机构中存在的诸多尚待解决的问题也均有其相对应的法律缺失。因此。我国农村政策性金融制度的社会建构中应该重视法律的规范和保障作用，采用立法先行的方法，并且在发展的过程中不断的完善。

目前我国农村政策性金融立法存在以下几个非常显著的问题：首先，立法层次低。我国农村政策性金融的立法主要体现在中国农业发展银行的立法上，而且截至现阶段并没有专门的中国农业发展银行法。中国农业发展银行自成立起有《中国农业发展银行章程》作为其行政立法，但是随着其业务的不断调整，章程规定已不能覆盖其现有的业务情况。现有的法律文件一个层面是机构立法方面的法律文件，包括一些通知、办法、方案、章程、意见等政策性指令，没有形成法律的强制性和系统性；另一层面是监管层次的法律文件，主要是《中国人民银行法》和《银行业监督管理法》中关于对我国农村政策性金融机构的监督权的相关规定，但并没有专门强调中国农业发展银行等这些农村政策性金融机构的特殊性，只是和其他商业性金融机构遵照一样的规定。其次，对政策性金融机构的功能定位不明确。以中国农业发展银行为代表的政策性金融机构，它们的行业性质究竟属于政府机关还是金融企业一直以来并没有以立法的形式明确地加以规定，这在政策性金融机构开展业务的过程中造成了非常大的混乱，也是为什么近年来农业发展银行为追求利润的目标，大量开展商业性金融业务，形成与商业性金融机构的竞争与业务交叉，严重影响了农业发展银行政策性职能的有效发挥。最后，政策性农业保险立法。我国的政策性农业保险对农业的发展具有促进和保障的重要作用，但是目前还没有专门的法律法规出台，仍属于空白领域，仅仅是在《农业法》和《保险法》中有所提及，造成很多实践当中的具体问题没有法律可依照，农业保险的健康发展受到一定程度的制约。

我国农村政策性金融机构的立法：第一，农村政策性金融机构的活动领域具有单一性，农村政策性银行只为政府部门在促进农业发展方面进行活动，与其他政策性金融机构不可兼容。可以借鉴国外的先进立法模式，采取单独立法形式：包括中国农业发展银行与其他政策性银行分别立法，中国农业发展银行与其他涉农政策性金融机构（比如农村政策性保险、农村政策性担保、合作性金融等）分别立法，更有利于从它们各自的特殊性上分别管理与约束。第二，重视中国农业发展银行的立法完善。中国农业发展银行1994年成立，但至今仍然没有一部专门的银行法，应尽快出台《中国农业发展银行法》，在法律中需要详细地明确其特殊的法人地位，农业政策性职能，资金的来源与运用，业务定位和种类，服务领域，经营宗旨、经营原则、风险补偿机制和有关部门对中国农业发展银行的监管职责等，还包括它与政府、商业性金融机构之间的关系，组织体制，法律责任等方面内容。第三，完善我国农业政策性保险的立法。要明确我国农村政策性保险立法的目的，主要是为了更好地促进"三农"的稳定发展，保障农业的生产安全和农户的根本利益。尽快颁布《农业保险法》，将一些关系国计民生、易受灾害的农作物品种、农业生产项目和行业确定为政策性险种、由政府对其提供保费补贴和免税支持。立法中也要明确政府在农业政策性保险中的作用和职责，政府运用权力强制农民按照不同程度缴费范围参加农业保险，并承担一定优惠和补贴的责任。保费来源采取由政府财政投入一部分、从农业直补资金中提留一部分、对投向农业的资金农村金融机构所交税收中返还一部分，对农村金融机构所缴税金采取先缴后返还一部分等。在法律中也要对政策性保险保障的范围进行界定，应该是那些容易遭受到意外损失的，而且商业保险又不愿意经营的保险对象，使承保农户在遭受"不可预见、不可抗拒"自然灾害造成重大经济损失时能够及时得到补偿，这才是农业政策性保险需要的扶持。

六、营造农村多元化金融组织协调发展的社会生态环境

（一）发挥政府在农村金融建设中的主导作用

在社会学中，社会角色是由一定的社会地位所决定的并符合一定的社会期望的行为模式。社会角色的确定关系到一个"我是谁"的不断发现自己的过程，也包括社会各方面相应的期望。它既然是一种行为模式，就意味着人们为每一种身份的人都设置了一整套的有关权利和义务的规范。政府其实就是为人民服务，做好社会和经济发展的保障和后盾，解决百姓生活疾苦，这才是政府正确的社会角色。白钦先（2006）提出政策性金融的导向与扶持功能，这是政策性金融首要的、最基本的因而也最能体现其本性的功能，即政策性金融执行政府不同时期的经济产业政策、宏观调控政策、区域发展政策，对强位弱势群体和地区、领域等所义不容辞地承担的信用引导和扶助支持的责任和义务。

政府在农村金融建设和发展过程中具有主导性地位，承担着完善市场体系、培育市场主体、加强宏观调控、建立市场规则等方面的职能。首先，加大政府对农村金融机构财政投入力度。农业的产业特点决定了它的经营风险大、周期长、季节性波动明显而收益往往低于社会平均水平，具有准公共物品属性，仅靠商业性金融的投入是很难完全满足信贷资金需求的，因此农村金融的发展离不开政府的财政投入支持。加大政府对农村的投资支出，合理运用到农业基础设施建设、农村公共设施建

设、农业科学研究、环境保护等方面，同时也包括由地方政府出资建立
农村政策性金融机构，为"三农"提供资金、保险、担保等方面的金
融服务；由于对农产品的直接价格补贴会在一定程度上干扰市场的正常
供需关系和价格水平，因此可以更多地采取财政贴息的办法，采取对农
村金融机构提供财政贴息、担保补贴等方式，间接地扶持和补贴农村企
业和农户；加大对农村地区的社会保障资金的投入，特别是提高对贫穷
落后地区的社会保障的转移性支付水平，逐步建立城乡统一的公共卫生
和最低生活保障制度。其次，进一步加大农村税费改革力度，减轻农民负
担。减少隐性税费，取消不合理收费；对金融机构的涉农业务给予一定的
减免税收政策，间接降低农村借贷主体的成本并提高资金可获得性。

（二）营造良好的农村信用体系

农村信用体系是建设农村金融的重要组成部分，是农村地区金融生
态环境中资金流动的根本依托，它在促进农村经济发展中起着举足轻重
的作用。在社会主义市场经济环境下，农村地区金融生态环境下的资金
流动实际上是以农村信用体系为依托的，是由信用环境和投资回报来决
定的。社会经济单位的投资环境好，社会信用条件优秀，投资环境好，
就会吸引更多资金流入。在 2016 年全国社会信用体系建设工作会议上，
央行明确表示下一阶段要全面推进农村信用体系建设。2014 年中国人
民银行确定 32 个县（市）为农村信用体系建设试验区，探索完善农
户、家庭农场等农村地区经营主体的信用信息采集与应用机制，开展信
用评价，引导出台以信用为基础的相关政策措施，发现和增进农户、家
庭农场等经济主体的信用价值，提高其融资可获得性和便利性，发挥信
用信息的作用，支持发展金融普惠。截至 2014 年底，全国共为 1.6 亿
农户建立信用档案，并对其中 1 亿农户进行了信用评级，已建立信用档
案的农户中获得信贷支持的 9012 多万户，贷款余额 2.2 万亿元。信用
环境的好坏与地区经济发展水平、区域文化、法律法规建设以及金融生
态环境的好坏有直接关系，农村信用体系由于其自身的特殊性，推行中
要重点解决诸多现实问题。首先，要解决信用信息采集和共享的难题。

由于农村农户和企业的信息分散在不同的政府涉农部门，信息收集难度比较大，无法形成有效的征信信息共享，造成银行机构在对农户进行评信和授信时需要重复操作，效率过低。农村信用体系的数据采集可以依托人民银行的个人征信系统平台，采用农村信用信息采集系统，把信用采集与各行业有关信用信息数据与其对接，实现信息共享。另外金融、工商、税务、公检法等部门要加强协作，积极发挥信贷登记咨询决策系统和工商、税务年检系统的作用，建立农村企业信用监督体系并积极创造条件，实现农村企业信用信息的登记、汇总、查询、披露及共享社会化；其次，针对农民信用意识欠缺，不注重自身信用的积累和个人信用的保护的问题，地方政府部门要协助人民银行通过新闻、广播、报纸、传单、网络和橱窗宣传等形式定期开展普及信用知识的活动，建立农民的诚信理念，增强群众的信用意识，提高他们自觉参与信用体系建设的自觉性；再次，目前的守信激励不足和失信成本较低导致农村信用体系建设缺乏内在动力，银行和农户参与积极性不高，造成农村金融机构不能根据借款人的真实信用情况做出筛选和决策，那些拥有高信用等级和资金需求的农户无法及时获得贷款，农户也不愿意参与到征信工作中来。完全依靠市场自发是无法建立完善有效的农村社会信用体系的，政府部门要主动承担加快建立信用贷款风险补偿机制，对银行发放信用贷款中的风险按一定比例进行补偿，降低银行信贷风险损失，提高其放贷信心和积极性，这样金融机构在为信用等级高的农户办理信用贷款时才会减少顾虑，不再要求担保品，而农户也会因此更加重视自身的信用积累，银行和农户参与信用体系建设的积极性都得到了提高。

（三）监督约束机制

政策性金融监督机制体现的是一种特殊的监督关系，即依据各个单独的政策性金融机构法所形成的一种特殊的监督机制和权力结构。监督的目标是实现政府的政策意图，提高金融资源得到公平合理的配置。这种特殊的政策性金融制度监督内涵主要表现为：由政府相关部门和权威专家或其他行业人员代表国家和公众的利益组合而成的特殊的董事会或理事会的权利制衡结构或治理结构，并由董事会（理事会）对机构行使最高的决策、协调与监控的职能权力；由政府直接控制政策性金融机构的主要人事任免权，政府相关部门参与协调与制约，国家审计机构定期或不定期的专门审计监督，从而从机构外部对政策性金融机构进行控制、组织、约束、协调、保障的特殊监督机制。这样，就从政策性金融机构的外部和内部两个层面上，构成了政策性金融独特的监督机制和权力结构。

农村金融体制与城市中以商业性金融为主的金融体制具有非常显著的区别，城市金融监管主要由中国人民银行、银监会、证监会和保监会，即一行三会开展金融监管，已经形成较为完善的监管体系。而我国农村地区由于其人口密度低，缺少传统的抵押担保品、收入不稳定、风险高等特点，农村金融市场发展落后，而金融监管体制也不够健全。目前的法律制度规定中，对农村政策性银行的监管与商业银行和其他金融机构的监管并没有加以区分，采取统一的监管方式。银监会负责监管商业性银行和农村政策性金融机构，在操作方法上应该与一般的商业机构进行区分，不能按照统一的监管体系进行统一的管理。监管部门要针对农村政策性金融的发展规律和特征，有针对性地制定科学的监管指标和标准，以弥补目前以全面风险管理重点而忽视对"三农"经济支持的监督与管理。农村金融监管需要针对我国农村金融体系的特点，与城市的商业性金融体制监管相区分，建立政策性金融、商业性金融和合作性金融分层次、分行业、分类别的农村金融差异化监管，针对不同类型金融机构、不同的金融服务业务、不同的风险程度确定不同的监管标准、程序和方法，形成以政府监管为主体、行业自律监管和社会监督作为补充的农村金融监管体系。同时，随着我国农村经济的不断发展，农户和中小企业对农村金融服务业提出更为多样化的要求，保险、证券、担保、租赁等金融业务开始在农村地区开展，因此还要加强银行、证券、保险等监管部门之间的协调合作，形成有效监管的合力。

参 考 文 献

[1] ［法］皮埃尔·布迪厄：《实践与反思——反思社会学导引》，李猛、李康译，中央编译出版社 1998 年版。

[2] ［美］T. 帕森斯、N. J. 斯梅尔瑟：《经济与社会》，刘进等译，华夏出版社 1989 年版。

[3] ［美］弗兰克·道宾：《经济社会学》，冯秋石、王星译，上海人民出版社 2008 年版。

[4] ［美］科尔曼：《社会理论的基础》，邓方译，社会科学文献出版社 1999 年版。

[5] ［美］理查德·谢弗：《社会学与生活》，赵旭东译，世界图书出版社 2006 年版。

[6] ［美］林南：《社会资本：关于社会结构与行动的理论》，上海人民出版社 2004 年版。

[7] ［美］罗纳德·博特：《结构洞：竞争的社会结构》，任敏译，世纪出版社 2008 年版。

[8] ［美］罗斯科·庞德：《通过法律的社会控制》，沈宗灵、董世忠译，商务印书馆 1984 年版。

[9] ［美］马丁·S. 温伯格等：《解决社会问题：五种透视方法》，单爱民等译，吉林人民出版社 1992 年版。

[10] ［美］默顿：《社会理论与社会结构》，唐少杰等译，南京译林出版社 2006 年版。

[11] ［美］乔纳森·H. 特纳：《社会学理论的结构》，邱泽奇、张茂元等译，华夏出版社 2006 年版。

［12］［美］斯梅尔瑟、（瑞典）斯威德伯格：《经济社会学手册（第2版）》，罗教讲、张永宏等译，华夏出版社2009年版。

［13］［日］宇澤弘文、武田晴人：《日本の政策金融—高成長經済と日本開發銀行（1）（2）》，東京出版社2009年版。

［14］［瑞典］理查德·斯维德伯格：《经济社会学原理》，周长城等译，中国人民大学出版社2005年版。

［15］［印］阿马蒂亚·森：《贫困与饥荒》，王宇等译，商务印书馆2001年版。

［16］安杰山：《农村金融与经济发展》，载《农业经济》2010年第5期。

［17］安树伟：《中国农村贫困问题研究》，中国农业出版社2001年版。

［18］白钦先，李钧：《中国农村金融"三元结构"制度研究》，中国金融出版社2009年版。

［19］白钦先，王伟：《中外政策性金融立法比较研究》，载《金融理论与实践》2005年第12期。

［20］白钦先、王伟：《科学认识政策性金融制度》，载《财贸经济》2010年第8期。

［21］白钦先、王伟：《政策性金融概论》，中国金融出版社2013年版。

［22］白钦先、王伟：《政策性金融可持续发展必须实现的六大协调均衡》，载《金融研究》2004年第7期。

［23］白钦先：《白钦先经济金融文集（1～5卷）》，北京中国金融出版社2009年版。

［24］白钦先：《关于普惠金融的多重思考》，载《甘肃金融》2015年第12期。

［25］白钦先：《以市场经济原则重新构筑中国的银行体制——中外银行体制比较研究》，第十届泛太平洋国际经济技术合作与发展大会，1993年4月。

[26] 白钦先:《中国农村金融体制改革的战略性重构重组与重建》,载《中国金融》2004 年第 12 期。

[27] 白钦先等:《各国农业政策性金融体制比较》,中国金融出版社 2006 年版。

[28] 白小瑜:《从社会网络的"洞"中获利——伯特的"结构洞"理论评析》,载《重庆邮电大学学报(社会科学版)》2009 年第 4 期。

[29] 边燕杰:《城市居民社会资本的来源及运用:网络观点与调查发现》,载《中国社会科学》2004 年第 3 期。

[30] 蔡有才:《构建农村政策性金融体系的策略构想》载《经济研究参考》2005 年第 55 期。

[31] 曹洪民:《中国农村开发式扶贫模式研究》,中国农业大学博士论文,2003 年。

[32] 曹华政:《农业保险制度的国际比较及借鉴》,载《农业发展与金融》2004 年第 5 期。

[33] 曹雷:《新时期我国农村金融改革效果评估:基于总体的视角》,载《农业经济问题》2016 年第 1 期。

[34] 曾康霖:《漫谈金融研究》,载《中国金融》2010 年第 4 期。

[35] 曾康霖:《我国金融事业发展的缺陷需要弥补——从以科学发展观发展金融事业谈起》,载《金融研究》2004 年第 12 期。

[36] 曾康霖:《再论扶贫性金融》,载《金融研究》2007 年第 3 期。

[37] 陈成文:《社会弱者论》,时事出版社 2000 年版。

[38] 陈氚:《超越嵌入性范式:金融社会学的起源、发展和新议题》,载《社会》2011 年第 5 期。

[39] 陈坚:《延续的痛苦——身体社会学视域中的农村教育研究》,东北师范大学博士论文,2009 年。

[40] 陈小娟:《农村流动人口的文化社会学研究》,载《安徽大学学报》2004 年第 1 期。

[41] 陈遵沂:《文化社会学理论新透视》,载《中共福建省委党校学报》2002 年第 7 期。

［42］成思危：《改革与发展：推进中国的农村金融》，经济科学出版社2005年版。

［43］程恩江：《金融扶贫的新途径——中国贫困农村社区村级互助资金的发展探索》，载《金融发展评论》2010年第2期。

［44］程伟：《开发性金融理论与实践导论》，辽宁大学出版社2005年版。

［45］邓维杰：《精准扶贫的难点、对策与路径选择》，载《农村经济》2014年第6期。

［46］邓肖飞：《社会学视阈下的我国农村政策性金融制度建设研究》，辽宁大学硕士学位论文，2013年。

［47］丁伟：《充分发挥农业政策性金融作用积极推进农村经济平稳较快发展》，载《武汉金融》2009年第8期。

［48］丁振京、李楠：《泰国的农业和农业合作社银行法》，载《农业发展与金融》2004年第12期。

［49］董才生：《振兴东北的社会学思考——加快社会信用体系建设》，载《东北亚论坛》2005年第3期。

［50］董裕平：《国际金融危机引发的对政策性金融的重新认识》，载《中国金融》2010年第18期。

［51］窦宏秀、辛千秋：《我国农业政策性金融的发展及国际借鉴》，载《商业经济》2009年第1期。

［52］杜朝运、任永健：《金融发展对经济转型的作用机理研究：基于结构优化的视角》，载《金融与经济》2014年第2期。

［53］杜晓山：《当前农村金融存在四大问题》，载《人民政协报》2010年11月2日。

［54］杜晓山：《让弱势群体享受普惠金融》，载《农村金融研究》2011年第11期。

［55］段京东：《中国政策性银行法律制度研究》，中国人民大学出版社2005年版。

［56］段玉华：《中国农业政策性金融问题研究：以农业发展银行

为例》，山东农业大学博士学位论文，2007 年。

[57] 樊柯：《走向文化社会学》，中国社会科学院研究生院博士论文，2010 年。

[58] 范静：《农村合作金融产权制度创新研究：以农村信用社为例》，中国农业出版社 2006 年版。

[59] 范永忠：《中国农村扶贫资金效率研究》，湖南农业大学博士论文，2013 年。

[60] 方德铸、吴春阁、李若原、胡红霞：《对韩国农协的考察报告》载《农业发展与金融》2004 年第 3 期。

[61] 房敏，吴杨：《新农保政策实施的制度基础研究——基于新制度社会学视角》，载《云南农业大学学报（社会科学版）》2015 年第 6 期。

[62] 富永健：《经济社会学》，南开大学出版社 1984 年版。

[63] 高柏：《中国经济发展模式转型与经济社会学制度学派》，载《社会学研究》2008 年第 4 期。

[64] 高波：《文化资本——经济增长源泉的一种解释》，载《南京大学学报》2004 年第 5 期。

[65] 高峰，王学真：《中国农业政策性金融存在的问题及改革》，载《山东理工大学学报》2007 年第 7 期。

[66] 高晖、陈春：《国开行：尴尬前行》，载《银行家》2007 年第 12 期。

[67] 高宣扬：《布迪厄的社会理论》，同济大学出版社 2004 年版。

[68] 葛艳秋：《我国政策性金融立法完善问题的研究》，西北大学专业学位硕士论文，2014 年。

[69] 巩云华：《试论农村政策性金融的功能定位》，载《商业时代》2010 年第 1 期。

[70] 巩云华：《影响农村政策性金融体系构建的制度性障碍与破解之道》，载《现代财经》2009 年第 12 期。

[71] 辜胜阻：《农村扶贫要提高精准性和有效性》，载《农村工作

通讯》2014 年第 17 期。

[72] 桂勇、陆德梅、朱国宏：《社会网络、文化制度与求职行为：嵌入问题》，载《复旦学报（社会科学版）》2003 年第 3 期。

[73] 郭丛斌、闵维方：《家庭经济和文化资本对子女教育机会获得的影响》，载《高等教育研究》2006 年第 11 期。

[74] 郭家万：《中国农村合作金融》，中国金融出版社 2006 年版。

[75] 郭鹏飞：《文化建设视野下农村基础文化教育的现实意义、问题和对策——基于对湖北省孝感市 4 个村庄的田野调研》，载《黄冈职业学院学报》2013 年第 2 期。

[76] 郭庆平：《积极主动做好扶贫开发金融服务工作》，载《中国金融家》2011 年第 1 期。

[77] 郭志刚：《社会统计分析方法——SPSS 软件应用》，中国人民大学出版社 1999 年版。

[78] 国家开发银行：《国家开发银行 2014 年度报告》，2014 年。

[79] 韩俊：《建设新农村的两个重大课题》，《新经济导刊》2009 年第 3 期。

[80] 韩俊：《普惠型农村金融体系亟待建立》，载《农村金融研究》2009 第 7 期。

[81] 韩俊：《中国农村金融调查》，上海远东出版社 2007 年版。

[82] 韩俊：《中国农村金融调查》，上海远东出版社 2009 年版。

[83] 何广文：《对农村政策金融的理性思考》，载《农业经济问题》2004 年第 3 期。

[84] 何广文：《国农村金融发展与制度变迁》，中国财政经济出版社 2005 年版。

[85] 何广文：《农村政策金融制度创新和机制转型》，载《经济研究参考》2004 年第 47 期。

[86] 何广文：《中国农村金融供求特征及均衡供求的路径选择》，载《中国农村经济》2001 年第 10 期。

[87] 侯芳：《农村政策性金融监管法律制度研究》，载《北京农

业》2011 年第 12 期。

[88] 侯杰泰、温忠鳞、成子娟：《结构方程模型及其应用》，教育科学出版社 2004 年版。

[89] 胡炳志：《中国金融制度重构研究》，人民出版社 2003 年版。

[90] 胡旭微、林小专：《基于认知偏差的中小企业融资困境研究》，载《浙江理工大学学报》2011 年第 2 期。

[91] 华中农业大学社会学系课题组：《农村贫困的社会学分析》，载《江汉论坛》1995 年第 4 期。

[92] 黄达：《金融学》，中国人民大学出版社 2003 年版。

[93] 黄刚：《中国农业发展银行控股村镇银行研究》，载《农业经济问题》2008 年第 10 期。

[94] 黄小荣：《中国农村反贫困的制度社会学思考》，载《湖北社会科学》2014 年第 6 期。

[95] 黄晓红：《农户借贷中的声誉作用机制研究》，浙江大学博士论文，2009 年。

[96] 贾健、徐展锋、李海平：《农村金融风险分担和利益补偿机制研究》，载《金融教学与研究》2009 年第 6 期。

[97] 贾康、孟艳：《政策性金融的体系、定位及其边界主张》，载《改革》2009 年第 3 期。

[98] 贾康：《建立和发展中国政策性金融体系不容回避》，载《今日中国论坛》2009 年第 4 期。

[99] 贾康：《中国政策性金融向何处去》，中国经济出版社 2010 年版。

[100] 晋运锋：《弱势群体为什么那么重要？——兼论充足主义正义观》，载《中国人民大学学报》2015 年第 2 期。

[101] 靳微：《社会学视角下当代政府的改革方向——对有限政府的探讨》，载《中小企业管理与科技》2011 年第 11 期。

[102] 景天魁：《社会学原著导读》，高等教育出版社 2007 年版。

[103] 康洁：《我国城乡教育差距研究》，吉林大学博士论文，

2008 年。

[104] 康书生、鲍静海、李巧莎：《外国农业发展的金融支持——经验及启示》，载《国际金融研究》2006 年第 7 期。

[105] 康未来：《浅析老挝微型金融机构的现状及发展方向》，载《时代金融》2011 年第 4 期。

[106] 康晓光：《中国贫困与反贫困理论》，广西人民出版社 1995 年版。

[107] 黎翠梅、陈宇佳：《我国农业政策性金融发展的区域差异及其影响研究》，载《经济问题》2012 年第 10 期。

[108] 李炳坤：《扎实稳步推进社会主义新农村建设》，载《中国农村经济》2005 年第 11 期。

[109] 李丹：《中国农业发展银行：发挥骨干作用探索扶贫新路》，载《金融家》2016 年第 2 期。

[110] 李德志等：《社会转型期弱势群体问题研究：以政府的责任与对策为视角》，吉林人民出版社 2009 年版。

[111] 李光：《中国农村投融资体制改革研究》，中国财政经济出版社 2005 年版。

[112] 李国燕、杨静：《我国农村政策性金融体系研究》，载《东方企业文化》2013 年第 13 期。

[113] 李国燕：《我国农村政策性金融体系研究》，山西财经大学博士论文，2014 年。

[114] 李静：《我国农业政策性银行市场化运作的路径抉择》，载《现代经济探讨》2010 年第 8 期。

[115] 李宁：《社会正义视角下弱势群体的保护》，载《东岳论丛》2015 年第 4 期。

[116] 李培林：《再论"另一只看不见的手"》，载《社会学研究》1994 年第 1 期。

[117] 李培林等：《社会学与中国社会》，社会科学文献出版社 2008 年版。

[118] 李强：《社会分层与贫富差别》，鹭江出版社 2002 年版。

[119] 李芹：《关于贫困问题的社会学分析》，"资产积累与社会发展"国际学术研讨会，2004 年 9 月。

[120] 李瑞芬：《中国农民专业合作经济组织的实践与发展》，中国农业出版社 2004 年版。

[121] 李文坛：《对我国政策性银行立法的思考》，载《天水行政学院学报》2010 年第 4 期。

[122] 李心丹：《行为金融学——理论及中国的证据》，上海三联书店 2004 年版。

[123] 李扬、王国刚等：《中国金融改革开放 30 年研究》，经济管理出版社 2008 年版。

[124] 李扬：《中国金融改革 30 年》，社会科学文献出版社 2008 年版。

[125] 李迎生：《扶助弱势群体呼唤政策"合围"》，载《人民论坛》2006 年第 2 期。

[126] 李永平：《中国农村金融制度变迁与经济主体行为研究》，山东大学博士学位论文，2006 年。

[127] 李瑜青：《法律社会学导论》，上海大学出版社 2004 年版。

[128] 李宗涛：《社会主义新农村建设背景下的农村文化建设研究》，山东大学博士学位论文，2007 年。

[129] 廖群云：《论新农村建设与政策性金融制度的完善》，载《时代金融》2008 年第 8 期。

[130] 林飞：《我国政策性银行立法问题刍议》载《农业发展与金融》2006 年第 1 期。

[131] 林丽琼、张文棋：《我国农业政策性金融制度创新思考》，载《福建论坛》2005 年第 1 期。

[132] 林幸颖：《嵌入性的社会意义——论格拉诺维特的经济行动与社会结构》，载《社会》2011 年第 9 期。

[133] 刘精明：《改革开放三十年来我国教育社会学的发展》，载

《清华大学教育研究》2008 年第 6 期。

[134] 刘军：《社会网络分析导论》，社会科学文献出版社 2004 年版。

[135] 刘少杰：《制度建设是构建和谐社会的根本途》，载《社会学研究》2007 年第 2 期。

[136] 刘世定：《嵌入性与关系合同》，载《社会学研究》1999 年第 4 期。

[137] 刘锡良：《中国转型期农村金融体系研究》，中国金融出版社 2006 年版。

[138] 刘小红：《农村政策性金融组织多维特征与法律规制》，载《重庆社会科学》2012 年第 5 期。

[139] 卢平、蔡友才：《构建农村政策性金融体系问题研究——我国农村政策性金融国际借鉴与改革思路》，载《南京农业大学学报》2005 年第 3 期。

[140] 陆辉：《产业集群研究的新视角：新经济社会学理论述评》，载《科学·经济·社会》2011 年第 2 期。

[141] 陆强：《城镇化进程中的农业政策性金融支持研究》，江西财经大学博士论文，2014 年。

[142] 罗建梅：《构建中小企业政策性金融支持体系的几点思考》，载《中国商贸》2009 年第 9 期。

[143] 吕书奇：《中国农村扶贫政策及成效研究》，中国农业科学院博士论文，2008 年。

[144] 马莉、尹洪举：《遏制收入分配马太效应的金融扶贫思考》，载《特区经济》2012 年第 2 期。

[145] 莫壮才：《对日本农业政策性金融体制的若干观察与思考》，载《海南金融》2008 年第 12 期。

[146] 穆罕默德·尤努斯：《小额信贷：缓解贫困问题的一条重要途径》，载《经济科学》2006 年第 6 期。

[147] 中国农业发展银行总行扶贫金融事业部课题组：《新形势下

政策性金融扶贫的战略思考》，载《农业发展与金融》2016 年第 2 期。

[148] 农业银行国际业务部课题组：《格莱珉：制度安排与运作模式》，载《农村金融研究》2007 年第 10 期。

[149] 欧志文：《农业流通领域合作经济组织研究》，湖南大学出版社 2008 年版。

[150] 潘宗英：《我国农村金融体系"三元架构"模式的创新研究》载《农业经济》2015 年第 5 期。

[151] 庞丽峰：《探究农村文化建设在新农村建设中的作用与途径》，全国社科院系统邓小平理论研究中心年会暨理论研讨会，2007 年 6 月。

[152] 齐丽斯：《论文化对经济的影响》，载《代经济信息》2013 年第 5 期。

[153] 钱民辉：《对国外教育社会学知识体系的思考》，载《北京大学学报》2003 年第 1 期。

[154] 秦伟新、王伟：《社会组织视角下我国农村政策性金融发展研究》，载《南方金融》2014 年第 10 期。

[155] 秦援晋：《文化金融学初探》，辽宁大学博士论文，2010 年。

[156] 曲辛：《扶持弱势群体的对策建议》，载《国际经济与贸易情况》2003 年第 46 期。

[157] 沈昊驹、杜伟：《新农村建设中政策性金融支持研究》，载《中国农业银行武汉培训学院学报》2011 年第 5 期。

[158] 沈红：《中国贫困研究的社会学评述》，载《社会学研究》2000 年第 2 期。

[159] 史建平：《完善政策性金融功能，改善农村金融服务》，载《浙江金融》2012 年第 3 期。

[160] 四川银监局课题组：《农业政策性金融机构业务定位与发展战略》，载《西南金融》2009 年第 1 期。

[161] 宋洪远：《经济体制与农户行为》，载《经济研究》1994 年第 8 期。

[162] 宋林飞:《"中国经济奇迹"的未来与政策选择》,南京大学出版社 1996 年版。

[163] 宋林飞:《经济社会学研究的最新发展》,载《江苏社会科学》2000 年第 6 期。

[164] 宋庆:《试论新形势下中国农业发展银行的定位与发展策略》,西南财经大学博士论文,2000 年。

[165] 苏畅、苏细福:《金融精准扶贫难点及对策研究》,载《西南金融》2016 年第 4 期。

[166] 苏春艳:《经济行动的社会建构——新经济社会学对经济行动的嵌入性分析》,载《上海大学学报》2004 年第 6 期。

[167] 孙立平:《社会学原理》,首都经济贸易大学出版社 2003 年版。

[168] 孙立群:《农村教育与经济社会协调发展关系研究》,东北农业大学博士论文,2003 年。

[169] 孙淑军:《人力资本与经济增长》,辽宁大学博士论文,2012 年。

[170] 孙晓珍:《模式创新:农村政策性金融的科学走向》,载《渭南师范学院学报》2014 年第 10 期。

[171] 谭庆华、毕芳:《中国政策性金融发展的再考察》,载《广东金融学院学报》2006 年第 9 期。

[172] 唐棣:《呼唤真心诚意的学术批评》,载《光明日报》,2011 年 3 月 1 日。

[173] 唐钧:《城市扶贫与可持续生计》,载《江苏社会科学》2003 年第 2 期。

[174] 唐峻:《论我国农村金融监管制度的改革与完善》,载《云南财经大学学报》2010 年第 4 期。

[175] 唐利如:《社会资本、嵌入和腐败网络——新经济社会学视角的腐败问题研究》,载《湘潭大学学报(哲学社会科学版)》2011 年第 3 期。

［176］唐旭等:《中国金融机构改革:理论、路径与构想》,中国金融出版社2008年版。

［177］陶立早:《中国非政府小额信贷机构的法律地位刍议》,载《企业导报》2011年第8期。

［178］田霏:《农村金融生态环境建设路径探析》,载《西部金融》2015年第7期。

［179］田霖:《我国金融排除空间差异的影响要素分析》,载《财经研究》2007年第4期。

［180］庹国柱:《"政策性农业保险"是一个科学的概念》,载《中国保险报》,2011年10月17日。

［181］庹国柱:《中国政策性农业保险的发展导向——学习中央"一号文件"关于农业保险的指导意见》,载《中国农村经济》2013年第7期。

［182］汪和建:《迈向中国的新经济社会学:交易秩序的结构研究》,中央编译出版社1999年版。

［183］汪和建:《现代经济社会学》,南京大学出版社1993年版。

［184］汪和建:《新经济社会学的中国研究》,载《南京大学学报》2000年第2期。

［185］汪三贵、郭子豪:《论中国的精准扶贫》,载《贵州社会科学》2015年第5期。

［186］王春岭:《农业政策性金融对农村经济发展的影响分析》,中国农业大学博士论文,2005年。

［187］王广谦等:《中国金融改革:历史经验与转型模式》,中国金融出版社2008年版。

［188］王国伟:《经济社会学视野中的金融行为研究》,载《学术研究》2011年第10期。

［189］王吉献:《我国农业政策性金融立法问题研究——基于经济学、金融学和法学的综合分析》,辽宁大学博士学位论文,2015年。

［190］王冀宁、赵顺龙:《外部性约束、认知偏差、行为偏差与农

户贷款困境》，载《管理世界》2007 年第 9 期。

［191］王佳莹、郭天宝、闫雪：《中美财政支农政策的国际比较》，载《世界农业》2015 年第 12 期。

［192］王介勇、陈玉福、严茂超：《我国精准扶贫政策及其创新路径研究》，载《中国科学院院刊》2016 年第 3 期。

［193］王敬力、刘德生、庄晓明：《金融扶贫机制的新探索：拾荷模式》，载《南方金融》2011 年第 4 期。

［194］王礼力：《农村合作经济理论与组织变迁研究》，西北农林科技大学博士论文，2003 年。

［195］王明辉：《何谓社会学》，中国戏剧出版社 2005 年版。

［196］王萍：《小额信贷在孟加拉乡村成功的启示》，载《中国人大》2009 年第 20 期。

［197］王水雄：《金融工具、信用能力分化与社会不平等》，载《社会》2007 年第 1 期。

［198］王思斌：《改革中弱势群体的政策支持》，载《北京大学学报（哲社版)》2003 年第 6 期。

［199］王思斌：《社会转型中的弱势群体》，载《中国党政干部论坛》2002 年第 3 期。

［200］王思斌：《社会学教程（第三版)》，北京大学出版社 2010 年版。

［201］王伟、李钧：《农村政策性金融功能结构的国际比较》，载《学习与探索》2011 年第 11 期。

［202］王伟、张令骞：《中国政策性金融的异化与回归研究》，中国金融出版社 2010 年版。

［203］王伟：《农村政策性金融支持现代农业发展研究》，载《农业经济研究》2009 年第 4 期。

［204］王伟：《各国欠发达区域金融发展比较——兼谈我国西部大开发之金融观》，载《贵州财经学院学报》2001 年第 6 期。

［205］王伟：《基于功能观点的政策性金融市场化运作问题探析》，

载《贵州社会科学》2009 年第 2 期。

[206] 王伟:《我国农村政策性金融功能弱化的行为金融学分析》, 载《上海金融》2008 年第 11 期。

[207] 王修华:《新农村建设中的金融排斥与破解思路》,《农业经济问题》2009 年第 7 期。

[208] 王彦斌、赵晓荣:《国家与市场:一个组织认同的视角》, 《江海学刊》2011 年第 1 期。

[209] 王振纯:《文化视域下城乡教育公平研究》,河南大学博士论文,2008 年。

[210] 王志军:《金融排斥:英国的经验》,载《世界经济研究》2007 年第 2 期。

[211] 王仲晕、张涵:《中国的法律社会学研》,载《法学论坛》2005 年第 20 期。

[212] 吴晓灵:《政策性银行应独立立法》,载《国际金融报》2003 年 4 月 23 日。

[213] 武中哲:《罗斯的社会控制观及其对我国的启示》,载《理论学刊》2006 年第 6 期。

[214] 夏斌:《以市场化导向审视金融改革》,载《现代商业银行》2012 年第 2 期。

[215] 肖卫东:《中国经济社会协调发展的社会建构性分析——一个经济社会学的分析视角》,载《理论学刊》2012 年第 4 期。

[216] 谢凤杰、吴东立、陈杰:《美国 2014 年新农业法案中农业保险政策改革及其启示》,载《农业经济问题》2016 年第 5 期。

[217] 谢立中:《西方社会学经典读本(上下册)》,北京大学出版社 2008 年版。

[218] 邢慧茹、龚俊华:《农业政策性金融:类型及历史轨迹》, 载《当代经济》2007 年第 6 期。

[219] 熊学萍、阮红新、易法海:《农户金融行为、融资需求及其融资制度需求指向研究——基于湖北省天门市的农户调查》,载《金融

研究》2007 年第 8 期。

[220] 徐鲲：《农村教育发展与农村经济增长：内在机理及制度创新》，重庆大学博士论文，2012 年。

[221] 徐少君、金雪军：《国外金融排除研究新进展》，载《金融理论与实践》2008 年第 9 期。

[222] 徐沈：《中国新型农村金融组织发展研究》，中共中央党校博士论文，2012 年。

[223] 徐伟华：《法律与社会控制——庞德的社会控制理论解读》，载《法制与社会》2008 年第 2 期。

[224] 徐向华：《城乡收入差距与教育机会不公平相关性研究》，载《合作经济与科技》2004 年第 16 期。

[225] 徐一丁：《坚持创业要实扎实做好政策性金融扶贫工作》，载《农业发展与金融》2016 年第 1 期。

[226] 许圣道，田霖：《我国农村地区金融排斥研究》，载《金融研究》2008 年第 9 期。

[227] 薛晓源：《文化资本、文化产品与文化制度——布迪厄之后的文化资本理论》，载《马克思主义与现实》2004 年第 1 期。

[228] 杨东平：《深入推进教育公平》，社会科学文献出版社 2008 年版。

[229] 杨玲丽：《西方经济社会学"文化分析范式"的百年流变及其新动向》，载《贵州社会科学》2011 年第 4 期。

[230] 杨团：《巨灾重建融资政策体系之探索》，载《学习与实践》2011 年第 4 期。

[231] 姚磊：《公共政策视角下的农村政策性金融问题研究—以山东农业发展银行为例》，山东大学博士学位论文，2014 年。

[232] 殷晓峰：《地域文化对区域经济发展的作用机理与效应评价》，东北师范大学博士论文，2011 年。

[233] 营立成：《两种嵌入性：城市居民金融投资行为的社会视角》，载《社会学评论》2015 年第 6 期。

［234］余小波：《当前我国社会分层与高等教育机会获得探析——对某所高校 2000 级学生的实证研究》，载《现代大学教育》2002 年第 2 期。

［235］余秀兰：《中国教育的城乡差异——一种文化再生产现象的分析》，教育科学出版社 2004 年版。

［236］余秀兰：《农村孩子在学校教育中的文化弱势》，载《上海教育科研》2005 年第 3 期。

［237］余越：《文化何以能影响经济》，载《浙江社会科学》2005 年第 9 期。

［238］苑改霞、高侯平、樊帆：《健全我国农村政策性金融制度的现实选择》，载《生产力研究》2009 年第 9 期。

［239］张波：《我国弱势群体社会支持研究的可能立场与范式重构》，载《社会工作与管理》2016 年第 1 期。

［240］张承惠：《中国农村金融发展报告》，中国发展出版社 2014 年版。

［241］张红宇：《金融支持农村一二三产业融合发展问题研究》，中国金融出版社 2015 年版。

［242］张杰、尚长风：《我国农村正式与非正式金融的分离与融合》，载《经济体制改革》2006 年第 4 期。

［243］张军洲：《中国区域金融分析》，中国经济出版社 1995 年版。

［244］张乐柱、曹俊勇：《农村金融改革：反思，偏差与路径校正》，载《农村经济》2016 年第 1 期。

［245］张乐柱：《农村合作金融制度研究》，中国农业出版社 2005 年版。

［246］张良：《农村文化与农村文化建设》，华中师范大学博士论文，2010 年。

［247］张其仔：《新经济社会学》，中国社会科学出版社 2001 年版。

［248］张仁枫：《我国农村文化产业投融资困境与对策》，载《湖北经济学院学报》2012 年第 11 期。

［249］张舒英：《日本政策性金融面临的挑战及改革方向》，载《中国金融》2007 年第 8 期。

［250］张涛、卜永祥：《关于中国政策性银行改革的若干问题》，载《经济学动态》2006 年第 5 期。

［251］张涛：《政策性银行要向综合性开发金融机构转型》，载《金融时报》2005 年 8 月 8 日。

［252］张笑芸、唐燕：《创新扶贫方式，实现精准扶贫》，载《资源开发与市场》2014 年第 9 期。

［253］张艳娟、卢颖、刘芬：《中国农业政策性金融面临的矛盾困境与对策》，载《沈阳师范大学学报》2009 年第 3 期。

［254］赵凯：《中国农业经济合作组织发展研究》，中国农业出版社 2004 年版。

［255］赵娜：《关于反贫困研究的社会学理论综述——基于个体与结构的视角》，载《知识经济》2012 年第 11 期。

［256］赵文君等：《农村政策性金融的变迁与功能缺失》，载《时代金融》2013 年第 10 期。

［257］赵震江：《法律社会学》，吉林大学出版社 1999 年版。

［258］赵子祥、曹晓峰：《21 世纪中国经济社会发展与社会学的历史使命》，辽宁人民出版社 1997 年版。

［259］甄志宏：《从网络嵌入性到制度嵌入性——新经济社会学制度研究前沿》，载《江苏社会科学》2006 年第 3 期。

［260］甄志宏：《网络、制度和文化：经济社会学研究的三个基本视角》，载《江海学刊》2009 年第 7 期。

［261］郑杭生、李迎生：《全面建设小康社会与弱势群体的社会救助》，载《中国人民大学学报》2003 年第 1 期。

［262］郑杭生：《社会学概论新修》，中国人民大学出版社 2003 年版。

［263］郑杭生：《中国人民大学中国社会发展研究报告 2002：弱势群体与社会支持》，中国人民大学出版社 2003 年版。

[264] 郑杭生:《中国社会学 30 年 (1978~2008)》,中国社会科学出版社 2008 年版。

[265] 郑晖:《深化对农业政策性银行发展规律的认识》,载《中国金融》2011 年第 13 期。

[266] 郑燕洪、雷连鸣:《美、日、法农业政策性金融体系比较》,载《福建金融》2005 年第 8 期。

[267] 中国农村金融学会:《中国农村金融改革发展三十年》,中国金融出版社 2008 年版。

[268] 中国农业发展银行扶贫金融事业部:《发挥政策性银行作用提升金融扶贫能力》,载《中国农村金融》2016 年第 5 期。

[269] 中国农业银行:《中国农业银行 2011 年度业绩报告》,2012 年。

[270] 中国农业银行:《中国农业银行 2012 年度业绩报告》,2013 年。

[271] 中国农业银行:《中国农业银行 2013 年度业绩报告》,2014 年。

[272] 中国农业银行:《中国农业银行 2014 年度业绩报告》,2015 年。

[273] 中国人民银行:《2012 年金融机构贷款投向统计报告》,2013 年。

[274] 中华人民共和国国家统计局农村社会经济调查总队:《中国农村贫困监测报告》,中国统计出版社 2015 年版。

[275] 钟超:《产生我国农村贫困的因素分析》,载《前沿》2005 年 4 期。

[276] 周德新:《中部地区农村文化建设的资金困境与对策研究》,载《特区经济》2010 年第 6 期。

[277] 周立、王子明:《中国各地区金融发展与经济增长实证分析:1978~2000》,载《金融研究》2002 年第 10 期。

[278] 周廷煜、周智立、姜天鹰、咎剑飞:《从需求角度重造农村

政策性金融》，载《上海金融》2006 年第 3 期。

　　[279] 周雪光：《组织社会学十讲》，社会科学文献出版社 2003 年版。

　　[280] 周晔、袁桂林：《教育的公正的发展与城乡教育差距问题——兼论教育政策的价值选择》，载《教育科学研究》2009 年第 8 期。

　　[281] 周长城、吴淑凤：《经济社会学：理论、方法与研究》，载《社会学研究》2001 年第 1 期。

　　[282] 周长城：《现代经济社会学》武汉大学出版社 2003 年版。

　　[283] 朱国宏、桂勇：《经济社会学导论》，复旦大学出版社 2005 年版。

　　[284] 朱国宏：《社会学视野里的经济现象》，四川人民出版社 1998 年版。

　　[285] 朱国宏：《经济社会学》，复旦大学出版 2005 年版。

　　[286] 朱力等：《社会学原理》，社会科学文献出版社 2003 年版。

　　[287] 朱丽君、杨前进、罗守进等：《美国财政支农实践及其对中国的启示》，载《世界农业》2015 年第 12 期。

　　[288] 朱伟珏：《超越社会决定论——布迪厄"文化资本概念"再考》，载《南京社会科学》2006 年第 3 期。

　　[289] 祝健：《中国农村金融体系重构研究》，福建师范大学博士论文，2007 年。

　　[290] 祝树民：《政策性金融扶贫的引领作用》，载《中国金融》2016 年第 4 期。

　　[291] 佐藤孝弘：《公司法律制度的源泉问题研究——从制度经济学和制度社会学的视角分析》，载《甘肃政法学院学报》2011 年第 1 期。

　　[292] Carruthers, Bruce G. , and Laura Ariovich, Money and Credit: a sociological approachCambridge: Polity Press, 2010.

　　[293] Burkhart T, Hills J, Financial services and social exclusion, Insurance Trends, Vol. 7, 1998, pp. 1 – 10.

[294] Burt, Ronald and S. Structural Holes, The Social Structure of Competition, Cambridge, MA: Harvard University Press, 1992.

[295] Carbo, Santiago, Edward PM Gardener, and Philip Molyneux, Financial exclusion in Europe, Palgrave Macmillan UK: Financial Exclusion, 2005, pp. 98 – 111.

[296] Carole Case, Ronald A. Farrell, Myth, allegiances, and the study of social control. The American Sociologist, 1995, Vol. 26, No. 1, pp. 62 – 75

[297] Clancy, Patrick, Higher education in the Republic of Ireland: Participation and performance, Higher Education Quarterly, 1997, Vol. 51, No. 1, pp. 86 – 106.

[298] Collard K. Whyley. , Tackling Financial Exclusion: An Area-based Approach, 1999.

[299] Daniel, Risk management and the farm Bill: the role of crop insurance, Giannini foundation of agricultural economics university of carifomia, 2013, Vol. 7.

[300] Ledgerwood, Joanna, Microfinance handbook: An institutional and financial perspective, World Bank Publications, 1998, pp. 77 – 82.

[301] Fiechter J L, Kupiec P H. Promoting the Effective Supervision of State – Owned Financial Institutions, Conference on The Role of State – Owned Financial Institutions: Policy and Practice, 2004.

[302] Granovetter, Mark, Economic Action and Social Structure: The Problem of Embeddedness. American Journal of Sociology, Vol. 91, No. 3, 1985, pp. 481 – 510.

[303] Granovetter, Mark S. , and Richard Swedberg (eds.), The sociology of economic life. Boulder, CO: Westview press, 2001.

[304] Whyley, KempsonE C. , Kept out or opted out? Understanding and combating financial exclusion, Bristol UK, Policy Press, 1999.

[305] Kempson, E. & C. Whyley. Understanding an combating finan-

cial exclusion, Insurance Tend, Vol. 21, 1999, pp. 18 – 22.

[306] Klinger Donald E, Nalbandian J, Public Personnel Management: Contexts and Strategies, New Jersey, 2003, pp. 158 – 159.

[307] Lafrance and Jeffrey, The Environmental Impacts of Subsidized Crop Insurance, Department of Agricultural and Resource, 2001.

[308] Levine Ross, Financial development and economic growth: views and agenda, Journal of Economic Literature, Vol. 35, No. 2, June 1997, pp. 688 – 726.

[309] Granovetter, Mark and RichardSwedberg (eds.), The Sociology of EconomicLife, Boulder: WestviewPress, 1992.

[310] Sarma M, Index of financial inclusion, Indian Council for Research on International Economics Relations, 2008.

[311] Mark Granovetter, The Strength of Weak Ties, American Journal of Sociology, Vol. 78, 1973, pp. 1360 – 1380.

[312] Martini R, Kimura S, Evaluation of agricultural policy reforms in Japan, OECD, 2009.

[313] Matin, I., D. Hulme and S. Rutherford, 1999. Financial services for the poor and poorest: Deepening understanding to improve provision. University of Manchester, No. 9, pp. 123 – 130.

[314] Meyer R. L, Track record of financial institutions in assisting the poor in Asia, Tokyo ADB Institute, 2002, pp. 23 – 25.

[315] Michael Baun, KarelKouba, Dan Marek. Evaluating the Effects of the EU Common Agriculture Policy in a New Member State: The Case of the Czech Republic, Journal of Contemporary European Studies, Vol. 17, No. 2, 2009.

[316] Nakagawa and Hideyuki, Three essays on development economics, Electronic thesis and dissertations UC Berkeley, 2013.

[317] Nan Lin, Social Capital: A Theory of Social Structure and Action, Cambridge, Cambridge University Press, 2001, pp: 19 – 29.

[318] Nicholas Bruck, Future Role of National Development Banks in the Twenty First Century, United Nations, Department of Economic and Social Affairs, 2005.

[319] Parsons, Talcott, The structure of Social Action, Newyork: Free Press, 1949.

[320] Rangarajan Committee. Report of the Committee on Financial Inclusion, Committee Report, 2008.

[321] Samuelson P A, The pure theory of public expenditure, The review of economics and statistics, 1954, pp. 387 – 389.

[322] Rose, A. M, A Social Psychological Approach to the Stock Market. Kyklios, No. 19, 1966, pp. 267 – 287.

[323] Sagar, A. Dand A. Najam, The human development index: a critical review, Ecological Economics, 1998, 25, pp. 249 – 264.

[324] Sagar A D, Najam A, The human development index: a critical review, Ecological economics, Vol. 25, No. 3, 1998, pp. 249 – 264.

[325] Lucas S R, Selective attrition in a newly hostile regime: The case of 1980 sophomores, Social forces, Vol. 75, No. 2, 1996, pp. 511 – 533.

[326] Smelser. N, Theory of Collective Behavior, New York: Free Press, 1962.

[327] Steiger, Structural Model Evaluation and Modification: An Evaluation Estimation Approach, Multivariate Behavioral Research, vol. 25, No. 2, 1990, pp. 173 – 180.

[328] Stiglitz, The role of the state in financial markets, the World Bank, Annual Conference on Development Economics, 1998, pp. 19 – 52.

[329] Swedberg, Neil and Richard, Swederg (eds.), The Handbook of Economic Sociology, Princeton, N. J, Princeton University Press, 1992, pp. 210 – 230.

[330] The World Bank. Building Institution for Market, New York:

Oxford University Press, 2002.

[331] Uzzi, Embeddedness in the Making of Financial: Capital How Social Relations and Networks Benefit Firms Seeking Financing, American Sociological Review, Vol. 64, No. 4, pp. 481 – 505.

[332] Zelizer V A R, The social meaning of money, Princeton University Press, 1997, pp. 199 – 216.

[333] Vos, Ed, et al., The happy story of small business financing, Journal of Banking & Finance, Vol. 31, No. 9, 2007, pp: 2648 – 2672.